現代ロシア演劇

岩田貴

現代ロシア演劇

――ソ連邦崩壊からパンデミックとウクライナ侵攻まで

水声社

目次

凡例

一、引用文の出典は、引用文の後の［ ］の中に通し番号を付すことによって示し、巻末に引用出典一覧を掲げた。
一、引用文の翻訳は、すべて訳者による。
一、引用文中の〔 〕は、訳者による補足である。〔……〕は、訳者による中略である。
一、注は巻末に掲げた。

ソ連邦崩壊前夜——序にかえて

ソ連邦崩壊前夜の一九九一年一〇月、第二回ロシア・ソビエト連邦社会主義共和国演劇人同盟大会が開催された。その基調演説において、ミハイル・ウリヤーノフ演劇人同盟議長はソ連邦崩壊前夜のロシア演劇の〈現状〉を詳細に語っている。ウリヤーノフによると、ペレストロイカという「まさにこの解放の時代がわが国の演劇にとって大いなる試練の時代になった。自由によって与えられたこの試練を、われわれは目下のところ持ちこたえられていない」[1]。

そもそもロシア・ソビエト連邦社会主義共和国演劇人同盟は、ペレストロイカによって高まった自由への期待の波に乗って誕生した演劇人の創造同盟である。一九八六年一〇月、第一五回全ロシア演劇協会[1]大会が開催され、社会主義の中央管理体制のもとで国家の文化管理機関の付属団体にとどまっていた全ロシア演劇協会を「芸術の利益を代弁し守るような、また文化管理機関の付属物ではなく、創造のプロセスに関わる社会的権利と義務を持つ独立の組織」[2]として再編成しなければならないとする決議が採択された。大会はその場で「ロシア・ソビエト連邦社会主義共和国演劇人同盟」設立大会に発展し、議長にワフタンゴフ劇場の俳優ウリヤーノフが選出された（この大会が演劇人同盟の第一回大会としてカウントされる）。演劇界のペレストロイカは演劇人同盟のイニシアティブによって推進されることになった。

一九八五年三月に誕生したゴルバチョフ政権によって打ち出されたペレストロイカは、六〇年余にわたる共産党の一党独裁体制のなかで制度疲労を起こしていた政治・経済のペレストロイカ（建直し）を目指したものだが、その手段の一つとして唱えられたグラースノスチ（情報公開）が文化の自由化をもたらすことになる。ソ連邦という独裁国家では情報は独占され、一元的価値に従って統制されていた。グラースノスチは、統制下にあった情報を公開し、現実を正しく認識することで体制の建直しを図るための手段だったが、拡大解釈され、次第に表現の自由をも表すようになる。演劇界では一九八七年に主要な劇場で検閲なしにレパートリーが選べるようになり、一九八九年には全国すべての劇場で検閲が廃止された。このペレストロイカ下における五年余の時を経て開かれた第二回演劇人同盟大会の基調演説において、ウリヤーノフ議長は演劇人が獲得した〈自由〉を「試練」と呼び、ロシア演劇はその試練に押しつぶされていると評したのである。

演劇界のペレストロイカは、ソビエト政権によって敷かれた管理統制システムを脱却することだった。創造面では、「すべてが許される」[3]ようになった。それまで発禁状態にあった作品が上演され、不条理演劇など上演が認められていなかった外国作品がレパートリーを賑わし、反スターリニズムの作品やソ連社会の歪みや問題を採り上げた作品が舞台に登場した。自由な創作活動を許す〈検閲の廃止〉こそ、ペレストロイカの最大の収穫と言えるだろう。しかし、「すべてが許される」ことはロシア演劇にとって両刃の剣だった。それまでロシア演劇は、国家による厳しい言論統制に抗して言論の自由を実現するために闘ってきた。観客は自分では語れない真実の声を聞くため劇場に集まった。「すべてが許される」ことで演劇はより大胆に自由に真実を語れるようになったが、グラースノスチの先鋒として体制に組み込まれ存在理由を与えられたことで、ロシア演劇が持っていた社会的先鋭さは鈍らざるを得なかった。しかも、ウリヤーノフに言わせれば、そこには「良心」が欠けていた。「ロシアは出口のない息苦しい時代に偉大な演劇を持っていた。この演劇は体制に対する抵抗のなかで育ち、鍛えられた。これは目的を持ち、何のために存在しているかを理解していた。この演劇は自由を準備し、自身が自由の主要な先触れの一つだった」[4]。ロシア演劇は芸術であるとともに、その舞台は真実と自由のために闘う演壇であり、芸術以上のものだった。「ここに芸術の最高の意義があり、そうした意義を持たない演劇に携わることは、良心を欠いた行為と思われていたものだ」[5]。しかし、言論の自由が認められると、真実の表現者としての演劇に対する期待は薄れていかざるを得なかった。「われわれの仕事の最高の意義はこの年月で失われてしまった。これこそが今日認めなければならない最も辛いことだ。問題は演劇から一部の観客が去ってしまったことにあるのではない。それよりも恐ろしいのは別のこと。演劇から娯楽よりも何か本質的にもっと大きなものを期待していた観客が去ってしまったことだ」[6]。

ペレストロイカは〈独立採算制〉(2)を経済改革の柱の一つとしていた。独立採算制は資金の自己調達を求めるものであり、国庫からの融資削減を意味するが、それと引き換えに国からの一定の自立が認められた。演劇人同盟は一九八六年に演劇基金を創設し、国の管理から解放された自由で正常な演劇活動を行なうための基盤づくりに取り組んだ。演劇人同盟は当局の官僚システムを打破し、自らのテーマやプログラムによる演劇祭やセミナー、シンポジウムを開催するようになった。一九八八年には新しい舞台形式や独自の演劇言語を探求する若手演劇人の創造の場として、ロシア共和国演劇人同盟付属全ロシア創作工房連合、通称〈ヴォトム〉を設立した。ヴォトムは演劇人同盟の出資金を運営しながら、戯曲の上演権の購入、上演場所の提供、芝居の売込みなどを行なう興行組織である。ヴォトムが制作する芝居は国外でも高い評価を得て、ここからアレクサンドル・ポノマリョフ、ウラジーミル・クリメンコ（通称クリム）、ミハイル・モケーエフなどの才能が育っていった。また、演劇人同盟は演劇人の社会的利益の擁護に取り組み、肉体労働者に厚く知的労働者に薄いという国の賃金政策のため低賃金に抑えられていた俳優の賃金を増額し、悪平等を是正して能力や仕事に応じた賃金を支給するなど、賃金システムを改革するとともに、俳優会館やサナトリウム、俳優専用のクリニックなどの建設といった、演劇人のための社会福祉インフラの整備にも力を注いだ。

しかし、ペレストロイカは社会主義体制の建直しを目指すものであり、国全体のシステムを変えるものではなかった。演劇のシステムもまた変わらなかった。ウリヤーノフは次のように語っている。「すでに一九八五年の春には崩壊を運命づけられていたと思われた演劇システムが何もなかったかのように生き残り、実際、相変わらず揺るぎないままだ。確かに、検閲はなく、経営環境は変わったが、役人である俳優が働いても働かなくても奴隷としての報酬を得ながら一生涯務める国立劇場というモデル――このシステムはそのまま保たれている。わが国全体のシステムには手が付けられなかったように、このシステムにも手が付けられなかった。すべては空回りし、何も決められなかった――契約問題も、芸術監督問題も、称号の問題すらも。ソ連邦はなくなっても、ソ連邦人民芸術家は月に二五〇ルーブルずつ受け取っている」[7]。それでも一九九一年八月にこの「古いシステムは壊れ、演劇事業の本当の改革の時が訪れた」[8]とウリヤーノフは考えた。一九九一年八月とは、いわゆる「ソ連八月クーデター」を指す。

ペレストロイカの自由化のなかでソ連邦を構成する共和国に独立の機運が高まっていった。ソ連邦大統領ミハイル・ゴルバチョフは、ソ連邦を構成する各共和国が独立国としてソ連邦大統領の下で共通の外交・軍事政策で連合するとする「新連邦条約」の締結を目指した。条約調印の前日、一九九一年八月一九日、「国家非常事態委員会」を名乗るソ連共産党保守派グループがゴルバチョフ政権の転覆を狙ってクーデターを起こした。ゴルバチョフの進める新連邦条約は、各共和国の完全独立に向けた動きを促進すると危惧したのである。クーデターはロシア共和国大統領ボリス・エリツィンを中心にした市民の抵抗により失敗に終わり、これ以降ソ連邦は崩壊の坂道を一気に転げ落ちる。八月二三日にはエリツィンがロシア共産党の活動停止を命じる大統領令に署名し、翌二四日にはゴルバチョフが兼務していたソ連共産党書記長の職を辞任し、二八日にはソ連共産党の活動の全面停止が決定された。共産党一党独裁体制によって成り立っていたソ連邦はその要を失い、解体は避けられなかった。一九九一年一二月までにソ連邦を構成する共和国のすべてが独立し、一二月二五日、ソ連邦は崩壊した。

「古いシステム」が壊れた一九九一年八月以降は、ウリヤーノフによれば、「各個人の前に、そして演劇人の利益を代表する組織としての演劇人同盟の前に、真の自由という環境において生じる諸問題が立ちはだかることになるだろう。われわれの大多数にとって、率直に言って、近い将来は困難な試練と失望の時代、そしておそらくは幻想の終わりの時代になるだろう。自由に生きるのは奴隷生活のときよりもはるかに責任を伴う。自由の代価とはそういうものだ」[9]。

ロシア演劇はこの「自由によって与えられた試練」をどのように克服していったのだろうか。あるいは「持ちこたえられない」ままなのか。まずはウリヤーノフが予測した問題から検討していくことにしよう。

第一部　ロシア演劇のシステム

第一章　国家と演劇——金と自由

I　ソ連邦崩壊以前

ソ連邦崩壊後のロシア演劇を論じるのに、〈国家と演劇〉というテーマは奇妙に思われるかもしれない。ソ連邦が消滅したことで、演劇は国家の管理システムから解放されたのではないのか。だが実は、ソ連邦は崩壊し、経済システムは変化したが、ウリヤーノフの予想に反し、演劇の「古いシステム」は壊れなかったのである。ロシア演劇はその後もずっとソビエト時代の国家による組織・運営システムを引きずっていく。二〇一二年から二〇二〇年までロシア連邦文化相を務めたウラジーミル・メディンスキイは、文学新聞のインタビューで次のように語っている。「理想を言えば、劇場はもちろん独立採算であるべきだし、高い収益を上げる方がもっと良い。しかし、現代の生活環境でそれを一挙に唱えたら、ガイダール改革[3]になり、その結果はひとつ——九〇パーセントの劇場が自滅することになるのは明らかだ」［1］。このインタビュー記事が出たのは二〇一三年九月四日、ソ連邦崩壊からすでに二二年の年月が経っている。

ソビエト時代に確立したロシア演劇のシステムは、メディンスキイによれば、結局のところ「金と自由」という問題に収斂する。

一九一七年の十月革命によってソビエト政権が樹立されたのにともない、国家は文化を国全体の管理システムに組み込もうとした。一九一九年に「演劇事業の統合に関する布告」が発布され、劇場を国有化し、演劇活動を組織、財政、創造のすべての面で国家の管理下に置くことが宣言された。さらに、一九二一年には国内の興行をすべて無料にすることが宣言されたが、レーニン時代の国家には文化活動すべてを支援する資金がなく、国有化の最初の試みは不徹底に終わった。ネップ期において、戦時共産主義時代に採られた急激な国有化と集権的管理が緩和され、市場原理が導入されるようになると、演劇界でも私有に戻る劇場がいくつか出てきた。スターリン時代に入り、第一次五カ年計画が始まった一九二八年、国立劇場規定が公布され、国立劇場への助成金の支給と課税の半減が約束されると、その後の三年間ですべての劇場が国家の管理下に入る。社会主義建設を率いたレーニンにとっても、その事業を引き継いだスターリンにとっても、芸術は社会主義のイデオロギーを喧伝する有効な手段だった。国家は芸術に予算を注ぎ込んだ。

ソビエト時代のこうした〈国家と文化〉との関係を、二〇〇〇年から二〇〇四年までロシア連邦文化相を務めた演劇研究家ミハイル・シヴィドコイは、「国家は文化にイデオロギー代を支払っていたのだ」[2]と表現した。発注主である国家は、一九二二年に出版物の検閲にあたる中央文学出版管理局（グラブリト）を創設したのを皮切りに、翌一九二三年には演劇・映画・音楽の検閲にあたる中央レパートリー委員会を設立し、一九二八年からはレパートリーの選定と上演の監督を行なう芸術評議会を各劇場に組織するなど、検閲システムを整えるとともに、一九三四年には「ソビエト政権の綱領を支持し、社会主義建設に参加することを志向する作家」の唯一の組織である「作家同盟」を発足させ、〈社会主義リアリズム〉をソビエト芸術の基本的方法と定め、この方法に基づいて創作を行なうよう求めた。社会主義リアリズムとは、作家同盟規約によると、「現実をその革命的発展において、真実に、歴史的具体性をもって描く」方法であり、「現実の芸術的描写の真実と歴史的具体性は、勤労者を社会主義の精神においてイデオロギー的に改造し教育する課題と結びつかなければならない」というものだった。文化は国家＝発注主の要望に従ってイデオロギーを作品という形で提供しなければならなかったのである。こうした国家による管理体制はペレストロイカ期に至るまで続く。

一九八五年三月に誕生したゴルバチョフ政権により打ち出されたペレストロイカがこの構造に亀裂を生じさせた。ペレストロイカによる自由への期待の高まりのなかで、演劇人たちは、国家による文化の管理から脱するため、自分たち自身が「創造のプロセスに関わる社会的権利と義務を持つ独立の組織」として演劇人同盟を結成した。演劇人同盟のイニシアティブのもとに、演劇界は検閲の廃止を獲得し、役人や党員など国から派遣されたメンバーによって組織されていた芸術評議会を廃止し、演劇基金を創設して国の金に縛られない自由な演劇活動のための基盤づくりに取り組んだ。もっとも、ペレストロイカは体制の建直しを目指すものであり、国家のイデオロギーがなくなったわけではなかった。しかし、もはやイデオロギーでは演劇活動を統制できなくなった。一九九一年一二月、ペレストロイカは結果としてソ連邦の崩壊をもたらし、「ユートピアとしての社会主義」という国家のイデオロギーは完全に失墜した。国家は何のために金を支払うのか分からなくなった。チケット代の値上げ、劇場施設の貸し出し、演劇関連書籍の出版などによって収益増を図ったり、企業などのスポンサーを求めたり、プロデューサー・システムや契約システムを採り入れたりと、文化予算を削減するための様々な試みがなされた。ペレストロイカ以降、社会主義体制が揺らぎ崩壊していった時代に検閲から解放され創造の自由を手にしたロシア演劇だが、それと引き換えに演劇もまた市場の論理に縛られることになった。ウリヤーノフの言う「自由の代価」を支払わなければならなくなったのである。

II　ソ連邦崩壊以降

ソ連邦崩壊後の〈国家と文化〉の関係については、文化相だったウラジーミル・メディンスキイがイズヴェスチヤ紙（二〇一五年六月一七日付）に寄稿し、率直に論じている。メディンスキイによれば、ソ連邦崩壊後の一九九〇年代と二〇〇〇年代には、芸術家たちは「スターリン時代と同じがよい。ただしスターリン抜きで」ということを望んだ。つまり、国家は創造活動に全面的に融資を続け、金を受け取る文化にはいかなる義務も課さない、という文化政策である。芸術家たちは与えられる金のなかに国家の意志が少しでも現われると、「検閲の復活」と非難した。一九九〇年代、二〇〇〇年代は社会共通の価値観を喪失し、カオスともいうべき〈自由〉を享受した時代だった。

しかし、二〇一〇年代に入ると、文化関連の法律や当局の決定が演劇活動を規定するようになる。まず、二〇一〇年五月に文化機関への補助金拠出規則が定められた。演劇事業においては、補助金は上演される芝居や初演の数、巡業数、入場者数などに基づいて配分され、劇場の運営や建物の修理・改修の費用などは、ソビエト時代と同様、完全に国家の支出となる。その一方で、チケット、ビュッフェ、スポンサーからの収入、劇場のレンタル料、その他は劇場の自由裁量とされた。

二〇一四年一二月に「国の文化政策の基本原則」が採択され、国家の文化政策が明文化される。この「国の文化政策の基本原則」は〈国家と文化〉の関係に質的な変化をもたらした。「国の文化政策は、国内の経済繁栄、国家主権、文明の独自性などの基盤としての文化および人文科学を優先的に発展させるためのものである。国の文化政策はロシア連邦の国家安全保障戦略の不可分の一部と認められる」〔3〕(「国の文化政策の基本原則」前文)と規定される時代に入ったのである。国家は国民共通の価値の場における創造活動を奨励し、主導しなければならず、国家が直接助成する芸術創造に対してもそうした価値を要求する。国家は創造活動においては何も禁止しないが、すべてに金を出すわけではない。メディンスキイに言わせれば、「芸術家、権力、社会は、共通の価値に従って、一致して行動するようにしなければならない。二一世紀の『国の文化政策の基本原則』はまさにこのことを述べているのである」〔4〕。

メディンスキイの論文が発表された翌日、二〇一五年六月一八日、同じイズヴェスチヤ紙に劇作家のイワン・ヴィルィパエフが『文化政策――目的は何か?』と題する論文を発表し、「国の文化政策の基本原則」に対し異を唱えた。ヴィルィパエフは、メディンスキイ論文には「文化の規制と管理の問題に関する国家の立場が明確に示されている」とし、その「国家の立場」なるものを次のように要約する。「国家は国の文化発展に資金とエネルギーを出資する投資家である。従って、文化プロセスに介入し、管理し、方向づけ、発展させ、規制し、監督し、強化する権利があるということだ」。融資の対象が文化であるということは、国家は国民を啓蒙する司牧者の役割を担うことであり、信徒を導いていく明確な〈目的〉があるということを意味する。たとえば、イスラムの国々では目的はアッラーであり、その文化政策はムスリムの心がアッラーに向かうよう導いていく。ヴィザンチンではキリストがそういう目的だった。共産主義体制時のソビエトでは目的は共産主義だった。ヴィルィパエフによれば、「わが国で『ロシアの文化政策』という題の文書が出されたからには、その筆者たちには目的への明確な理解がある」ということになる。しかし、「その目的は何か、誰が決めるのか」と彼は問う。そもそも精神の問題を彼ら(文書の筆者たち＝国家）が決めてよいものか。ヴィルィパエフは論文を次のように結んでいる。「現代世界における国家は、世俗の世界において精神あるいは文化の司牧者や導き手の役割で登場することはできないし、すべての人々に共通の道徳的・精神的公理をつくり上げることはできない。〔……〕国家はただ社会の発展のプロセスが厳密に定められた法律の枠内で進行するようコントロールするだけなのである」［5］。

イデオロギーを持つ国には明確な〈目的〉がある。ソビエト時代には、共産主義という目的を国家が決め、文化はその目的をめざす国家の活動の不可分の一部だった。文化には「勤労者を社会主義の精神においてイデオロギー的に改造し教育すること」（社会主義リアリズム）が求められた。ソ連邦は崩壊し、「ユートピアとしての社会主義（共産主義）」というイデオロギーは破綻した。しかし、それから四半世紀が経ち、崩壊後初めて明文化された「国の文化政策」では、ロシア文化には「国内の経済繁栄、国家主権、文明の独自性」の基盤となり、「ロシア連邦の国家安全保障戦略の不可分の一部」を担うことが求められている。メディンスキイは前述の論文を次のように結んでいる。「もし国家が自国の文化を育てず、創り出さなければ、どこか他国が育て、創り出すことになるだろう。そうなれば、結局、他国の軍隊を抱えているのと変わらないことになってしまう」［6］。ロシア文化に再びイデオロギー（目的）が求められるようになってきたのである。

レパートリーと国家安全保障戦略【二〇二一年八月の追記】

二〇二一年八月二日、RIAノーヴォスチに、文化省付属社会評議会[4]が劇場のレパートリーに関する公聴会の開催を予定している、という記事が載った。同評議会議長ミハイル・レールモントフはインタビューのなかで次のように語っている。「われわれは近いうちに劇場のレパートリーについての公聴会を行ない、最近ウラジーミル・プーチンによって承認された国家安全保障戦略に合致しているかを審議することになるだろう。国家安全保障戦略には精神的・道徳的価値と愛国主義的価値の維持に言及した大きな章があり、すべてが具体的に描かれている」[7]。

国家安全保障戦略は法律に従って六年毎に改訂されることになっており、RIAノーヴォスチの記事が出る一カ月前、七月二日、国家安全保障戦略の新版がプーチン大統領によって承認されたばかりだった。確かに、その文書には、レールモントフが指摘するように、「伝統的なロシアの精神的・道徳的価値、文化、歴史的記憶の保護」と題されたかなり長い章が設けられ、「伝統的なロシアの精神的・道徳的および文化的・歴史的価値は、アメリカ合衆国とその同盟国、さらには多国籍企業や外国の非営利民間団体や宗教団体、過激派組織、テロ組織からの積極的な攻撃にさらされている。情報による心理的破壊工作や文化の〈西欧化〉はロシア連邦が自らの文化的主権を喪失する危険性を高めている。ロシア史や世界史の改竄、歴史の真実の歪曲、歴史的記憶の破壊、民族間対立や宗教対立の扇動の試みが頻発している」と危機感を表わし、「伝統的なロシアの精神的・道徳的価値、文化、歴史的記憶の保護は、次の課題を解決することによって可能になる」[8]として、一四の解決すべき課題を挙げている。主なものを挙げてみよう——

- 市民の統一とすべてのロシア市民のアイデンティティを強固なものにする。
- 伝統的なロシアの精神的・道徳的および文化的・歴史的価値の役割を大衆に認識させる国の情報政策を実現する。
- 愛国主義的な市民の育成を目指す社会プロジェクトを支援し、ロシア連邦の諸民族の歴史的記憶や文化を守る。

・ロシア連邦の文化的主権を強化し、統一の文化空間を維持する。
・伝統的な宗教を支援し、その宗教組織が伝統的なロシアの精神的・道徳的価値を守る活動に関与することを可能にする。
・伝統的なロシアの精神的・道徳的価値と文化の維持、歴史の真実の擁護、歴史的記憶の維持を目指す文学、芸術、映画、演劇、テレビ、インターネットなどの作品を創造するために国家発注を行なう。
・国外の思想や価値の蔓延および国外の破壊的な情報の心理的影響からロシア社会を守り、過激な内容の作品や暴力、人種的および宗教的不寛容、民族間対立の扇動の拡散を阻止する。

文化省付属社会評議会は、レールモントフの言葉によると、「検閲官ではなく、監督官《コントローラー》」としての役割において、大統領が承認した国家安全保障戦略に演劇のレパートリーが合致しているかを調べるという。レールモントフは「これは検閲ではない」と語っているが、紛れもない〈検閲〉であり、センセーショナルな反響を呼び、多くのメディアを騒がせた。文化省は火消しに回り、翌八月三日、オリガ・リュビーモワ文化相がすぐさまコメントを発表した。リュビーモワは、劇場のレパートリー政策を監督すべきという社会評議会の提案について文化省は審議をしていないとした上で、次のように語った。「しかも、ロシア連邦法によればロシア文化省には文化施設の創造活動に介入する権限はない……。検閲はわが国では憲法によって禁じられていることを思い起こしてほしい。それに、文化の領域で現行法違反が起これば、管轄機関が然るべき判断を下す権限を持っている」[9]。文化相の発言の後、騒ぎは静まり、この件にはけりが付いたかのように見える。しかし、ロシアの演劇人にとって、事はそう簡単ではないようだ。実は、「国の文化政策の基本原則」が発表されて以降、様々な社会組織が〈検閲官〉になって文化活動に介入するという出来事がたびたび起こっていたのである（これについては後述する――「第二部・第三章」参照）。しかも、ロシア演劇は「レパートリー問題」が長い停滞を招くという苦い歴史を持っていた。

大祖国戦争（第二次世界大戦）後、世界は二つの陣営に分裂し、冷戦時代に入っていった。ロシアではイデオロギー統制が強化され、文化を党の事業の一部であるとする「ソビエト的党派性」が推進された。この新しい文化政策のなかで、一九四六年八月二六日、「ドラマ劇場のレパートリーとその改善策」に関する共産党中央委員会決議が出され、「戯曲や芝居にはソビエト社会の生活を絶えず前進する姿で描き、特に大祖国戦争時代に発揮されたソビエト人の性格の最良の側面の更なる発展を促す」よう求められた。ソビエト社会の否定的側面を描いた作品は批判され、劇作家は現実の欠陥や矛盾を描くことを恐れ、現実を美化することになった。そのため劇作は劇的葛藤のない緊張を欠いたものになり、著しいレベルの低下に陥った。また、冷戦構造のなかで、「祖国の地に根を持たないコスモポリタン」としてユダヤ人が攻撃の的になり、一九四八年には俳優で演出家のソロモン・ミホエルスが議長を務めていた「ユダヤ反ファッショ委員会」が解散させられ、ミホエルスは秘密警察による殺害とみられる変死を遂げる。翌一九四九年からは共産党主導の反コスモポリタニズム・キャンペーンが展開され、多くのユダヤ系知識人や芸術家が粛清された。

二〇二一年の「国家安全保障戦略」には「伝統的なロシアの精神的・道徳的および文化的・歴史的価値」の保護が謳われ、その価値は「アメリカ合衆国とその同盟国からの攻撃にさらされている」と指摘されている。しかも、国の文化政策においてロシア演劇はその「国家安全保障戦略の不可分の一部」を担うことを求められている。まるで時代が逆戻りしているかのようだ。世界は新冷戦の時代に突入した、という声が聞かれる。再び同じ歴史が繰り返されるのだろうか。

第二章　組織・運営システム

I　レパートリー劇場

ロシアの主要な劇場の多くは国公立劇場であり、その主流はレパートリー劇場である。一つの演目を何年も演じ続け、芝居の質を高めることができるこのシステムは、世界の演劇人の羨望の的だが、実はレパートリー劇場がロシア演劇の誇るべき伝統になったのは、ソビエト時代に入ってからだった。一八九八年にコンスタンチン・スタニスラフスキイとウラジーミル・ネミロヴィチ＝ダンチェンコがモスクワ芸術座を創設し、レパートリー・システムによる劇場運営を目指したときは、このシステムは主流ではなかった。当時モスクワで唯一の国立劇場だったマールイ劇場でさえ、たとえば一八九七／一八九八年シーズンに新作あるいは新演出の芝居を三一本舞台にかけている。まして利潤を追求しなければならない私立劇場では、観客の興味を惹くため毎週のように新作を発表していた。もちろん充分な稽古はできず、完成度の高い作品を出すのは難しくなる。このような公演システムに対し、モスクワ芸術座は一〇本の戯曲で全シーズンを打ち通すことを宣言したのである。「私たちがわずか一〇の戯曲からなるレパートリーを公表したことも憤懣を買った。他の劇場ではその当時、毎週ひとつずつの新しい戯曲を上演して、それでもなかなか満員といかなかったのに、それをアマチュアどもがだしぬけに一〇の戯曲で全シーズンを打ち通そうなどと不遜にも夢想したのである！」[1]。モスクワ芸術座の試みは、当初〈アマチュアの蛮行〉として批判を受けた。レパートリー劇場を運営するには、劇場という建物を維持し、一〇本から二〇本の芝居を上演し続けるための俳優やスタッフ、装置などを確保しておかなければならない。莫大な経費を必要とする。自己資金だけでは難しく、スポンサーやメセナがいなければ不可能だ。モスクワ芸術座は公開会社をつくり、創立資金を得るため株主を募った。実業家サッワ・モローゾフなど、一一名の株主を得て劇場のオープンにこぎつける。とりわけモローゾフはメセナとして芸術座を支え続け、創立資金の三分の一の額を投資しただけでなく、劇場の借用契約の延長のための資金や劇場の再建費用など、その投資額は膨大な額に及んだ。モローゾフなくしてモスクワ芸術座は成り立たなかった。

ソビエト時代に入ると、演劇はイデオロギー教育の強力な手段とみなされ、国家の管理下に置かれて国家予算が投入されるようになる。スターリンは、「勤労者を社会主義の精神においてイデオロギー的に改造し教育する」社会主義リアリズムの演劇における方法としてスタニスラフスキイの俳優教育法、いわゆる〈スタニスラフスキイ・システム〉を教条化し[5]、モスクワ芸術座を規範とすることで劇場管理の一元化を図った。演劇界の〈モスクワ芸術座化〉である。さらにスターリンは、管理を徹底するため、一九三八年には契約システムを廃止し、いわば〈終身雇用制〉をとった。これは帝政時代の〈農奴制〉と同じで、俳優たちはそれぞれの劇場に縛られ、事実上職場を変える権利を奪われた。そのため、劇場に所属する俳優やスタッフの数は膨れ上がっていった。

Ⅱ 「レパートリー劇場に未来はあるか」

ペレストロイカ期の一九八七年、ロシア演劇のモデルであるモスクワ芸術座が分裂した。劇団の肥大化が原因だった。一九七〇年、オレグ・エフレーモフがモスクワ芸術座の主席演出家に就任したとき、劇団には一五〇名ほどの俳優が在籍しており、その多くは何年も舞台に立っていなかった。エフレーモフは直ちに改革に着手するが、大きな組織の例にもれず劇団は派閥争いに明け暮れ、改革は遅々として進まなかった。一九八〇年代半ばになると、劇団員の数は二〇〇名を超えるまでになった。レパートリー劇場の根幹をなすのは、〈家としての劇場〉という考えである。芸術監督(あるいは主席演出家)が家長として劇団の思想的・芸術的統一を司り、劇団員を家族とする一つの〈家〉をつくり上げる。当時の芸術座はもはや〈家〉としてのまとまりを保つことができなくなっていた。エフレーモフは彼の演劇観に近い者たちを集め始めた。劇場内には二つの〈劇団〉が出来上がった。結局、モスクワ芸術座は、エフレーモフ率いるチェーホフ記念モスクワ芸術座(一九八九年から「チェーホフ記念」を名乗る)とタチヤナ・ドローニナ率いるゴーリキイ記念モスクワ芸術座に分裂した。分裂に至る経緯は、演劇評論家アナトリイ・スメリャンスキイによれば、「神話化してしまった。〔……〕時が経つにつれて、タチヤナ・ドローニナと彼女に忠実な批評家たちが、エフレーモフに冒涜的企てを吹き込んだある黒い力の〈陰謀〉という考えを持ち出すようになった。〔……〕劇場を割ったのはエフレーモフでも、ドローニナでもなく、異分子たちですらなかった。それを行なったのは人々ではなく、時代だったのだ。ソ連邦のモスクワ芸術座は自らが半世紀にわたりその顔を務めていた国と共に存在しなくなったのである。〔……〕国の現実のなかでモデルとしての役割を演じ、最後にその国の自滅を演じたのだ」[2]。

契約システムの問題は、ソ連邦崩壊後も解決をみないまま様々な弊害をもたらした。一九九二年一二月、モスクワ芸術座と並んでロシア演劇を代表するもう一つの顔であるタガンカ劇場の芸術監督ユーリイ・リュビーモフが、劇場を民営化し、劇団員の雇用を契約システムに移行しようと計画した。国の文化政策を批判して国外追放にあっていたリュビーモフが、一九八八年、およそ五年ぶりに一時帰国したとき、彼は自分の劇場と俳優が変わってしまったことを感じたという。「客席は放置され汚れていた。一方、俳優たちは体がなまり、コンデションを崩していた。彼らは高いレベルの舞台に使えるような状態ではなかった。元に戻すのに四シーズンかかった」[3]。リュビーモフは演出家として俳優との関係に不満を持っていた。彼に必要なのは「俳優は鍛錬しなければならない」ことを理解するプロの俳優だが、「俳優が反抗したり、芝居に酔ってやって来るというケースは枚挙にいとまがなかった」[4]。リュビーモフの計画に反対する劇団員たちはタガンカ劇場を離れ、一九九三年にニコライ・グベンコを芸術監督とするタガンカ俳優仲間劇場を組織した。リュビーモフはその後も劇場の自治の獲得と契約システムの導入を模索し続けた。リュビーモフと俳優たちとの対立は限界点に達し、ついに二〇一一年、タガンカ劇場の創設者であり劇場に世界的名声をもたらしたリュビーモフが自らの劇場を去るという結果を招いたのである。

ソ連邦崩壊後、二〇〇七年から劇場管理者、つまり芸術監督と支配人は法律に従い俳優と期限つき労働契約を結ぶことができるようになった。しかし、この法律には遡及効はない。それ以前に入団した俳優たちは〈終身雇用〉のままであった。どの劇場にもほとんど舞台に立つことのない〈窓際族〉が多くいる。国家から豊富な資金が投入されなければ、レパートリー劇場の存続はとうてい不可能だ。しかし、国家が演劇活動を一〇〇パーセント支援するのは全体主義国家しかない。「スターリン抜きのスターリン時代」は望めなくなっていた。ソビエト時代の遺産であるレパートリー劇場という伝統的モデルの危機はもはや喫緊のテーマになっていたのである。

二〇一二年五月二一日、ロシア連邦演劇人同盟書記局の拡大会議が開催され、「ロシアのレパートリー劇場に未来はあるか」というテーマが議論された。会議において、もっとも議論されたテーマは契約システム導入の是非だった。劇場に所属する俳優やスタッフが終身雇用であることで人員が膨れ上がり、劇場の運営を圧迫していることは明らかだったが、この時点では具体的な提案を作成する委員会を創設することが決定されるにとどまった。もう一つ論議を呼んだのは、世代交代の問題だった。プラクチカ劇場芸術監督エドゥアルド・ボヤコフは、「モスクワの劇場の芸術監督の平均年齢は、六六歳から七〇歳だ。これを変える必要がある。生物学的法則というものがあるからだ」[5]と世代交代を求めた。この問題にも具体的な解決案は提起されなかった。演劇人たちは、レパートリー劇場はロシアの財産であり、それを放棄することは必然的に演劇システム全体の破壊に通じる、という考えでは一致していたが、結局、明確な解決策を出すことなく会議は散会した。

III　期限なし契約から期限つき契約へ

レパートリー劇場の危機を回避しようという試みは法律の面からも行なわれた。二〇一一年一一月三〇日、主要な劇場の代表たちがプーチン首相（当時）と会見し、その席でアレクサンドリンスキイ劇場芸術監督ヴァレリイ・フォーキンが俳優の資格審査システムの導入を提案した。これを受けて、二〇一二年一

○月、文化省は管轄下にある施設の正規職員、つまり芸術家に対し職業適性を調べるため五年毎に資格審査を義務づけるとする法案を作成した。この新法は〈期限なし〉の労働契約（終身雇用契約）で働いている者に適用される。資格審査を受けたくない者には〈期限つき〉の契約（有期雇用契約）への移行という代案が示される。これによってすべての芸術家が期限つき契約によって働くようになることが目指された。この労働法改正案は、二〇一三年五月に政府会議で承認され、九月に国会承認を得た。この法改正は多くの俳優、とりわけ高齢の俳優の解雇につながる可能性をもっている。承認するにあたってセルゲイ・ナルィシキン下院議長はこう訴えた。「かつては人々を魅了していたが、年を取って悲惨な状況に陥っている演劇や映画の俳優たちの悲劇を描くテレビ番組を、私はいつも胸の痛む想いで見ている……。だから、そのような悲劇がそもそも起こらないように、法案の再審議には注意して当たってほしい」[6]。一〇月に法案は再度審議にかけられ、差し戻されることになった。その後、労働法改正案は宙に浮いたままである。

劇場にとっては、期限を定めた契約に基づいて劇団を組織すれば、レパートリーの要求に従ってスタッフを構成することができ、それによって高い芸術性と機動性が保証される。また、プロ意識に欠けた劇団員を排除することもできる。俳優たちにとっても、劇場に縛りつけられず、望みの場所で自らの可能性を実現することができるというメリットがある。もっとも、働く場を失う危険性も少なからずあり、そうした不安を抱く俳優は多いようだ。チェーホフ記念モスクワ芸術座など、すべての劇団員と期限つき契約を結んで運営されている劇場はいくつかあるが、文化省のグリゴリイ・イヴリエフ副大臣によると、二〇一三年時点で七〇～七五パーセントの俳優が期限なしの契約を結んでおり、そのうち約二五～三〇パーセントが所属する劇場のレパートリーで起用されていないという[7]。

契約システムの問題はソビエト時代から受け継いだ負の遺産である。国家が芸術活動の経済面すべてをまかなうソビエト時代が終わり、あらゆる活動が市場の原理に縛られるようになった時代において、契約問題が劇場首脳部と劇団員の対立の大きな火種として浮かび上がってきた。タガンカ劇場の芸術監督兼支配人のユーリイ・リュビーモフが劇場を去ることになったのも、契約システムをめぐる劇団員との対立に起因している。

ゴーリキイ記念モスクワ芸術座においても契約問題をめぐって内紛が生じた。二〇一九年八月二八日、ゴーリキイ記念モスクワ芸術座の一部の俳優たちが記者会見を開き、劇場の現状への不満を表明した。〈反乱〉の首謀者の一人、ロシア功労芸術家リジヤ・マターソワによると、芸術監督のエドゥアルド・ボヤコフが劇団員に（特権を享受する人民芸術家を除いて）期限なしの契約から期限つきの契約に移行するよう要求し、八〇名以上の俳優やスタッフを解雇あるいは辞職に追いやろうとした、というのである。実は、ゴーリキイ記念モスクワ芸術座は二〇一八年末から内紛状態にあった。発端は首脳部の交代にあった。一九八七年のモスクワ芸術座の分裂以来、三〇年以上にわたってゴーリキイ記念モスクワ芸術座を率いてきたタチヤナ・ドローニナが、二〇一八年一二月、劇場総裁という名誉職に祭り上げられ、新芸術監督にはエドゥアルド・ボヤコフが任命されたのである。この人事に反対する劇団員がプーチン大統領に向けビデオメッセージを送り、ドローニナの芸術監督復帰を求めたのに対し、新首脳部もまた劇場公式サイトにプーチン大統領に向けた反論のメッセージを載せるなど、双方がマスメディアやソーシャル・ネットワークを使って様々なキャンペーンを繰り広げた。この対立の溝を大きくしたのが、新首脳部が企画した「期限つき労働契約」への移行だった。ドローニナが芸術監督だったときは、全員が期限なしの労働契約を結んでいたのである。マターソワによると、功労芸術家たちには三年契約を結ぶよう提案がなされ、その他の俳優たちには一年契約が提案されたという。およそ三〇名がそうした条件を拒否した。結果として、抵抗を表明した俳優たちは解雇されなかったが、女優ユリヤ・ズィーコワによると、「私たちが期限つき契約への移行にサインしなかったときから、レパートリーが変更され、私には一本の芝居もなくなった。いまやこれは単に差別というだけでなく、ジェノサイドのようなものだ」[8]。俳優たちは、期限なしの契約から期限つきの契約への移行を強いられ、出演作品をレパートリーから外されるなど差別を受けている、として裁判に訴えた。契約条件を拒否した俳優たちは四半期ごとのボーナスを得られず、芝居への出演を減らされて、芝居の出演に際して支給される割増金も得られなくなり物質的損害を被っていた。二〇二〇年二月一四日、裁判が行われ、裁判所は俳優たちの訴えを一部認め、ボーナスの未払金と割増金、総額およそ七〇万ルーブルの支払いを劇場に命じたが、その他の訴え――首脳陣に差別の存在を認めさせ、役を与えるよう義務づける――は棄却された。俳優たちは「最高裁まで行くつもりだ」と闘い続けることを宣言している。

マーラヤ・ブロンナヤ劇場の場合、裁判沙汰にならずに期限つき契約への移行に成功した。二〇一九年六月にコンスタンチン・ボゴモーロフが芸術監督に任命されたとき、劇団全体（六〇人余り）が期限なしの契約で働いていた。ボゴモーロフに言わせると、「これは異常な状況だ。〔……〕劇団全体を期限つき契約に移行させること――これが僕の政策だ」[9]。ボゴモーロフは俳優たちと個別に話し合い、劇場内におけるそれぞれの俳優の立場や今後の可能性などを率直に告げ、期限つき契約に移行するよう求めた。彼によれば、「僕は強制しなかった。僕はお願いしたのだ」[10]。その結果、一〇名近くの劇団員が辞職し、他の俳優たちは期限つき契約に移行した。もっとも、ボゴモーロフは年長世代の俳優たちには契約条件の変更を求めなかった。彼は〈アンタッチャブル〉ファイルなるものを作り、劇場に長年勤め続けてきた俳優たちを選別し、彼らの契約には〈触れない〉ことにした。国会において、期限なし契約を結んでいる俳優に対し五年毎の資格審査を求める労働法改正案が採択されなかったのも、ベテラン俳優たちに対する配慮からだった。挑発的な芝居によってスキャンダル・メーカーとして名を馳せているボゴモーロフだが、劇場の管理面ではスキャンダルを望まなかったようだ。

ゴーリキイ記念モスクワ芸術座の内紛終結【二〇二一年一一月の追記】

二〇一八年一二月の芸術監督交代を機に勃発したゴーリキイ記念モスクワ芸術座の内紛は、プーチン大統領までも巻き込みながら、三年を経た二〇二一年一一月に一応の決着をみた。

芸術監督から劇場総裁という〈名誉職〉に祭り上げられて以降、公の場から姿を消していたタチヤナ・ドローニナが、二〇一九年一一月二二日、クレムリンにおける国家賞受賞セレモニーに現われ、プーチン大統領と言葉を交わす映像がメディアに出た。彼女は内紛に揺れる劇場の現状を訴え、大統領の介入を求めたという。その場に同席した俳優アレクサンドル・チトレンコによると、対話はセレモニーの後も続き、「彼［プーチン］は非常に好意的に反応し、『すべてを検討することにしよう』と言った」[11]という。

この対話の結果だろうか、二〇二一年四月二六日、文化省はゴーリキイ記念モスクワ芸術座の規約を改訂し、劇場の管理・運営の全権を芸術監督から支配人と劇場総裁に移した。これによって芸術監督ボヤコフは今後の契約を劇場のオーナーである文化省とではなく、文化省によって任命された支配人と結ぶことになった。

二〇二一年一〇月二七日、文化省は、突然、ペテルブルグ・ミハイロフスキイ劇場とノヴォシビルスク・オペラ・バレエ劇場の芸術監督を兼務するウラジーミル・ケフマンをゴーリキイ記念モスクワ芸術座の総支配人に任命した（これに関連して、ケフマンはノヴォシビルスク・オペラ・バレエ劇場の職を辞した。ミハイロフスキイ劇場の芸術監督は兼務となる）。ケフマンは最初の仕事として、早速、芸術監督ボヤコフに辞任を求めた。一一月一日、ボヤコフはケフマンの求めに応じて芸術監督の職を辞したことをフェイスブックで明らかにした。「私はゴーリキイ記念モスクワ芸術座を退職した。ウラジーミル・ケフマン支配人が、昨日、私に辞表を書くよう要求した。五年契約を結んでいたが、私は辞表を書いた。首脳部が私と働くことを望んでいない状況で、反対したり抵抗したりするのは私の主義に反する。ケフマンが理由に挙げていたのは、ドローニナと私の関係だった」[12]。文化省はボヤコフの辞任を「われわれにとって全く予期せぬことだった。われわれはそれをメディアのニュースで知った」[13]とコメントしているが、文化省は〈合法的〉ではあるが、いささか陰険なやり方でゴーリキイ記念モスクワ芸術座の内紛を終結させたのである。

　広大な大地に生きるロシア人には、本来、無限の自由に憧れるアナーキーな願望があるといわれている。ロシア国家の歴史は、強い支配者が民衆のアナーキーを強権によって抑え込み支配する専制政治の歴史だった。帝政時代も、ソビエト時代も、その構造は変わらなかった。〈民主化〉したはずのソ連邦崩壊後においても、ロシア人は、何か問題が起こると、〈お上〉（現在では〈大統領〉）に訴える。演劇人たちも例外ではない。ドローニナは、国家賞授賞式で訴えただけでは足りず、プーチン大統領に書簡を送り、ボヤコフ率いる首脳部を「追放する」よう願ったといわれている。歴史のなかで育まれたメンタリティーはロシア人の遺伝子に深く刻み込まれているようだ。

Ⅳ　演劇センター――新しい劇場モデル

レパートリー劇場に代わる新しい劇場のモデルとして、二〇〇一年二月一二日、モスクワにメイエルホリド・センターが開設された。一九九一年一〇月に開催された第二回演劇人同盟大会の基調演説においてウリヤーノフ議長は次のように語っていた。「〈工房〉〔全ロシア創作工房連合〕の実践は、組織的な創造機構――メイエルホリド・センターを創設するという構想へと同盟を駆り立てた。このプロジェクトはすでにフランスとの協力によって実現しつつある。二年後に私たちはモスクワの中心に三つの舞台を持つ総合施設を所有することになるだろう」〔14〕。センターの総支配人兼芸術監督には、現代ロシア演劇を代表する演出家ヴァレリイ・フォーキンが任命された。しかし、〈ソ連八月クーデター〉後の混乱のなかでフランスの銀行が撤退し、ソ連邦崩壊後の経済危機で建設は滞り、完成は二〇〇一年までずれ込むことになった。

フセヴォロド・メイエルホリドは、モスクワ芸術座に代表される近代リアリズム演劇に異を唱え、身体による演劇言語を打ち立て、舞台と客席の〈壁〉を取り払い、劇場という閉ざされた空間から演劇を解放することを目指したロシア・アヴァンギャルド演劇の中心的存在だった。ロシア・アヴァンギャルド演劇はソビエト政権によって異端として弾圧され、一九四〇年にメイエルホリドは粛清による死を遂げるが、メイエルホリドの演劇理念は太い潮流となってロシア演劇のなかに流れ続けている。そのアヴァンギャルド演劇の旗手の名を冠した演劇センターの創設に際して出されたパンフレットには次のように謳われている。「演劇の新たな形式を目指し、詩と真実の統合を探求したアヴァンギャルド演劇のリーダー、メイエルホリドの創造は、現代芸術に多くの点で根本的影響を与えた。メイエルホリドはわれらが同時代人である。彼の創造における構想やコンセプトは、今日、現代演劇の最良の成果のなかに生きている」[15]。

メイエルホリド・センターの六階建の新築ビルは総床面積四五、〇〇〇平方メートルを擁する。ただし、そのうち創造部門、つまり劇場を初めとする演劇関連施設が占める面積は四、五〇〇平方メートルで、総面積の一〇分の一に過ぎない。建物のほとんどを占めるのはオフィスやホテル、レストランなどの商業部門で、ここから得られる賃貸料が創造部門の活動資金に充てられる。国や市の助成金に頼ることなく、独立の演劇活動を行うことを目指した演劇事業の新しいモデルである。創造面においてもロシア演劇の伝統にとらわれない独自のプログラムを目指した。フォーキンによると、「メイエルホリド・センターはレパートリー劇場にも、私立劇団あるいは貸し劇場にもならない。これは主に多様な創造的プログラムによる活動、決して演劇だけには限らない芸術活動を行うような施設になるだろう」[16]。所属の劇団もレパートリーも持たず、芝居を打つときには、作品ごとに演出家や俳優を招き、通常の劇場のように毎晩芝居を打つことはない。センターでは展示会やセミナー、著名な俳優や研究者による講演やワークショップが催され、さまざまな長期プロジェクトが実施される。さらに、若手演出家のための「演出実習クラス」を設置し、フォーキンが若手を指導して新たな演劇言語を探求する……。メイエルホリド・センターはそのプログラムを実現し、アヴァンギャルド演劇のメッカとして活動を続けている。

二〇一二年八月、モスクワの外れにある閑古鳥の鳴く劇場だったゴーゴリ劇場がゴーゴリ・センターと名前を変え、装いを新たにオープンした。芸術監督には若い世代に絶大な人気を誇る現代アヴァンギャルド演劇の旗手キリール・セレブレンニコフが就任した。

ロシアの主要な劇場はほとんどが国公立劇場である。その所有者、つまり国家や市町村が芸術監督を任命する。人事にはスキャンダルがつきものだ。八月一三日、ゴーゴリ劇場の公式サイトにプーチン大統領と文化部門の有力者に宛てた公開書簡が発表された。劇場首脳部の交代に関するモスクワ文化局の決定の撤回を求めるもので、八〇名を上回る俳優と職員の署名があった。書簡は数時間後に新支配人アレクセイ・マロブロツキイによって削除された。

書簡は次のように始まっていた。「ゴーゴリ記念モスクワ・ドラマ劇場は破滅を宣告されました。われわれは援助と救済を求めます!!」続いて「これによってレパートリー劇場とロシア演劇の偉大な伝統の破滅への第一歩が踏み出されたものと確信します。ロシア演劇にとっては、劇場とは決して単なる建物ではなく、神殿であり、魂であり、家なのです。〔……〕スタニスラフスキイ・システムの原理を覆すことを使命と考え、ロシア心理主義演劇を否定するセレブレンニコフの芸術監督任命は、ロシア演劇を死滅へと向かわせるものです」と断じ、「わが国が何としても守ってきた、世界中が感嘆するロシアの財産であるレパートリー劇場の存続と今後の発展のために、出来うるすべてを行なうことを求めます」と書簡を結んでいる[17]。

すでに述べた通り、ロシア演劇の伝統とされるレパートリー劇場の根幹をなすのは、〈家としての劇場〉という考えである。芸術監督が家長として劇団の思想的・芸術的統一を司り、劇団員を家族とする一つの〈家〉をつくり上げる。前の家長（芸術監督）だったセルゲイ・ヤーシンは、八月七日、突然解任されてしまった。前日、新シーズンの計画を発表したばかりだった。新しい家長となるセレブレンニコフは、任命された直後のインタビューに次のように答えている。「［ゴーゴリ劇場は］レパートリー劇場ではなくなると思う。いくつかの所属劇団（レジデント）が活動するプロジェクト劇場になるだろう」[18]。公開書簡の筆者たちにとって、これは〈わが家〉の崩壊に他ならなかった。セレブレンニコフはまず劇場の改造に取り掛かった。「僕の確信するところ、演劇は空間から始まる。演劇を創る人間としての僕にとって、演劇は取り巻く環境――地区、通り、そこへやってくる観客――から始まる……。だから、すべてを然るべき形にして、美学や様式を発見することが大切なんだ」[19]。彼は書店やカフェ、レクチャー・ルームをつくり、いくつもの演技空間をつくった。その空間で自らの芝居を上演するだけでなく、劇場に〈所属〉する劇団や内外の様々な劇団のプロジェクトを実現し、映画の上映やコンサートや展覧会を催す。セレブレンニコフは劇場を演劇センターに改組し、ゴーゴリ・センターと改称した。

二〇一五年一月、モスクワのメイン・ストリートであるトヴェルスカヤ通りに面したスタニスラフスキイ劇場が、エレクトロシアター・スタニスラフスキイと名前を変えてオープンした。スタニスラフスキイ劇場はスキャンダルの絶えない劇場だった。芸術監督と支配人や劇団員との対立によって、ソ連邦崩壊後の二〇年間だけでも芸術監督が九名変わっている。モスクワ文化局は、二〇一一年、実験的舞台で評価の高いユーゴ・ザーパド劇場の芸術監督ヴァレリイ・ベリャコーヴィチを招聘して人気回復を図ったが、二〇一三年六月に予定されていた契約の更新は行われなかった。ベリャコーヴィチによれば、劇団員から様々な妨害を受け、職務を果たすことができなかったという。モスクワ文化局は公募によって芸術監督を選抜することに決めた。芸術監督の公募は初めての試みだった。候補者は劇場運営のコンセプトを提示し、演劇学者や評論家たちの評価を受け、文化局が最終的な決定を下した。

二〇一三年七月、公募の結果としてスタニスラフスキイ劇場の芸術監督にはボリス・ユハナーノフが任命された。ユハナーノフもまた、ゴーゴリ・センターのセレブレンニコフと同様、劇場の改造からその仕事を始めた。本舞台を改造し、小舞台をつくり、最新の照明・音響機器を入れ、客席は自由に構造を変えられるようにした。ロビーにはカフェを開くとともに、そこをパフォーマンス空間にした。ユハナーノフにとって、劇場とは諸芸術の統合の場である。芝居を上演するだけでなく、映画を上映し、コンサートを催し、講演やマスター・クラスを開講する現代文化のセンターとならなければならない。一年半に及ぶ大改造を経て、スタニスラフスキイ劇場は演劇センターとして再スタートを切ることになった。

セレブレンニコフのゴーゴリ・センターもユハナーノフのエレクトロシアター・スタニスラフスキイも着実に成果を上げている。演劇センターは劇場の新しいスタイルとして広がっていくかもしれない。

V 私立劇場

一九一七年の十月革命によって樹立されたソビエト政権は、文化を国家全体の管理システムに組み込もうとした。演劇に関しては、一九一九年に「演劇事業の統合に関する布告」を発布し、劇場を国有化して、演劇活動を組織、財政、創造のすべての面で国家の管理下に置くことを宣言した。その後、紆余曲折はあったが、一九三〇年代初頭にはすべての劇場が国家の管理下に入った。

ペレストロイカ期の一九八九年、演出家レオニード・トルシキンによってアントン・チェーホフ劇場が創設された。ソビエト時代になってから初めての私立劇場である。アントン・チェーホフ劇場はスポンサーを募り、作品ごとに俳優を集める一種のプロデューサー・システムで活動している。国家予算以外の資金で劇場を創設し、運営する前例がつくられたのである。これに続く演劇人が出てくるようになる。たとえば、律動的で造形的な身体動作と音楽性に溢れた独自の美学によってペレストロイカ期に〈ブーム〉と言えるほど人気を博した演出家ロマン・ヴィクチュクは、当初はフリーランスの演出家だったが、一九九〇／一九九一年シーズンからクレドバンクという銀行をバックにロマン・ヴィクチュク劇場を創設し活動するようになった（一九九六年、ロマン・ヴィクチュク劇場は国立劇場のステータスを得る）。

ソ連邦が崩壊すると、私立劇場が次々に生まれる。一九九三年にはプロデュース・カンパニー「独立演劇プロジェクト」が演劇研究家のエリシャン・マメードフによって創設された。マメードフがプロデューサーとして戯曲を選び、演出家や舞台美術家などのスタッフを招聘し、俳優を集める〈プロデューサー劇場〉である。マメードフは今やロシアを代表するプロデューサーとして活躍している。同じく一九九三年に「カルテットＩ」劇場が国立演劇大学軽演劇科を卒業した四人のグループ――ロスチスラフ・ハーイト、レオニード・バラーツ、カミーリ・ラーリン、アレクサンドル・デミードフによって設立された。彼らは演劇だけでなく、映画やテレビにも出演し、コメディアンとして人気を博している。一九九五年にはスター俳優オレグ・メニシコフが「演劇集団８１４」を組織した。フリーランスの俳優だけでなく、レパートリー劇場の俳優たちの参加も得て、メニシコフ自身の演出によって『知恵の悲しみ』（グリボエードフ作、一九九八年）や『賭博者』（ゴーゴリ作、二〇〇一年）を上演した。また、キリール・セレブレンニコフ（レールモントフ作『デーモン』、二〇〇三年）やパーヴェル・サフォーノフ（『ロジオン・ラスコーリニコフの夢』、二〇〇六年）などの若手演出家を起用して新しい可能性を探っている（二〇一二年、メニシコフはエルモーロワ劇場の芸術監督に就任し、現在、「演劇集団８１４」の活動は行っていない）。一九九六年にはレオニード・ローベルマンによって演劇エージェンシー「アート・パートナーＸＸＩ」が創設された。ここはロシアで最も成功したアントレプリーズ（興行会社）だろう。ロマン・コーザク、ニーナ・チューソワ、ロマン・ヴィクチュク、ロマン・サムギン、コンスタンチン・ボゴモーロフなど一流の演出家たちの芝居をプロデュースしている。一九九八年には「劇作・演出センター」が劇作家のアレクセイ・カザーンツェフとミハイル・ローシチンによって創設された。センターは若い劇作家、演出家、俳優に活動の場を与えるために設立されたもので、一九九〇年代末に若い劇作家たちの間で生まれつつあった〈新ドラマ〉といわれる潮流の発展に尽力し、キリール・セレブレンニコフやオリガ・スボーチナ、ミハイル・ウガーロフなどの若い演出家にデビューの場を提供している（二〇〇三年、劇作・演出センターは国立劇場のステータスを得る）。

二一世紀に入ると、二〇〇一年に著名な劇作家ニコライ・コリャーダがエカテリンブルグに自らの劇場、その名も「コリャーダ劇場」を創設した。その翌年、二〇〇二年に劇作家エレーナ・グレミナと演出家ミハイル・ウガーロフによって「シアター・ドク」が創設された。二〇一二年には元ロシア連邦文化相であり演劇研究家のミハイル・シヴィドコイがミュージカル専門のモスクワ・ミュージカル劇場を創設した。

なかでも特筆すべきは、シアター・ドクだろう。シアター・ドクは文字通りアンダーグラウンド劇場である。モスクワの中心にあるトリョフプルドヌイ横町のマンションの放置された地下室を借り、ボランティアたちがゴミ箱で見つけたパーティクルボードで舞台を造り、劇場のオープンにこぎつけた。「ドク」とは「ドキュメンタリー」の省略である。シアター・ドクのホームページによると、「シアター・ドクの芝居の大部分は、〈ドキュメンタリー演劇〉のジャンルに入る。ドキュメンタリー演劇とは、真実のテクスト、インタビュー、現実の人々の運命に基づくもので、芸術と社会分析の境界に存在するジャンルである。劇場の創作グループは現実の人たちとの会見を基に、周囲の現実のアクチュアルな現代的テーマで芝居を創る」[20]。シアター・ドクの芝居については多くの論文が書かれ、様々な賞が授与されているが、その芝居は差別や出稼ぎ労働者、ホームレス、女性累犯者など、現実生活の暗部をテーマにするものも多く、当局からの圧力をしばしば受けている。二〇一四年一〇月、モスクワ当局が劇場との賃貸契約の解消を宣告してきた。イギリスの劇作家トム・ストッパードがシアター・ドク支援の公開書簡を発表するなど、内外の多くの著名人たちが劇場擁護に立ちあがったが、結局、二〇一五年からシアター・ドクは常設の舞台を失うことになった。こうしたスキャンダルも含め、シアター・ドクは二一世紀ロシア演劇のなかで目を離せない存在になっている。

二〇一八年、文化省と独立事業基金の支援で国立演劇大学に設立された「未来の演劇実験室」が全国の劇場の数を調査した。それによると、ソ連邦が崩壊した一九九一年から劇場の数は二倍以上になっており、国立劇場の数は六六八、私立劇場は七八二を数えるという。もっとも、グリゴリイ・ザスラフスキイ国立演劇大学学長も認めているように、「私立劇場のうち、われわれが知っていたのは、アントン・チェーホフ劇場、カルテットI、コリャーダ劇場、ミュージカル劇場、シアター・ドク、プラスいくつかの興行会社（アントレプリーズ）――エリシャン・マメードフの独立演劇プロジェクト、レオニード・ローベルマンのアート・パートナーXXIぐらいである」[21]。

私立劇場の大多数はその活動のみならず、存在そのものすらあまり知られていないが、ロシアの演劇地図のなかに大きな場所を占めており、重要な位置を占める劇場も出てきている。

第三章　ロシア演劇の美学――三大潮流

スタニスラフスキイの心理主義演劇　現在、〈ロシア演劇の伝統〉といえば、美学の面では〈心理主義演劇〉を指すのが一般的である。では、〈心理主義演劇〉とは何か。百科事典の定義によれば、「演劇芸術の美学の潮流の一つで、ほぼ一八世紀に生まれ、一九世紀末に演出家の演劇が形成された時期に発達した。この用語はしばしば〈リアリズム演劇〉の同義語として使われる」[1]。つまり、心理主義演劇は一八世紀の市民劇が先駆けとなり、一九世紀末にスタニスラフスキイによって確立された演劇ということだろう。市民劇とは市民生活を主題とする写実的な劇であり、一八世紀の合理主義的思考やブルジョアジーの勃興に促されて誕生した。市民生活を描くため、登場人物は古代演劇や古典主義演劇におけるような〈典型的人物〉ではなく〈個人〉になる。市民劇における個人としての登場人物たちの心理表現は豊かとは言い難いが、これによって〈心理主義演劇〉への第一歩が踏み出された。その後、社会と個人の対立を劇の葛藤とし、登場人物の行為だけでなく感情を示すことを美学とするロマンティシズムやセンチメンタリズムにおいて、主人公たちの心理表現は豊かになっていく。しかし、この時代の俳優の演技はまだ約束事に基づく制約的なものだった。一九世紀後半から二〇世紀の初頭にかけてナチュラリズムとリアリズムが発達し、現実描写のみならず心理表現の真実性もまた最大限に追求されるようになる。俳優の演技術においても、たとえばロシアではモスクワ・マールイ劇場のミハイル・シチェプキンによって役の人物の複雑な心理的動きが自然でリアルに表現されるようになった。しかし、演劇が集団的創造である以上、俳優たちの演技に様式の統一によるアンサンブルがなければ、一貫した美学体系とはいえない。その一貫性を担保する存在として、十九世紀後半、芝居の上演の全過程を統括し、芝居の思想的・美学的統一を司る〈演出家〉が登場する。ロシアでは、そうした演出家として初めて登場したのがモスクワ芸術座のコンスタンチン・スタニスラフスキイだった。スタニスラフスキイは舞台上に「人間の精神生活」を描き出すことを目指した。目には見えない人間の精神生活——抽象的思想や感情を身体によって可視化する、つまり演じるにはどうしたらよいか。その方法を科学的に究明することによって考え出されたのが、スタニスラフスキイの、いわゆる〈システム〉だった。こうして、俳優が実在感のある人物像を創り出し、その内面世界をリアリティをもって舞台に描き出す〈心理主義演劇〉が、スタニスラフスキイ・システムによる演技術によって確立され、一大潮流としてロシア演劇に流れ続けているのである。

メイエルホリドのアヴァンギャルド演劇　スタニスラフスキイが〈システム〉を探求していた二〇世紀初頭は、芸術の様々なジャンルで伝統の破壊、価値の転換や解体が叫ばれていた時代だった。キュビズムや未来主義、表現主義、ダダイズム、シュールレアリズムなど様々な芸術運動がグローバルなスケールで展開されており、ロシアにおいても、演劇界ではロシア・アヴァンギャルド演劇がモスクワ芸術座に代表されるリアリズム演劇の伝統に異を唱えていた。そのロシア・アヴァンギャルド演劇の先頭に立っていたのがフセヴォロド・メイエルホリドだった。メイエルホリドは俳優としてモスクワ芸術座の創設に立ち会い、一九〇二年に芸術座を退団した後、リアリズム演劇の美学を覆すところから演出活動を始めた。そこで彼が提示したのは〈制約劇〉という理念だった。制約劇とは、メイエルホリドによれば、俳優の造形的な身体動作を妨げるばかりか、観客の想像力をも限定する〈本物そっくり〉の舞台装置や、舞台と客席を分断するフットライトを排して、俳優の演技を台詞のリズムと造形的な動きのリズムによって律し、観客を舞台の積極的な加担者として引き入れようとする演劇であり、「観客が目の前にいるのは演技している俳優であることを片時も忘れず、俳優の方も目の前にあるのは客席であり、足下にあるのは舞台で、周りにあるのは舞台装置であることを忘れない」[2]ような演劇である。伝統的なリアリズム演劇は文学中心主義で、テクストを精緻に読み解き、俳優が存在感ある人物像によってリアルな生活世界を舞台上に描き出し、舞台と客席の間に〈第四の壁〉を想定し、客席と舞台は〈観る・観られる〉という関係に固定される。それに対し、メイエルホリドは演劇に身体性を取り戻すことを目指し、芝居の仕掛けを露呈し、客席と舞台の〈観る・観られる〉という固定した伝達システムを打ち破り、観客を積極的加担者として芝居に引き入れようとした。さらに、メイエルホリドは、スタニスラフスキイ・システムに対抗し、身体のメカニズムの法則に則った身体訓練を通して舞台上に俳優の表現力に富む身体性を回復するための訓練法として〈ビオメハニカ〉を提示した。メイエルホリドは前衛的な演劇観や斬新な演出によって二〇世紀演劇に新たなパラダイムを切り開いた。メイエルホリド・センターの初代芸術監督であるヴァレリイ・フォーキンは「二一世紀の演劇は、多くの点で未来の演劇を先取っていたメイエルホリドの旗印の下に展開されると確信している」[3]と述べているが、二一世紀の今もメイエルホリドの反リアリズムの演劇は伝統的な〈心理主義演劇〉に対抗するもう一本の潮流としてロシア演劇に流れ続けている。

ワフタンゴフの演劇的リアリズム

さらに二〇世紀の二〇年代になると、モスクワ芸術座の俳優であり演出家のエヴゲニイ・ワフタンゴフが、スタニスラフスキイのリアリズム演劇（心理主義演劇）とメイエルホリドの反リアリズム演劇（アヴァンギャルド演劇）という対立する美学を統合し、その後に長く受け継がれることになる第三の潮流を生み出す。ワフタンゴフは自分の目指す演劇を二人の演劇と対比させて次のように語っている。「メイエルホリドがいう演劇性とは、観客が劇場にいることを一瞬たりとも忘れず、俳優とは役を演じているプロフェッショナルであるとつねに感じられるような芝居を意味する。スタニスラフスキイは……観客が劇場にいることを忘れ、戯曲の人物たちが生きているのと同じ雰囲気、環境のなかにいると感じることを求めた。〔……〕われわれの考える演劇では、観客を演劇という自分の仕事をしている俳優の環境に引き込むのだ」[4]。生身の人間である俳優の舞台上での存在はきわめて両義的である。観客が舞台上に観ているのは、登場人物であると同時に、それを演じる現実の人間としての俳優でもある。とりわけ人間が自我意識を強く持つようになった近代における演劇は、演じる俳優と演じられる登場人物の二重性を意識せざるをえなくなった。スタニスラフスキイとメイエルホリドの対立も、この二重性をどう処理するかが重要な争点だった。ワフタンゴフはこの両巨匠の対立を止揚する新たな演劇の創造を目指したのである。つまり、スタニスラフスキイは演じる俳優の存在を消しつつ、俳優を演じられる登場人物に合致させることで両者の二重性を隠蔽しようとし[6]、メイエルホリドはこの二重性を強調することで、俳優が演じる自己を現前させることを求め、ワフタンゴフは俳優の二重性そのものを演劇として提示する。換言すれば、登場人物に演じる自己を合致させようとする俳優の仕事＝創造そのものを舞台上に描き出すことを目指したのである。

ワフタンゴフにとって、演劇が芸術であるのは真実の感情を演劇的手法で表現するからだった。ワフタンゴフは、一八世紀イタリアの啓蒙主義の文芸改革に反対してコメディア・デラルテの伝統の復興に力を注いだカルロ・ゴッツィの寓話劇『トゥーランドット姫』を、近代以前のイタリア即興仮面劇の手法を利用しながら、近代リアリズム演劇を完成させたスタニスラフスキイの〈システム〉によって上演した（一九二二年初演）。芝居はまず出演者のパレードから始まる。俳優たちは客席に直接語りかけ、観客と話に興じながら、観客の目の前で芝居の準備を始め、その場にあるモノを使って登場人物に変身していく。さらに、パンタローネやブリゲーラなど四人の仮面の人物が登場し、出演者として芝居に絡むかと思えば、ゴッツィの戯曲を解説したり、観客と政治談議をしたりする……。この芝居の仕掛けを露呈した舞台の上で、俳優たちは戯曲の世界に入ると瞬時に役の人物に成りきって真実の感情を生き始め、その世界を離れると俳優自身に戻る。ワフタンゴフは役の人物に〈変身〉する俳優の創造行為そのものを舞台上に描き出すことで、「観客を演劇という自分の仕事をしている俳優の環境に引き込んだ」のである。

アヴァンギャルド運動は既成の芸術への異議申し立てであると共に、形式の革新としての意味をもっていた。しかし、スタニスラフスキイはそういう問題にさほど関心を持っていないようにみえる。「現代の演劇革命の悲劇は、その革命の劇作家がまだ出現していないことにある」と二〇世紀初頭の芸術運動の問題点を指摘したうえでスタニスラフスキイは、「現代人の心とその生活を天才的に描きだす戯曲が現れるなら——それが形式的にはどのようなものであれ、印象主義でも、リアリズムでも、未来主義でも——すべての俳優、演出家、観客はそれにとびつき、その内に潜む精神的本質をもっとも鮮明に具象化する方法を探究するだろう」[5]と述べている。スタニスラフスキイにとって大事なのは、演劇が人間の〈精神生活〉を描き出すことであり、その形式は何でもよかった。そもそも、スタニスラフスキイは〈システム〉

を演技の〈文法〉として構想したのである。〈文法〉とは普遍的に適応される規則であり、特定のイズムに限定されるものではない。一九一一年にモスクワ芸術座に入団して以来、スタニスラフスキイ・システムの確立と普及に努めてきたワフタンゴフは師の理念を実際の舞台で証明したのである。

第二部　ソ連邦崩壊後のロシア演劇

第一章　一九九〇年代のロシア演劇

Ⅰ　「オストロフスキイに帰れ！」——古典への回帰

演劇は社会状況に影響を与えなくなった

ソ連邦崩壊によるソビエト・イデオロギーの終焉は、国家が演劇をイデオロギーの伝達手段と考えなくなると同時に、演劇がイデオロギーを闘うべき対象と考えなくなることを意味した。ソ連邦崩壊から五年経った一九九六年、独立新聞がモスクワとペテルブルグの演劇評論家に「一九九一年八月から一九九六年六月までの時期においてロシアの社会状況や演劇状況に最も影響を与えた芝居は何か」というアンケート調査を行なった。この問い自体はロシアの伝統的な演劇観を表わしている。一九世紀ロシアの思想家アレクサンドル・ゲルツェンは演劇の役割について、「劇場は現実の諸問題を解決するための最終審理の場である。〔……〕時代を悩ますあらゆる問題が自ずと舞台上に持ち込まれ、観客の目の前で展開される事件や行動の峻厳な論理によって審議されるのである」[1]と書いた。スタニスラフスキイは「俳優は同時代の人々を啓蒙するという高邁な文化的使命に自らの人生を捧げるべきである」[2]として演劇の社会的使命を重視した。ソビエト政権もまた演劇を「社会主義建設に向けてプロレタリアートを啓蒙し強化する手段」（社会主義リアリズムの定義）として利用した。こうした〈伝統〉に基づいた独立新聞の問いに対し、演劇評論家たちは「演劇は社会状況に影響を与えなくなった」と答えたのである。さらに、「社会状況に影響を与えた芝居だけでなく、演劇状況に影響を与えた芝居も挙げることはできない」と答える評論家たちもいた。独立新聞はその代表的な二つの意見を紹介している。一つはリッマ・クレーチェトワの見解で、彼女は「これは衰退の年月だったということを意味しない。むしろ、これは解放の年月だったのであり、演劇は直接芸術に、芸術のための芸術に取り組むようになったのである。演劇的潮流は存在せず、演劇は美学的理念を育む道を歩み始めたのだ。あるのは良い芝居と悪い芝居であり、それらは演劇状況にも、他の芝居や他の演出家にも影響を与えない」と答えた。もう一つ、ネッリ・モイセエンコは次のような見解を示した。「私たちには国家の理念がないのだから、社会状況に何であれ影響を与える芝居もあり得ない。政治劇の試みは受け入れられていない。この潮流は社会に求められていないのだ。演劇状況に関しても同じことだ。国家の理念がなければ、演劇の理念もないのは当然だ」[3]。

独立新聞のアンケートによるベストテンは次の通りである。

一、『罪なき罪人』――アレクサンドル・オストロフスキイ作、ピョートル・フォメンコ演出、ワフタンゴフ劇場、一九九三年初演。

二、『某市のホテルの一室』――ニコライ・ゴーゴリ作『死せる魂』より、ヴァレリイ・フォーキン演出、メイエルホリド・センター、一九九四年初演。

三、『白痴』――フョードル・ドストエフスキイ作、セルゲイ・ジェノヴァチ演出、マーラヤ・ブロンナヤ劇場、一九九五年初演。
四、『狼と羊』――オストロフスキイ作、フォメンコ演出、ロシア演劇芸術アカデミー・フォメンコ・クラス、一九九二年初演。
五、『〝罪〟を演じる』――ドストエフスキイ作『罪と罰』より、カマ・ギンカス演出、モスクワ青少年劇場、一九九一年初演。
六、『オレステス』――エウリピデス作、ペーター・シュタイン演出、国際演劇同盟会議のプロジェクト、一九九四年初演。
七、『罪と罰』――ドストエフスキイ作、グリゴリイ・コズロフ演出、ペテルブルグ青少年劇場、一九九四年初演。
八、『悪霊』――ドストエフスキイ作、レフ・ドージン演出、ペテルブルグ・マールイ・ドラマ劇場、一九九一年初演。
九、『閉所恐怖症』――現代ロシア散文のモチーフより、ドージン演出、ペテルブルグ・マールイ・ドラマ劇場、一九九四年初演。
一〇、『〝罪〟よりK.I.』――ダニー・ギンク作（ドストエフスキイ作『罪と罰』より）、ギンカス演出、モスクワ青少年劇場、一九九四年初演。

ベストテンの中には現代劇作家の作品はない。もっとも、戯曲そのものがベストテンの中に三作品しかない。残りの七作品はすべて小説の舞台化である。戯曲のうちドイツの演出家シュタインが上演したギリシア悲劇『オレステス』を除いて、ロシア戯曲はオストロフスキイ作品だけである。ちなみに、小説の舞台化に関しても、ドージン演出の『閉所恐怖症』を除いては、一九世紀の古典を脚色したものである。

ソ連邦崩壊直後の一九九〇年代は「古典の時代」だった。とりわけ、九〇年代前半はオストロフスキイ作品がレパートリーを賑わし、演劇界はオストロフスキイ・ブームの様相を呈した。オストロフスキイと言えば、ロシア・リアリズム演劇を確立し、ロシア近代国民演劇の祖とされる劇作家である。その作品はロシア劇文学の古典であり、チェーホフと並んで、時代を問わず盛んに上演されてきた。しかし、ソ連邦崩壊直後にブームと言えるほどレパートリーに採り上げられているのには、それなりの理由があるように思える。まず一つには、人々の目が革命前のロシアに向けられているということ。社会主義体制のなかで失われた〈真のロシア〉を革命前の古典を通して見出し、失われたアイデンティティを再構築したいという意思が働いているのかもしれない。また、モスクワの商人社会を描いたオストロフスキイの作品が、画家や作家が筆を折り、学者が本を捨ててビジネスマンになっている〈総ビジネスマン化〉したソ連邦崩壊後のロシアの現実と呼応し合っているという意見も聞かれた。あるいは、ペレストロイカ期に出てきたネオ・アヴァンギャルドへの反動もあるかもしれない。

ところで、小見出しに挙げた「オストロフスキイに帰れ!」という言葉は、一九二三年、ロシア・アヴァンギャルド演劇が隆盛を誇っていたとき、当時の教育人民委員（文化相）アナトリイ・ルナチャルスキイがリアリズムの伝統への回帰を求めて出したアピールである。スターリン体制が確立し、時代が革命から建設へと移っていくなかで、絶えざる革新＝永久革命を目指すアヴァンギャルドの理念は体制にとって危険になった。ルナチャルスキイのアピールに呼応するようにリアリズム演劇が台頭するにつれて、アヴァンギャルド演劇への弾圧が強まり、ロシア・アヴァンギャルド演劇は葬り去られた。ソ連邦崩壊直後のロシア演劇にも似たような現象が起こっている。ペレストロイカ期に全ロシア創作工房連合（ヴォトム）など、演劇スタジオを中心に展開されたネオ・アヴァンギャルドたちの活動が途絶えていったのである。演劇評論家のエレーナ・ストレリツォワは一九九三／一九九四年のシーズンを振り返って次のように書いている。「ひじょうに興味深い、新しい傾向がある。たとえば、アンダーグラウンドの権威が完全に失墜したということだ。〈地下室の子供たち〉はほとんど残っていない。もし残っているとしても、かつてあったアウラをすべてに失っている。演出家たちは標準的な演劇環境のなかで、標準的な客席を持つ大舞台で働きたがっている。多くの演出家たち――クリムやジェノヴァチ、ドルガチョフにそうしたことが起こっている。アルツィバーシェフは大舞台を造ろうとしている。すでに顕著になっているこの逆の動き（小形式から大形式へ）にも、おそらく、考察に値する新しいものの何らかの印があるのかもしれない」[4]。もちろん、ここには政治による弾圧はなかった。むしろ大きかったのは経済的要因だろう。ソ連邦崩壊後の不安定な状況のなかで、〈アカデミー〉の称号を持つ劇場や名前を知られた劇場など、国やスポンサーの支援を得られるところを除いて、活動を続けるのが困難になっていた。ヴォトムを吸収する形で一九九一年に組織されたメイエルホリド・センターは、すでに指摘した通り、経済混乱のため建設が滞り、ネオ・アヴァンギャルドたちが活動の拠点を得たのはやっと二〇〇〇年代に入ってからだった。

ネオ・アヴァンギャルドの活動の道を開いたのは、タガンカ劇場のユーリイ・リュビーモフだった。リュビーモフは一九六四年にタガンカ劇場の主席演出家に就任すると、社会主義リアリズムの路線から形式主義として批判されていたベルトルト・ブレヒトの『セチュアンの善人』で演出活動を始めた。舞台上手にはブレヒトのポートレート。下手には「街頭の演劇」のパネル。上方には「セチュアンの善人」の横幕。「寓話劇。三幕。演じるはタガンカ劇場の役者たち」と書かれたプラカードを持って行われるパレード。

この芝居の仕掛けを露呈した何もない空間で、俳優たちは客席に台詞を語りかけ、劇の流れを歌で中断し、客席と言葉を交わし合う……。リュビーモフはフセヴォロド・メイエルホリドやエヴゲニイ・ワフタンゴフなど二〇世紀初頭の前衛の手法を通してブレヒトにアプローチした。それは〈モスクワ芸術座化〉されて画一化したロシア演劇に対する異議申し立てだった。「当時、モスクワの公式の劇場全体の状況は全くみすぼらしいものだった。〈モスクワ芸術座化〉とでも言えるようなものが支配していた。〔……〕私は演劇の表現法がいかに多様であるかを示したかったのだ」[5]。その後もリュビーモフは斬新な舞台形式によって、停滞と腐敗が顕在化したソビエト社会の現状を鋭く批判する芝居を次々に生み出し、一時代を画した。詩人のアンドレイ・ヴォズネセンスキイの言葉を借りれば、「グラースノスチの理念の多くはタガンカ劇場で生まれたのである」[6]。厳しい言論統制のなかで、人々は自分では語れない真実の声を聞くためタガンカ劇場にやってきた。そのリュビーモフの演出作品が独立新聞のベストテンには一本も入っていない。理念を失ったソ連邦崩壊後の国家には政治劇の需要はない（モイセエンコ）のであり、〈国家対文化〉という対立構造から解放され、「演劇は直接芸術に、芸術のための芸術に取り組むようになった」（クレーチェトワ）のである。

ソ連邦崩壊後初めてのシーズン（一九九二／一九九三年）にワフタンゴフ劇場で上演されたフォメンコ演出のオストロフスキイ作『罪なき罪人』が独立新聞のアンケートで第一位に推されたことは、こうしたソ連邦崩壊後のロシア演劇の状況を象徴している。

フォメンコ演出『罪なき罪人』——演劇の解放

白いシャツとズボンに身を包み黒いシルクハットを被った男がロビーで観客を出迎え、談笑している。

フォメンコ演出『罪なき罪人』（ワフタンゴフ劇場, 1993 年初演）の出演者たち（ビュッフェのカウンターを背景に）

クルチーニナ（Ju・ボリーソワ）

プログラムによると、男はイワン（ホテルのボーイ）役を演じる俳優である。彼は開演のベルを鳴らすと、観客をロビーの一角にある小スペースに導き入れる。そこには雛壇状に客席が設えられ、その前の狭い空間にソファーや食器棚などの舞台装置が配されている。背景の中央には幅広のカーテンが掛かっている（このカーテンが開かれると、そこにベッドがある。その向こうには劇場のシャンデリアが下がる入口ロビーの吹き抜けが見える）。客席の最前列から五〇センチメートルも離れていないこの小空間で、ヒロインの若い頃の出来事を描いた〈プロローグ〉が演じられる。

オトラージナは良家の生まれで、教養もある。しかし、両親を早くに失い、現在は町はずれのあばら屋に一人で住んでいる。彼女には恋人のムーロフとの間にグリーシャという幼い息子がいるが、今はガルチーハという女に預けている。オトラージナはムーロフとの結婚を望んでいるが、彼は大金持ちの女との結婚を決め、彼女と別れようとしている。その結婚相手というのは、実は、オトラージナの旧友シェラーヴィナだった。シェラーヴィナは貧しい娘だったが、シベリアで砂金の採掘によって一儲けした老人と一緒になり、莫大な財産を継いでいた。恋人が自分を裏切り友人と結婚するという事実を知ったまさにそのとき、オトラージナはガルチーハから息子のグリーシャが死にそうだという報せを受け取る。

若い俳優たちによって演じられるこの〈プロローグ〉が終わると、例の黒いシルクハットのイワンが「二〇分の幕間。その後もっと快適な場所で一七年後の物語をご覧に入れます」と言いながら観客をロビーに導き出す。ロビーではいま演じていた俳優たちがピアノ伴奏で歌を歌いながら観客を迎える。幕間の後、観客はビュッフェに案内される。そこにはカウンターの面を除いて壁沿いにコの字型に椅子が並べられ、観客はその椅子に席をとる。ビュッフェのカウンターや両壁の窓は優美な絹のカーテンで覆われている。

一七年の歳月が流れ、オトラージナは有名な女優となり、クルチーニナと名乗っている。クルチーニナは、興行主のたっての願いを入れ、これまで足を踏み入れるのを避けていた故郷の町に客演に訪れる。故郷の町でクルチーニナの前にネズナーモフという地方劇場の若い俳優が現われる。ネズナーモフは両親を知らない。彼は周囲に敵意を抱き、棘のある辛辣な言葉で皆を苛立たせる。しかし、クルチーニナと話すうちに彼女に「母親の慈愛の情」を感じ、惹きつけられていく。一方、クルチーニナはガルチーハから息子が生きていると知らされる。今は町の名士になっているムーロフが、息子は死んだと嘘の手紙を書いたのだ。オトラージナ（クルチーニナ）との関係を妻に知られないためだった。ムーロフは息子を人に預けるとき、オトラージナがムーロフに渡したロケットを息子の首に掛けてあげたという。クルチーニナは息子のその後の消息を知ろうと手を尽くすが、行方はようとして知れない。クルチーニナは失望し、町を出ようと決意するが、町の名士に招かれたパーティでネズナーモフの首に掛けられたロケットに気づき、彼が息子のグリーシャであることを知る。

ごくありきたりのメロドラマだ。ここには社会性はない。舞台上で「時代を悩ます問題が観客の目の前で展開される事件や行動の峻厳な論理によって審議される」（ゲルツェン）こともない。むしろフォメンコは観客に社会の現実を忘れるよう促す。モスクワの中心街、アルバート通りに臨むワフタンゴフ劇場のビュッフェの窓は優美な絹のカーテンで覆われ、俳優たちはしばしばカーテンの隙間から外を窺っては、すぐにカーテンを搔き寄せ隙間を覆い隠す仕草を見せる。タガンカ劇場のリュビーモフが芝居のなかに現実を導入することで社会の現状に対する批判的考察を促すのとは好対照をなしている。リュビーモフは、たとえばブレジネフ政権末期の一九八一年、チェーホフの『三人姉妹』をラーゲリで囚人たちが演じる劇中劇として上演し、その際芝居の冒頭とフィナーレに客席の壁を開いて〈現在〉のモスクワの街を観客に見せた（タガンカ劇場は客席の右壁が開閉し、客席からモスクワの街が望めるようになっている）。舞台上のラーゲリと〈現在〉のモスクワが重なり合う。観客たちが生きている〈現在〉のモスクワでは、三人姉妹が夢見た自由で意味のある生活が営まれているだろうか……。こうしてリュビーモフはモスクワを基準とするソ連社会全体のラーゲリ化への批判的考察を観客に促す。一方、フォメンコの『罪なき罪人』は、「厳しい現実や〈意義ある思想〉から富と幸せの心地よい世界や束の間の夢想や気怠い快楽へと逃避する可能性を観客に与える」［7］。かつて一世を風靡したスター俳優ユーリイ・ヤーコヴレフ（町の名士ドゥドゥーキン役）がフロックコートにマント姿でビュッフェの扉から颯爽と登場し、シルクハットを軽く上げて観客に「今日は！」と挨拶を送るところから始まる歌あり踊りありの芝居は、美しく楽しい。いわばソフィストケイトされたエンターテイメントだ。フォメンコは現実へのコミットを避け、「直接芸術に、芸術のための芸術に取り組んだ」（クレーチェトワ）のである。

このシンプルなメロドラマにロシアの演劇評論家たちは歓喜した。アナトリイ・スメリャンスキイはそれを次のように表した。「演劇は自らのやり方で〈イデオロギーの終焉〉を祝ったのである。ずっと昔に葬り去られた感情が一気に蘇ったのだ。体験、見世物、パロディー、ロマンス、涙、その他ありとあらゆる〈演劇に固有の遊戯〉の〈命の泉〉が蘇った。それも、無理に絞り出すこともなく、抗い難いほど自由に自然に蘇ったのだ。軽やかな息吹、われわれが演劇の伝説から知っている至福が蘇ったのである」［8］。フォメンコは、イデオロギーや社会的使命、倫理的責任といった理念によって抑圧されていた〈演劇に固有の遊戯的要素〉を解放したのである。

フォメンコの『罪なき罪人』では、芝居の仕掛けを露呈した演劇性溢れる形式と実在感ある人物像を創り出す俳優の演技とが見事に融合している。スメリャンスキイを初め、多くの演劇評論家がここにワフタンゴフの伝統を見た。ボリス・リュビーモフは「フォメンコの芝居は私が観たなかで最もワフタンゴフ的である」[9]と語っている。フォメンコ演出の『罪なき罪人』が上演されたワフタンゴフ劇場は、言うまでもなく、ワフタンゴフが創立した劇場である。一九一三年、モスクワの学生グループがスタジオを創立し、指導者としてモスクワ芸術座の俳優であり演出家のワフタンゴフを迎え入れた。この学生スタジオは一九二〇年にモスクワ芸術座に組み込まれ、「モスクワ芸術座第三スタジオ」と名称を変え、一九二二年に『トゥーランドット姫』を上演する。初演の三カ月後にワフタンゴフは三九歳の若さで世を去るが、一九二六年、スタジオは彼を記念し「ワフタンゴフ劇場」と改称された。ワフタンゴフの『トゥーランドット姫』は創造の喜びに溢れた祝祭的空間を現出したという。フォメンコの『罪なき罪人』はこの「至福」を蘇らせ、演劇評論家たちを歓喜させたのである。

II　多様化するロシア演劇

イデオロギーから解き放たれたことで、演劇人たちはソビエト時代にロシア演劇を縛っていた社会的使命や倫理的責任といった理念に囚われずに自由に戯曲や小説などの素材にアプローチすることができるようになった。また、様々なジャンルの芝居の上演が可能になり、コマーシャリズムの浸透も相まって、私立劇団のスターシステムの芝居やミュージカル、西欧のウェルメイド劇などの娯楽的芝居もレパートリーに現われるようになる。

ギンカス演出『〝罪〟よりK.I.』――ニヒリズムの視点

独立新聞のアンケートのベストテンのうち七作品は小説の舞台化であり、そのうち五作品はドストエフスキイの小説を脚色したものである。ドストエフスキイ作品はペレストロイカ期にもしばしば舞台化されていた。しかし、当時は社会主義社会の恐怖と破綻を予言した作家として採り上げる傾向的舞台が主流だったのに対し、ソ連邦崩壊後のドストエフスキイに対するアプローチは多様だ。たとえば、モスクワ青少年劇場のカマ・ギンカス演出『〝罪〟よりK.I.』を見てみよう。これは『罪と罰』の登場人物カテリーナ・イワーノヴナの物語を題材にした作品である。

カテリーナ・イワーノヴナはマルメラードフの二人目の妻である。マルメラードフには先妻との間に娘ソーニャがいる。カテリーナは三人の幼い子供を連れてマルメラードフの後妻になった。マルメラードフによれば、カテリーナは良家の娘であり、教養もあり、高貴な心をもった婦人だった。ところが、マルメラードフは酒がもとで地方官吏の職を失い、ペテルブルグに出てきて官吏として再就職するが、この職も酒で失ってしまう。家族は貧困のどん底に落ち、今ではソーニャが娼婦として稼ぐ金にすがって生きている。貧しい生活のなかでカテリーナは精神を病み、しかも胸を患って血を吐くまでになっている。ギンカス演出の『〝罪〟よりK.I.』はカテリーナ・イワーノヴナを主人公とし、彼女の〈一人芝居〉に仕立てたものである(ただし、ソーニャを除いた三人の子供たちが登場し、上の娘ポーレチカには若干の台詞がある)。

開幕のベルの音に促されて劇場の階段を上がっていくと、三階の「リハーサル室」と書かれた扉の前に椅子が置かれており、観客はその椅子に席をとる。リハーサル室の中から男物の黒い外套を着たカテリー

ギンカス演出『“罪”より K. I.』（モスクワ青少年劇場, 1994 年初演）。カテリーナ・イワーノヴナと子供たち

リハーサル（O・ムィシナと演出家 K・ギンカス）

ナが登場し、無言のまま観客を眺め、リハーサル室の中に消える。彼女は再び出てくると、扉の横にボール紙を立てかける。そのボール紙には、夫マルメラードフを失った窮状を訴え、公正を求め、布施を請う言葉が綴られている。

カテリーナはあるときは観客の目の前にかがみこみながら、またあるときは観客の隣に座り、観客一人ひとりに窮状を訴える。ここはペテルブルグの街中であり、われわれ観客はカテリーナを取り巻く野次馬というわけだ。続いて、息子のコーリャを部屋から連れ出し、彼女はバイオリンを弾いてコーリャに歌わせようとするが、コーリャは歌おうとしない。コーリャを部屋に連れ戻し、折檻するカテリーナの声が聞こえる。再び二人が登場し、カテリーナがバイオリンを弾いてコーリャに金を集めさせる。観客が金を差し出すと、薄汚れたぶかぶかの上着を着たコーリャがその金をポケットに入れていく。金を出さない観客がいると、カテリーナはコーリャに「目を見つめるんだよ！」と指図する……。

街での物乞いの場面が終わると、カテリーナはリハーサル室の扉を開けて観客を部屋の中に導き入れる。部屋の中には一方に雛壇状の客席が設えられ、その客席から向かって右側の壁の前に白いテーブルクロスの掛かった長方形の大きなテーブルがある。また向かいの壁の左隅には二脚の椅子が置かれ、コーリャと上の娘ポーレチカが座っており、椅子の横の床には末っ子のリョーリャが正座している。彼女は〈いざり〉役をやらされているのだ。

観客は雛壇状の客席と長方形の大きなテーブルにつく。これから酔っ払って馬車に轢き殺されたマルメラードフの追善供養が行なわれるのだ。われわれ観客はそこに招待された客に見立てられているのである。家主のアマリヤ・イワーノヴナには客席最前列に座ったドレスアップした女性客が見立てられ、カテリーナは彼女にあれこれ話しかける。ラスコーリニコフとレベジャートニコフには若い男性客が見立てられ、二人はカテリーナの求めに応じて演技エリアに出ていき、彼女の相手をする。ただし、台詞はない。カテリーナにとって他者の言葉は意味をもたない。彼女の狂った頭が生み出す〈妄想〉だけが、彼女にとっては事実であり、真実なのだ。彼女は名門の、貴族的とさえいえる知事さまの家庭で育ったのであり、夫は忠実にお上の勤めをし、勤務中に倒れたと言ってもいいのであり、将来は生まれ故郷のトヴェリの街で良家の娘のための寄宿学校を開校し、ソーニャがそこで何かと手伝ってくれる……。彼女は現実をつくり変え、自分だけの世界を創造するのである。

フィナーレは再び物乞いの場面だが、これはリハーサル室内で演じられる。子供たちを連れて物乞いに出たカテリーナはバイオリンを手に息絶える。苦しい息のなかで彼女は「放しておくれ（Пускайте! プスカーイチェ）」と何ものかを振り払うように言う。男が彼女の手からバイオリンを取り上げ、子供たちを連れ去る（これは俳優がやっていたようだ）。すると、天井からロープに吊り下げられた梯子が降りてくる。カテリーナはその梯子を昇っていく。ここで宙に浮いた梯子をブランコのように揺するアクロバティックな演技がある。カテリーナの「上へ」という声に梯子が上昇していく。梯子が天井に届くと、カテリーナの「入れてください（Пускайте! プスカーイチェ）！」という叫びが響く。この叫びは「天国に入れてください」という願いだろう。カテリーナが息を引き取るときの言葉と合致する。梯子の場面は死に行くカテリーナが見た幻覚なのだろうか。しかし、彼女は天井の壁に阻まれてそれ以上昇ることはできない。劇の終幕である。

公正と慈悲を求めるカテリーナの訴えは一九九〇年代のロシアでは極めてアクチュアルなテーマだ。ソ連邦崩壊後、ロシアは資本主義への移行を目指し、「ショック療法」と呼ばれる価格自由化政策を一挙に断行するが、急激なハイパーインフレーションをもたらす結果となり、流通の停滞や貧富の格差拡大など国民生活に大打撃を与えた。当時、モスクワの街では〈カテリーナと子供たち〉のような物乞いがしばしば見かけられた。カテリーナの訴えに観客のなかには涙ぐむ人もいた。

フィナーレに現われた宗教の問題もやはり焦眉のテーマだ。「モスクワには四〇×四〇の堂塔がある」という表現がある。「無数の教会がある」という意味だが、どこに行ってもネギ坊主の堂塔をもつ教会が目に入ってくる。しかし、ソビエト時代には、宗教は憲法によって禁止されていたわけではないが、学校などの公共の場所での宗教活動は法律によって禁じられており、多くの教会が活動を停止し、事務所や資材置き場になっていた。ペレストロイカ期になると、一九八八年にロシア洗礼千年祭が当局の許可を得て祝われたのを初めとして、寂れていた教会が次々に修復され、活動を復活していった。一九九〇年には、スターリンによって一九三一年に爆破された救世主ハリストス大聖堂の再建が許可された。ギンカス演出の『〝罪〟よりK．I．』が初演された一九九四年には、救世主ハリストス大聖堂再建委員会が開催され、再建工事が実際に動き出していた。ソ連邦崩壊後、ロシアの人々は社会主義体制によって失われた〈真のロシア〉を革命前の歴史のなかに見出そうとした、といわれている。知識人たちの間からは、ロシアは歴史と文化、とりわけロシア正教の伝統に根差した独自の道を進むべきである、という発言が聞かれた。実際に、ロシア正教の信者の数は爆発的に増大した。

では、カテリーナ・イワーノヴナは宗教によって救われたのだろうか。劇のフィナーレで彼女は天国の扉の中に入れたのだろうか。ロープに吊るされた梯子が引き上げられて天井に届いたとき、天井の扉は開いていなかった。だからカテリーナは「入れてください！」と叫んだのだ。彼女の願いを聞き入れて、天井＝天国の扉は開いたのだろうか。信仰がカテリーナを苦悩に満ちた現実から慈悲に溢れた神の世界へ救い上げたのだろうか。カテリーナが天井裏へと入っていかなくとも、天井の扉を開けるだけでそれは示せたはずだ。だが、ギンカスは扉を開けなかった。ギンカスの宗教に対する視線は醒めている。〈死〉はギンカスの主要なテーマである。ギンカスは、一九四一年、第二次世界大戦が始まる一カ月前にリトアニアのカウナスでユダヤ人医師の家に生まれた。幼いときに両親と共にゲットーに収容され、ゲットーでは親戚縁者たちが殺されていった。ギンカス一家はゲットーからの逃亡に成功し、町が解放されるまで知人の家に身を潜めていた。演劇評論家スメリャンスキイによると、「大人にとってゲットーは死の工場だが、子供にとっては〈故郷〉である。死に対する遊戯的態度がギンカスの芸術に入り込み、彼の演劇の根源とパトスを決定した」[10]。

ギンカスにとって、演劇は遊戯による世界の開示である。ギンカスは観客にその遊戯を観るのではなく、遊戯に参加することを求める。観客が〈第四の壁〉の向こうで気楽に芝居を観ることを許さない。「観客とのアグレッシブな遊戯的関係が彼の演劇の法則であり、それが最終的に追求する目的はただ一つ、現実や裸の事実を目指して突き進み、その現実や事実がたとえ一瞬であろうと観客の生活の事実や出来事になるようにすることである。『演じることと観ることを、山で滑落するのと同じように危険なものにすることだ。そうすれば、救われた後で蘇りの感覚が生まれる』」[11]。

ギンカスの舞台に〈参加〉した観客は想像力や知性を刺激され、スリリングな体験を味わう。しかし、それと同時に観客はある種の居心地の悪さをも感じる。劇の行動に巻き込まれるため、気楽に芝居を観ていられないというだけではない。それはおそらく彼の現実への視線にニヒリズムを感じるからではないだろうか。これはソビエト期のロシア演劇には許されない視点だった。

マシコーフ演出『三文オペラ』――コマーシャリズムの浸透

一九九六年一二月某日、メルセデス・ベンツやBMWなど高級外車が次々と車寄せに乗り付けられ、ミンクやカシミヤのコートを纏った男女が建物に吸い込まれていく。ここはモスクワ北部にあるサチリコン劇場。今日の演目は期待の若手演出家ウラジーミル・マシコーフ演出のベルトルト・ブレヒト作『三文オペラ』。一九九六／一九九七年シーズン最大の〈話題作〉だ。「BIライン」という通信会社がスポンサーに付き、六〇万ドルという当時としては「ロシア演劇史上最大」の制作費が投入され、テレビなどのマスメディアを使った大々的な宣伝が展開された。チケットは劇場窓口では手に入らず、ブラックマーケットで五〇ドル前後の外貨で売られていた。通常のチケット代の一〇倍以上だが、客席は補助席を出すほどの超満員。観客の多くを占めるのは〈新ロシア人〉――社会主義経済から資本主義経済への移行の混乱のなかで生まれた新興成金、いわゆるニューリッチだ。これまでロシアの劇場ではあまり目にしなかった客層だ。

ところで、ブレヒトの『三文オペラ』は資本主義社会の非情な生存競争を諷刺的に描いた作品である。まさに客席を占める新ロシア人の世界だ。主役のメッキイ・メッサーを演じたコンスタンチン・ライキン自身がインタビューで次のように語っている。「ブレヒトのストーリーはいま私たちのところで起こっていることにとても似ている。ここに出てくるのはみんな〈新ロシア人〉だ」[12]。

舞台空間全体をロンドン橋が占めている。橋は中央で二つに分かれ、前後に動く。機械仕掛けの大掛かりな装置だ。照明が消えて車の騒音が響き、背景にネオンサインが瞬く。車の音にかぶさるように『マック・ザ・ナイフ』が聞こえてくる。主人公メッキイ・メッサー役のライキンが橋の上に登場すると、客席

マシコーフ演出『三文オペラ』(サチリコン劇場，1996 年初演)。婚礼の場面

絞首刑の場面。メッキイ・メッサー（K・ライキン）

から拍手がわく。大衆演劇の乗りだ。なぜだか分からないが、舞台上から鳥が飛び出し、客席の上を通過して消える。反対側の橋の上にピーチャムが登場。客席から大きな拍手が上がる。ピーチャム役はショービジネス界のスター、ニコライ・フォメンコである。二人は無言でにらみ合う。劇の開演である。

マックヒース、通称メッキイ・メッサーは盗賊団を束ねる名うての盗賊。殺人や強盗、放火など凶悪な犯罪を重ねているが、近いうちに銀行事業を始めようとしている。ピーチャムは「乞食の友」商会の社主。乞食商売をしようとする者はピーチャム商会の許可証を得なければならない。物乞いの地域割りをし、衣裳を貸しだし、貰いから高額のマージンを取っている。ピーチャムには妻のシーリアと娘のポリイがいる。そのポリイが親に黙って盗賊のメッキイ・メッサーと結婚してしまう。結婚の場面は、二つに分かれた橋にそれぞれが婚礼の衣装で乗り、橋が一つに合わさって二人が抱き合うことで描かれる。この可動式の橋によって水平・垂直両方向の空間を広く利用できるので、スピーディでダイナミックな場面展開が可能になっていた。

ポリイが盗賊メッキイ・メッサーと結婚したと知ったピーチャムは離婚するよう諭すが、娘は言うことを聞かない。そこで、ピーチャムはメッキイ・メッサーを「お上に密告」して絞首刑にしようと画策する。メッキイ・メッサーはロンドンの警視総監ジョーン・ブラウンとインド植民地戦争の戦友という旧知の間柄だった。メッキイ・メッサーはブラウンから手入れの情報を得るなど様々な便宜を図ってもらい、ブラウンはその報酬を得ていた。この事実を知ったピーチャムはブラウンを脅してメッキイ・メッサーを逮捕させる。メッキイ・メッサーはむかし〈紐〉として同棲していた娼婦ジェニイの裏切りで一旦は逮捕されるが、すぐに刑務所から逃れる。それを知ったピーチャムは、乞食のデモによって女王の戴冠式を妨害する、とブラウンを脅し、再び彼を逮捕させる。メッキイ・メッサーの絞首刑が決まる。

ブレヒトの戯曲では、フィナーレで唐突にメッキイ・メッサーは恩赦を受け、世襲貴族の身分を授けられ、城と終身年金を与えられる。これはハッピーエンドで終わる古典オペラに対するパロディーなのだろうが、これによってブレヒトは既成の秩序や道徳を痛烈に諷刺した。それに対し、サチリコン劇場の舞台ではメッキイ・メッサーの絞首刑が執行されてしまう。舞台中央に吊るされたメッキイ・メッサーに照明が当たると、彼はニヤリと笑い、最後のモノローグを語る。「銀行強盗なんぞ、銀行の設立と比べて何ほどの違いがあるでしょう……」。「盗賊＝実業家」という挑発は、当然、客席に座る新ロシア人に向けられているはずなのだが、取って付けたような印象を否めず、当の相手に打撃を与えない。芝居は大当たりをとり、諷刺の対象である客席を占める新ロシア人は感激し満足している。そもそも、制作者たちの関心はテーマのアクチュアリティーには向けられていない。舞台上にはブレヒト作品のもつ鋭い諷刺やアイロニーもない。ブレヒトの作品は単純化され、メッキイ・メッサーとポリイの恋物語というロシア版ミュージカルに仕立て上げられているのである。ピーチャム役をショービジネス界で人気のミュージシャン、ニコライ・フォメンコが演じているのも、ロシアの劇場には珍しい客層を呼び込む一因となっているのだろう。

演出のマシコーフはインタビューで次のように語っている。「『三文オペラ』を演出していたとき、ある願望が僕を動かしていた――それは演劇を演劇にすることだった。〔……〕ロシア演劇は鮮やかな演劇性を忘れ、家や街の生活を舞台上に注意深く詳細に写し取ることにかまけていたので、祝祭としての演劇は久しく姿を消していた。〔……〕僕は鮮やかな演劇、祝祭的で、攻撃的で、ときには厚かましいぐらいの演劇が好きだ」[13]。また、ブレヒトに関しては次のように語っている。「ブレヒトとは、こう言ってよければ、〈ちょっと相談した〉だけだった。ブレヒトには〈体験〉という言葉は理解できなかった[7]。彼の演劇にあるのは〈理解〉だ。ロシア演劇は、言うまでもなく、ブレヒトの演劇――つまり、叙事的で、醒めた、冷ややかな、異化の演劇ではない。〔……〕人は誰でもこの地上で大なり小なり裏切られてきた。そして、人は誰でも大なり小なり愛されてきた。僕たちの芝居はそれを語っているのだ」[14]。マシコーフもまたブレヒトにはあまり関心を向けていない。劇の葛藤は当然のように社会的なものから人間的なものに移されている。そして、音楽劇という形式を利用して、ロシアでは「久しく姿を消していた祝祭としての演劇」を創造することを目指したのである。

〈祝祭としての演劇〉の試みはイデオロギーによる締め付けが緩んだペレストロイカ期にもすでに行なわれていた。一九八九年、ロマン・コーザクは一九二〇年代末に活躍したアヴァンギャルド文学グループ「オベリウ」の諸作品を基にした『イワーノフ家のクリスマスのエリザヴェータ・バム』(演劇スタジオ「チェロヴェーク」)をミュージカル仕立てで演出し、演劇の楽しさに溢れた祝祭的空間を創り出した。コーザクはインタビューでこう語っている。「僕はなにかをレファランスしようとするような社会的な課題を設定したのじゃない。僕は演劇的な祝祭というものが存在すべきだと考えた。それも無条件の」[15]。また、先に述べた通り、フォメンコがすでに『罪なき罪人』においてロシア演劇を縛っていた社会性から芸術の遊戯的要素を解放している。サチリコン劇場のマシコーフ演出『三文オペラ』がロシア演劇史のなかに何らかの位置を占めるとしたら、ソ連邦崩壊後のいわゆる〈市場経済〉のなかで、レパートリー劇場が商業資本と結びついて文化を消費の対象として提供するようになったことを示す象徴的な作品だった、ということだろう。

第二章　二〇〇〇年代のロシア演劇

I　主流の消失

スラヴャンスキイ・バザール一九九七

一九九七年六月二二日、ロシアの主だった演劇人がモスクワ芸術座に一堂に会した。一九九一年一〇月の第二回ロシア・ソビエト連邦社会主義共和国演劇人同盟大会以来のことであり、ソ連邦崩壊後では初めてのことだった。六月二二日といえば、ちょうど一〇〇年前、モスクワのレストラン「スラヴャンスキイ・バザール」においてコンスタンチン・スタニスラフスキイとウラジーミル・ネミロヴィチ＝ダンチェンコが歴史的会見を行なった日に当たる。言うまでもなく、モスクワ芸術座の創設が決定された会見である。一九世紀末の「スラヴャンスキイ・バザールの会見」は二〇世紀ロシア演劇の方向を決定づけた。その二〇世紀も終わろうとしているとき、ロシアの演劇人たちは、モスクワ芸術座の芸術監督オレグ・エフレーモフの開会の辞によれば、「去りゆく世紀の演劇を総括し、来るべき世紀の演劇を考える」ため、新たに「スラヴャンスキイ・バザールの会議」を開催したのである。モスクワ芸術座の舞台の上にはスタニスラフスキイとネミロヴィチ＝ダンチェンコが生前使っていた肘掛椅子がテーブルを挟んで置かれた。

タバコフ劇場を主宰する俳優のオレグ・タバコフは、モスクワ芸術座の創設者たちに語りかけるように、ロシアの俳優は彼らが創造した心理主義演劇を守り、彼らが高めたレベルを維持しており、彼らが築いた劇場という偉大な〈神殿〉の美学的・倫理的原理もまた守り続けていると述べた。

タガンカ劇場の芸術監督ユーリイ・リュビーモフは、ロシアの俳優は「トレーニング不足のため体が鈍っている」と批判し、来るべき世紀は演劇教育の改革から始めて、真のプロフェッショナルを育てなければならないと提案した。リュビーモフは、一九九三年、俳優との対立から劇場の閉鎖を宣言し、劇場の分裂を招いていた。彼にとっては、演出家の求める人物形象を創り出せるプロの俳優の養成が重要だったのである。これに対して、モスソヴェート劇場の俳優であり演出家でもあるセルゲイ・ユールスキイは二〇世紀を「演出家の専横の時代」と呼び、それを招いた罪はモスクワ芸術座にあるとしたうえで、「われわれは演出家の専横の時代の終焉に立ち会っている」と語った。演出家が上演の全過程を統括し、芝居の思想的・芸術的統一を司る役割を果すようになったのは、ロシアではモスクワ芸術座からだったのである。このモスクワ芸術座からはじまるシステムが劇場（＝劇団）を一つの〈家〉とするレパートリー劇場を可能にした要因でもあった。タガンカ劇場の看板女優でありながら、一九九一年にプロジェクト集団「テアトルA」を創設し、一九九三年のタガンカ劇場分裂に際して劇場を去ったアッラ・デミードワは、レパートリー劇場において求められる俳優のあり方が自分のプロジェクト集団を創設する動機になったとしている。デミードワによると、俳優のイマジネーションはしばしば「頑強なレパートリー劇場と演出家の理念というプロクルステスの寝台」に収まりきらないからである。

会議に招かれていたが出席できなかったピーター・ブルックは次のような書簡を送ってきた。「スタニスラフスキイは演劇に甚大な害毒をもたらしました。彼にへつらう崇拝者たちは演出家の役割を過大評価するあまり、今日ではもはや演出家の総合的な知識や総合的な知恵にあえて抵抗する俳優は一人としていないほどです。しかも、生活――深淵であるゆえにパトスに満ちている生活の写真的イメージを創造することを役割とする自然主義演劇の理念――その理念もまたかなり馬鹿げたものです」〔1〕。ブルックはモスクワ芸術座の演劇理念を批判しているが、〈スタニスラフスキイ・システム〉については、この書簡のなかでその意義を評価している。「重要な意義をもつのは、われわれの誰もが無視している科学、つまり人間のオルガニズムの科学は存在するというスタニスラフスキイの確信です。この科学は理論とか公式には依らないが、本質的には精密なものなのです。〔……〕彼はすべての演劇形式は束の間のものであり、結局は意味をもたないということを示しました。演出家の課題は決して正しい形式を探求することではありません。演出家の真の課題は、本当の仕事――観衆の前での創造――を行なうべき者たち、つまり俳優をできるかぎり注意深く見守るということにあります」〔2〕。スタニスラフスキイの俳優教育システムは多くの名優を育て上げてきた。モスクワ芸術座が観客を惹きつけたのは、そうした名優たちの演技によるところが大きかった(8)。

一九九〇年代のロシア演劇は、リアリズムの伝統のなかに回収され、〈演出家の時代〉から〈俳優の時代〉に移行しつつあるという声が聞かれた。演劇にとって、演出家と俳優の関係は厄介な問題である。とりわけ、ロシア演劇にとって、この問題は特別な意味をもっていた。ロシア演劇の伝統とされるのはレパートリー劇場である。それを率いるのは芸術監督であり、芸術監督には、通例、演出家がなる。芝居の上演の全過程を統括する演出家が、劇場のレパートリー政策も統括する。〈演出家の時代〉から〈俳優の時代〉への移行はレパートリー劇場という〈家〉の屋台骨を危うくする可能性をもっていた。レパートリー劇場の危機が本格的に叫ばれるようになるのは、二〇〇〇年代に入ってからだが、ユールスキイとデミードワの批判にはその萌芽が見られる。

二〇世紀のロシア演劇は、望むと望まざるとに関わらず、モスクワ芸術座の影響のもとに過ぎてきた。ドラマ芸術学校を率いる演出家アナトリイ・ワシーリエフはモスクワ芸術座を生家に譬えて、「子供は家を捨てなければ、大人になれない」と語っているが、ロシアの演劇人が独自の演劇理念を探求するにはモスクワ芸術座との対決を避けて通れなかった。もっとも、モスクワ芸術座は二〇世紀の新しい演劇を生み出したわけではなかった。モスクワ芸術座の演劇は一九世紀以降に支配的となってきた近代リアリズム演劇に他ならなかった。近代リアリズム演劇に反旗を翻す企ては、二〇世紀初頭からロシア・アヴァンギャルド演劇を初めとして様々に試みられてきた。ロシア・アヴァンギャルドの演劇理念はモスクワ芸術座の〈主流〉に対する〈反主流〉の潮流として、ロシア演劇のなかに流れ続けている。二〇世紀のロシア演劇はこの二つの潮流のせめぎあいのうちに展開された。

しかし、これはもともと対等の闘いではなかった。一九一七年に誕生したソビエト政権は演劇活動を国家の管理下に置き、一九一九年には国立劇場とモスクワ芸術座に「アカデミー劇場」の称号を与え、国家の貴重な財産として保護することを宣言した。一九三四年に社会主義リアリズムをソビエト芸術の基本的方法と定めると、社会主義リアリズムの演劇における方法としてスタニスラフスキイ・システムを教条化し、モスクワ芸術座を規範とすることで劇場管理の一元化を図った。モスクワ芸術座の演劇は国家に規範として公認されたことで芝居の創造に戒律的に作用した。主流は〈正統〉とされ、反主流は〈異端〉として弾圧されていった。それはちょうどスターリンの大粛清が開始された時期だった。反主流の中心的存在であるメイエルホリドは、一九四〇年二月二日、粛清による死を遂げる。

反主流の潮流は底流に押しやられるが、それでも芸術に対する国家の締付けが緩むたびに表に浮上してきた。最初に浮上したのは、一九五三年のスターリンの死から始まった雪どけ期のことだった。ゲオルギイ・トフストノーゴフ、アナトリイ・エーフロス、ユーリイ・リュビーモフ等の演出家たちがメイエルホリドやワフタンゴフの手法を生かした創造を展開した。ブレジネフの停滞の時代に文化への締付けが再び強化されるが、「第二の雪どけ」と言われるペレストロイカ期に反主流の潮流が再び浮上する。一九八八年に創設されたヴォトムに集まった若手演出家たちがロシア・アヴァンギャルド演劇の理念を手掛かりに新しい舞台形式や独自の演劇言語を求めるようになった（ヴォトムはソ連邦崩壊後にメイエルホリド・センターに吸収される）。

ソ連邦が崩壊すると、それまで抑圧され隠蔽されていた様々な価値観や世界観が噴出し、それらを統括する共通の価値体系を失ったままバラバラに並存するカオス的状況が出現した。国家による芸術文化への管理はなくなり、モスクワ芸術座は普遍的な価値ではなくなった。ロシア演劇には〈主流〉となる唯一の演劇理念はもはや存在しない。そうした状況のなかでロシアの演劇人たちは「来るべき世紀の演劇」をどのように展望していたのだろうか。

会議が行なわれたモスクワ芸術座の舞台上では、これからのロシア演劇を担う若手演劇人による二つの実演が行なわれた。一つは、ロシア演劇芸術アカデミー（国立演劇大学）のフォメンコ・クラスの学生によるV・スカーリニク演出コンスタンチン・ワーギノフ作『ガルパゴニアーダ』の第一幕。作者のワーギノフはアヴァンギャルド文学グループ「オベリウ」のメンバーである。もう一つは、モスクワ芸術座学校スタジオのタバコフ・クラスの学生によるA・スモリャコフ演出ニール・サイモン作『ビロクシ・ブルース』の断片。演劇評論家マリーナ・ガエーフスカヤの会議報告によると、「〔スカーリニク演出ワーギノフ作『ガルパゴニアーダ』では〕人間の爪やマッチ箱、あげくは夢さえも含め、あらゆるものを収集・分類しようとするファナティックなコレクターの奇妙な物語が、熱狂とユーモアを込め、作者のジャンルとスタイルに的確にマッチした手法で演じられていた。俳優の演技にも、演出の空間処理にも、リアルさと同時に異化効果があり、それが信憑性と幻想性、演じる題材に対する真剣さとアイロニーとの奇妙な統合を創り出している。新しい形式と新しい視線が一九三〇年代のほとんど知られていない作品を新しい内容で満たしている。スモリャコフ演出サイモン作『ブロクシ・ブルース』は伝統的であり、モスクワ芸術座の心理主義演劇の枠に収まっている」[3]。

来るべき世紀の演劇を担う若い演劇人が上演した二つの芝居は、ジャンル、演出法、演技術の点で対極にある作品である。『ブロクシ・ブルース』がモスクワ芸術座の〈主流〉の伝統を継いでいるとすれば、『ガルパゴニアーダ』はロシア・アヴァンギャルド演劇に源を発する〈反主流〉の流れを継いでいる。では、会議の出席者たちはこの〈主流〉対〈反主流〉の対立にどのような結論を出したのだろうか。ガエーフスカヤによれば、彼らはいわばチェーホフの『かもめ』のトリゴーリンの立場を取ったという。つまり「場所はたっぷり空いている、新しい形式にも古い形式にも。なぜ角突き合わせることがあるだろう」(第三幕)というわけである。結局、会議では具体的な展望は示されなかったが、少なくとも〈主流＝正統〉対〈反主流＝異端〉という二〇世紀ロシア演劇を規定してきた対立構造は否定された。そして、二一世紀のロシア演劇はまさにこの対立を無意味化するカオスから始まったのである。

マシコーフ演出『一三号室』――モスクワ芸術座に〈かもめ〉はまだ羽ばたいているか

二〇〇〇年五月二四日、二〇世紀のロシア演劇を牽引してきたモスクワ芸術座芸術監督オレグ・エフレーモフが亡くなった。後任には俳優のオレグ・タバコフが任命された。タバコフは優れた俳優であると共に優れた教育者でもあり、一九七〇年代からスタジオを設立して多くの才能を発掘し育ててきた。一九八九年から二〇〇〇年までは、自らのタバコフ演劇スタジオ（一九八七年創設。一九九二年にタバコフ劇場と改称）を主宰しながらモスクワ芸術座学校スタジオの学長を務め、ウラジーミル・マシコーフ、エヴゲニイ・ミローノフ、セルゲイ・ベズルーコフ等、現代を代表する俳優を育てた。卒業後、彼らはみなタバコフ劇場に入団し、実力と名声を得ていった。マシコーフは演出家としても頭角を現し、先に紹介したブレヒト作『三文オペラ』を演出して話題を集めた。ちなみに、ミローノフは二〇〇六年から諸民族劇場の芸術監督を務め、ベズルーコフは二〇一三年にモスクワ州劇場の芸術監督に就任し、マシコーフは二〇一八年に亡くなったタバコフの後任としてタバコフ劇場の芸術監督に任命されてている。

就任後初の二〇〇〇／二〇〇一年シーズンにタバコフは、サチリコン劇場の『三文オペラ』で話題を集めたマシコーフを演出家として起用し、イギリスの劇作家レイ・クーニーの『一三号室』（原題〝Out of order〟）を上演した。モスクワ芸術座の本舞台においてタバコフが企画した最初の初演作品である。

クーニーの戯曲は典型的な状況喜劇であり、語るべきストーリーはない。首相補佐官ウイリーは審議をすっぽかして女性秘書とホテルの一三号室で密会している。ところが、馬鹿げた偶然が相次ぎ、彼は思いを遂げることができない。密会相手の女性秘書の夫が雇った私立探偵がホテルの窓から部屋を窺っていると、窓枠に打たれて死んだように動かなくなる。これが発端。〈死体〉を見つけたウイリーは、秘書のジョージを呼び出し、彼と共に〈死体〉を始末しようと、クローゼットに隠したり、車椅子に乗せたり、生きていると装うためダンスを躍らせたり……と、あれこれ隠蔽工作をする。そんなところへ、支配人が折悪しく現れたり、ボーイがいろいろなサービスにかこつけてチップをせびりに来たり、女性秘書の夫が現われては次々に物を壊していったり……と、ドタバタが展開される。機知に富んだ演出、ウイリー役のアヴァンガルド・レオンチェフ、ジョージ役のエヴゲニイ・ミローノフなど、スター俳優の魅力的な演技によって質の高い娯楽作品になっているが、典型的な商業演劇である。コマーシャリズムの波はレパートリー劇場の総本山チェーホフ記念モスクワ芸術座の舞台にも押し寄せたのである。

芝居は大当たりをとったが、「ロシア心理主義演劇の牙城であるモスクワ芸術座で上演すべき作品なのだろうか」と疑問を呈する人も少なくなかった。そうした批判を見越していたのだろう、マシコーフは芝居の最後に意味深長なジョークを仕込んでいた。芝居が終わり、舞台上のホテルの部屋のカーテンと同じタータン・チェックの幕が引かれる。この幕にはモスクワ芸術座のエンブレムであり本舞台の緞帳に織り込まれている〈かもめ〉の図柄と同じ〈かもめ〉が、赤いチェック（ロシア語では「клетка クレートカ」。これは「鳥籠」を表わす）の中に織り込まれている。このチェック＝鳥籠に織り込まれた〈かもめ〉をどのように解釈するかが、この芝居、ひいてはモスクワ芸術座に対する評価を分ける分水嶺になる。モスクワ芸術座をロシア演劇の伝統を守る砦と考える人たちは、ここにロシア演劇の伝統に対する冒瀆、あるいは心理主義演劇の牙城としてのモスクワ芸術座の終焉を見るだろう。もっとも、モスクワ芸術座はこのところ話題となる芝居を創造していなかった。もはやモスクワ芸術座の心理主義演劇はロシア演劇の〈主流〉ではない。〈かもめ〉はずっと昔にすでにモスクワ芸術座の緞帳から飛び去ってしまったと考える人たちもいる。そのような人たちにすれば、よい芝居、面白い芝居であれば、〈主流〉であるかないかは意

マシコーフ演出『13 号室』（チェーホフ記念モスクワ芸術座, 2001 年初演）

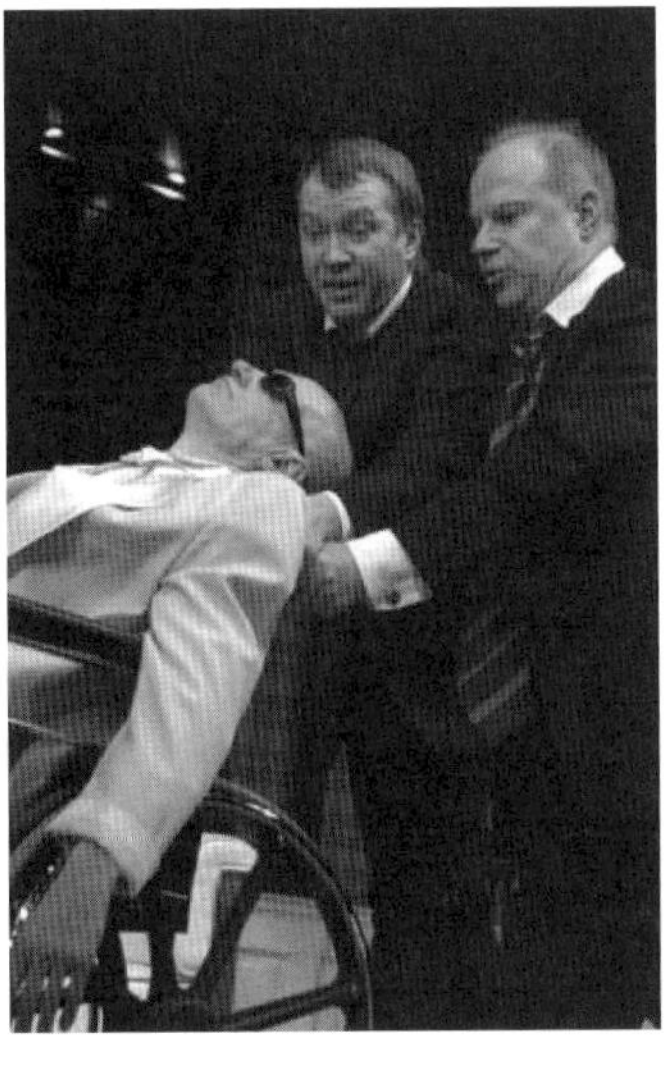

ジョージ（E・ミローノフ，左）とウイリー（A・レオンチェフ）

味のないことだ。マシコーフは飛び去った〈かもめ〉を捕まえてきたのだともいえるのである。

〈顔〉の見えないレパートリー劇場

たびたび指摘しているように、ロシア演劇の伝統であるレパートリー劇場では、芸術監督が家長となって劇場を一つの〈家〉としてまとめる。従って、家長の個性が劇場の特徴＝顔となる。たとえば、レパートリー劇場の典型であるタガンカ劇場は、レパートリーを占めるほとんどすべての作品がリュビーモフの演出であり、彼の強烈な個性が劇場の〈顔〉となっている。フォメンコ工房は所属の演出家と俳優が芸術監督フォメンコの教え子であり、彼の演劇理念でまとまっており、それが明確な〈顔〉をつくり出している。エフレーモフのモスクワ芸術座はスターリン時代に教条化され歪められたスタニスラフスキイの真の伝統の復活を目指し、それがレパートリー選択の基準になっていた。レパートリー劇場の芸術監督には演出家がなるのが通例だった。演出家が芸術監督として自らの美学に基づいて劇団のレパートリー政策を統括していたのである。

エフレーモフの跡を継いでチェーホフ記念モスクワ芸術座の芸術監督になったタバコフは自ら主宰しているタバコフ劇場で何本かの芝居を演出しているが、あくまでも俳優である。モスクワ芸術座においては所属の演出家だけでなく、外部から演出家をその都度招聘してレパートリーを構成している。彼の最初の企画作品『一三号室』はタバコフ劇場所属のマシコーフに演出を任せ、ソヴレメンニク劇場、タバコフ劇場、サチリコン劇場、エトセトラ劇場、モスクワ芸術座の俳優たちに出演を依頼している。モスクワ芸術座は貸し劇場の様相を呈しており、ここからはレパートリー劇場としてのモスクワ芸術座の〈顔〉は見えてこない。その後のタバコフのレパートリー政策にも、少なくとも一貫した美学的理念は見られない。ただし、タバコフ率いるモスクワ芸術座は多くのヒット作を生み出している。タバコフはマーケティングに長け、観客の動向を巧みに捉え、モスクワ芸術座の名前に物を言わせて大物の演出家や俳優、注目を集める旬の演出家や俳優たちを招き、話題作を次々に生み出していった。

たとえば、タバコフは芸術監督二シーズン目（二〇〇一／二〇〇二年）に劇場の三つの舞台で一二本の初演作品を発表している。首都の劇場では一シーズンに四〜五本の新作を出すのが普通であり、異例の多さだ。そのレパートリーは、「すべての観客層の欲求を満たそうとし、あらゆる趣味、あらゆるレベルの演劇的教養に応える芝居を出している」[4]と評された。演出スタッフや俳優の不足は、他の劇場や国外から演出家や俳優を招いて補っている。ドイツの演出家ペーター・シュタイン（ニコライ作『辛いソースのハムレット』）、ボリショイ・ドラマ劇場のテムール・チヘイゼ（アヌイ作『アンチゴーネ』）、ラトヴィアのアドルフ・シャピロ（ブルガーコフ作『カバラ・スヴャトーシ』）などの巨匠を招聘したり、タバコフ劇場に入団したばかりのミンダウガス・カルバウスキス（ゴーゴリ作『昔気質の地主』）、モスクワ芸術座学校スタジオで教鞭を執り始めて間もないエレーナ・ネヴェージナ（ドストエフスキイ作『罪と罰』）など注目の若い演出家を積極的に起用している。タバコフ自身、あるインタビューで次のように語っている。「どんな趣味にも応えられるというわけではない。〔……〕しかし、劇場は観客を招き入れなければならないという考えに私は固執する。もし観客が一度来たら、必ずもう一度来てもらわなければならないのだ」[5]。タバコフのモスクワ芸術座には〈顔〉が見えてこない。しかし、ソ連邦崩壊後これといった作品を生み出せず、「ロシアを代表する劇場」という昔の看板もだいぶ色褪せていたモスクワ芸術座が、タバコフの劇場運営によって輝きを取り戻してきたのは間違いない。この〈顔〉のないレパートリー劇場というのも、新しい時代の新しい劇場の在り方なのかもしれない。

芸術監督の役割の変化

劇作家、シナリオライター、演出家とマルチな活躍をしているジャーナリストのアレクセイ・マクシーモフは、芸術監督の役割は変わった、として次のように書いている。「われわれは『トフストノーゴフの劇場、ザハーロフの劇場、あるいはリュビーモフの劇場』と言っていたものだが、それは芸術監督の芝居が面白い劇場のことだった。今では、そうではない。今では、ほとんどすべての芸術監督が自分の仕事仲間たちを招聘するマネージャーなのだ」[6]。チェーホフ記念モスクワ芸術座においてオレグ・タバコフが果たした役割は、伝統的な意味での芸術監督というより、むしろマネージャーだった。かつての芸術監督たち――ボリショイ・ドラマ劇場のゲオルギイ・トフストノーゴフ、レンコム劇場のマルク・ザハーロフ、タガンカ劇場のユーリイ・リュビーモフ等、巨匠たちは自らの美学によって劇場を〈家〉としてまとめ上げてきた。彼らの劇場のレパートリーには統一性が感じられた。一方、タバコフがつくったのは多様な美学を持つ多様な演出家たちのための〈ホテル〉あるいは〈シェアハウス〉であり、そのレパートリーは〈パッチワーク〉のようだ。しかし、そのパッチワークは美しく、人目を惹く。チェーホフ記念モスクワ芸術座の成功が刺激となったのか、タバコフ以降、二一世紀に新たに登場した芸術監督は、マクシーモフが言うように、マネージャー・タイプが多くなった。

たとえば、二〇一九年にマーラヤ・ブロンナヤ劇場の芸術監督に就任したコンスタンチン・ボゴモーロフは独自の美学をもつ前衛的な演出家だが、就任時に語った劇場運営プランによれば、マーラヤ・ブロンナヤ劇場は「若い演出家たちの家になって、彼らのアイディアを実現する」と共に、「高名な外国の巨匠を招き、外国の劇場とのパートナー・シップを確立する」ことを目指しているという[7]。確かに、芸術監督として企画した初の作品は若手演出家マクシム・ディデンコの『ノルマ』(ウラジーミル・ソローキン作)であり、これにやはり若手の演出家の初演作品が三本続き、ボゴモーロフ自身の作品は『ポクロフ門』(レオニード・ゾーリン作)一本しかなかった(実際に初演されたのは翌二〇二〇/二〇二一年シーズンで、『リョーヴァ伯父さん』の題で上演された)。ボゴモーロフはその後も当初の方針を貫いており、芸術監督として三度目のシーズンになる二〇二一/二〇二二年シーズンのプランでも、すでに制作が決まった四本の初演作品のうちボゴモーロフ自身の芝居は『白痴』(ドストエフスキイ作)一本である。ただし、諸民族劇場で『どんな賢者にも』(オストロフスキイ作『どんな賢者にも抜かりはある』より)を、モスクワ音楽劇場でプロコーフィエフのバレエ『ロミオとジュリエット』を演出することが決まっている。

自分の劇場より他の劇場での演出作品の方が多いというのはかつての芸術監督にはなかったことだ。〈タバコフ以降〉に就任した他の芸術監督についても同じことが言えるようだ。マクシーモフは現代の芸術監督について次のように書いている。「モスクワには、このところ多くの新しい劇場リーダーが現われた。私は彼らの多くと対談したが、全員が――全員である！――劇場の方針として他の演出家たちを招聘することは欠かせない、と必ず言う。トフストノーゴフあるいはザハーロフの口からは聞くことができないような言葉だ」[8]。マクシーモフに言わせると、スタニスラフスキイが考案したロシアのレパートリー劇場は「一人の芸術家が率いる劇場」であり、「専属の劇団と固有のレパートリーをもつ集団」だったが、「今日のロシアのレパートリー劇場とは、専属の劇団(ただし、他所から俳優が必ず招聘される)と多様な演出家たちによって演出された芝居をもつ集団である」[9]。もっとも、マクシーモフはこうしたレパートリー劇場を否定しているわけではない。マクシーモフによれば、問題は、現在リュビーモフやザハーロフのような劇場の顔を決定するリーダーがいないというところにあるのではなく、時代が違うというところにある。一元的な価値によって管理されていたソビエト時代と異なり、今は多様性の時代であり、ロシアの人々は選択することに慣れている。そのような社会では、「多様な劇場があるべきだというだけでなく、それぞれの劇場自体が多様であるべきなのだ」[10]。〈顔〉の見えないレパートリー劇場というのは、ソ連邦崩壊後の多様化した世界には相応しい在り方なのかもしれない。

Ⅱ 〈崩壊〉後世代の登場

二〇〇〇年代になると、ソ連邦崩壊後に演劇活動を始めた若い演出家たちが次々に第一線に躍り出てきた。一九九八年、若い劇作家や演出家の活動の場として、劇作・演出センターが劇作家のアレクセイ・カザーンツェフとミハイル・ローシチンによって創設され、二〇〇一年には、新しい演劇言語を探求する若い演出家のための場として、ロシア連邦演劇人同盟のイニシアティブで創設されたメイエルホリド・センターがオープンしたことが、この流れを後押しした。たとえば、劇作・演出センターからキリール・セレブレンニコフ（一九六九年生まれ）がモスクワ・デビューし、メイエルホリド・センターからはヴァシーリイ・セーニン（一九七七年生まれ）やニコライ・ローシチン（一九七四年生まれ）がデビューしている。また、一般の劇場も若手にデビューのチャンスを与えるようになり、タバコフ劇場からミンダウガス・カルバウスキス（一九七二年生まれ）、サチリコン劇場からエレーナ・ネヴェージナ（一九六九年生まれ）、レンコム劇場からロマン・サムギン（一九六九年生まれ）、ロシア青年劇場からニーナ・チューソワ（一九七二年生まれ）など、才能ある若手演出家が次々に登場している。

若い世代の台頭は、「ヴォトム」の例にみるように、一九八〇年代末、ペレストロイカ期にも起こっていた。当時の〈ニューウェーブ〉は新しい演劇言語の探求や実験を目指し、〈主流〉のアカデミー劇場を蔑視し、名声を無視した。一方、二〇〇〇年代の〈ニューウェーブ〉はアヴァンギャルドのアンダーグラウンドに閉じこもらず、むしろアカデミー劇場の舞台での芝居作りを目指し、成功を恥ずべきこととは考えない。彼らにとって体制とか権威はもはや闘うべき相手ではない。権威は相対化され、多種多様な芝居や演劇言語が等価なものとして並存しているカオスともいうべき演劇界のなかに、彼らはスムーズに収まっている。彼らは演劇の歴史や理念に通じ、芝居制作の技術を習得しており、商品として芝居を提供する術を知っている。ここに挙げたように多くの若い才能が登場したが、なかでもミンダウガス・カルバウスキスとキリール・セレブレンニコフが双璧といえるだろう。

カルバウスキス――プロフェッショナルの演劇

演劇評論家ロマン・ドルジャンスキイは二〇〇一／二〇〇二年の演劇シーズンの総括を次のように始めている。「閉幕したシーズンの主要な指標となるのは、シーズン終了後に各紙が作成したランキングの上位に挙がっている若い演出家ミンダウガス・カルバウスキスという名前である。このようなことは前代未聞だ。昨日まで国立演劇大学の学生だったデビューしたての新人が、どの新聞においてもカマ・ギンカスと師匠ピョートル・フォメンコと一緒に、新聞によっては彼らの一人、ときには二人の上位として、シーズン最優秀演出家の三人のリストに載っているのだ。ましてや、最近まで五〇歳代の演出家が若手で通っていたわが国の〈老人〉共同体においてである」[11]。

ミンダウガス・カルバウスキスは、ロシア国立演劇大学演出学部のフォメンコ工房で学び、二〇〇一年にタバコフ劇場に入団すると、ソーントン・ワイルダー作『長いクリスマス・ディナー』（タバコフ劇場、二〇〇一年初演）、ニコライ・ゴーゴリ作『昔気質の地主』（チェーホフ記念モスクワ芸術座、二〇〇一年初演）、トーマス・ベルンハルト作『役者』（タバコフ劇場、二〇〇二年初演）の三本の芝居を立て続けに発表し、その繊細で知的な演出によって高い評価を得た。

田舎町を巡業する役者の世界を描いたベルンハルト作『役者』を除いて、カルバウスキスの他の二本の芝居はともに〈死〉をテーマにしている。

ワイルダー作『長いクリスマス・ディナー』は、アメリカの田舎町の普通の家庭が舞台である。家族がクリスマスのささやかな宴の食卓を囲んでいる。この〈家族のクリスマスの宴〉という場と状況は変わらないが、舞台上には四世代にわたる家族の時間が流れていく。特別な出来事があるわけではない。観客が目撃するのはありきたりの家庭の些細な喜びや諍いだけだ。人が生まれ、大人になり、老いて死んでいく。人間の歴史は誕生と死の果てしない交代である。死は生に内在し、生まれたからには、死ななければならない。俳優たちの何人かは二つの役を演じ、一つの世代を生き抜き、再びこの世界に戻ってくる。カルバウスキスは〈死〉を若い娘の姿で表わした。芝居の冒頭、彼女は全身黒ずくめで、笑みを浮かべながら登場する。彼女は、ときには召使、ときには付添看護師、ときには乳母と役割を変えながら、生まれたばかりの赤ん坊を家に連れて来て、死にゆく者を舞台袖の黒い扉を開けて死の世界に送り出す。フィナーレで家に残るのは彼女＝死だけである。彼女は髪を解いて、髪をなびかせながら宴のテーブルの周りをまわる。と同時に、宴のテーブルも逆方向に回転する。芝居は存在の不変の法則＝生と死の輪舞で終幕となる。

ゴーゴリ作『昔気質の地主』は、ウクライナの僻地の村の地主屋敷を舞台に、食べることだけが楽しみな〈植物的生活〉に自足した老地主夫妻の死を描いた作品である。丸々太ったアファナシイ・イワーノヴィチはつねに笑みを浮かべ、その妻プリヘリヤ・イワーノヴナの顔には善良さが滲み出ている。二人には

『昔気質の地主』（チェーホフ記念モスクワ芸術座，2001 年初演）

『七人の絞首刑囚の物語』（タバコフ劇場，2005 年初演）

『長いクリスマス・ディナー』（タバコフ劇場, 2001年初演）

子供はいない。彼らは今でも互いへの敬意をこめて「あなた」と呼び合う。芝居の冒頭、プリヘリヤ・イワーノヴナがアファナシイ・イワーノヴィチの花の刺繍柄のチョッキに水を注ぐと、あたかも自身が水を与えられた花のように夫は嬉しさのあまりうっとりする。プリヘリヤ・イワーノヴナは、まさに植物を世話し育てるように、アファナシイ・イワーノヴィチに食事を与えていく。妻は夫に食事を与えることに大きな満足を得て、夫は妻の愛が向けられているから生きていられる。この満ち足りた夫婦に、突然、悲劇が訪れる。妻の死である。『昔気質の地主』において〈死〉を表わすのは、屋敷で仕える農奴＝召使たちだ。彼らはプリヘリヤ・イワーノヴナを墓に埋めると、無遠慮に家を管理し始める。愛する妻を失った悲しみから生気を失い、植物人間のようになってしまったアファナシイ・イワーノヴィチをまるで生命のないモノのように扱う。動かない彼の体から埃を払い落としたり、踏み台に利用したりする。食事は口の中に投げ込まれる。もう優しくスプーンを口に運んでくれる妻はいない。フィナーレにおいて、プリヘリヤ・イワーノヴナがアファナシイ・イワーノヴィチを迎えにやって来る。彼の顔に生気が戻る。彼女は「椅子を潰してしまったのね」と夫に文句を言いながら、彼を一緒に連れ去る。人生は終わり、劇場の照明が消える。

カルバウスキスの芝居は批評家泣かせである。戯曲の文学言語を舞台の演劇言語で視覚化する手腕は見事であり、俳優のアンサンブルは調和がとれ、繊細な心理描写にも長けている。そのプロフェッショナリズムは際立っているが、彼の芝居の特徴を捉えることは難しい。カルバウスキスはインタビューのなかで次のように語っている。「おそらく、芸術というのは自己表現なのだろうが、僕はそれについては全く考えない。自分勝手な判断を恐れている。自分の印象がまったく別の動機に基づくものになることを恐れている」[12]。演出スタイルについては、「形式は僕を苛立たせる。僕には全く別のアプローチ法がある。僕は俳優を役の人物に育て上げ、観客のことを配慮し、芝居を売る必要があることを考慮する」[13]と語っている。カルバウスキスは自己表現を求めず、戯曲を詳細に読み込み、その本質を明らかにしようとする。彼にとって形式は本源的なものでなく、内容に合わせその都度探求される。彼の芝居は多様で、予測しがたい。

その後もカルバウスキスは秀作を次々に発表し、高い評価を得ていった。ヒトラーの命を受けて核兵器開発グループを率いるヴェルナー・ハイゼンベルクと近代量子理論の基礎を築いたニールス・ボーアとのコペンハーゲンにおける謎の会見を、死の世界から彼らを呼び戻して検証する『コペンハーゲン』（マイケル・フレイン作、チェーホフ記念モスクワ芸術座、二〇〇三年初演）。貧しい農夫アンス・バンドレンが妻アディの遺言に従って彼女の遺体を墓地まで運んで行く『死の床に横たわりて』（ウィリアム・フォークナー作、タバコフ劇場、二〇〇四年初演）。絞首刑に処せられる七人の死刑囚の心理を描いた『七人の絞首刑囚の物語』（レオニード・アンドレーエフ作、タバコフ劇場、二〇〇五年初演）。カルバウスキスの仕事を見ると、彼はやはり死のテーマに惹きつけられているようだ。

アンドレーエフ作『七人の絞首刑囚の物語』（一九〇八年作）をみてみよう。アンドレーエフの原作は、一九〇八年二月の法務大臣シチェグロヴィートフに対する暗殺未遂事件に想を得て執筆された中編小説である。大臣暗殺を企てた五人のテロリストが逮捕される。リーダーのヴェルネル、青年士官セルゲイ、商人の息子ヴァシーリイの男三人と、ターニャと最年少のムーシャの女二人。一九歳から二八歳までの若者たちである。彼らには絞首刑の判決が下される。彼ら五人の政治犯の他に、ナイフで地主を殺したエストニア人の作男ヤンソンと、強盗で馬泥棒のツィガーノク（「ジプシー」の意味のツィガンの愛称形。盗賊のあだ名）が一緒に絞首刑に処せられることになっている。彼らはそれぞれが間近に迫った自分の死と向き合う。ヴェルネルは組織の命令でスパイを殺害したときから生への執着を失い、死の宣告を平静に受け入れる。セルゲイは自分の強靭な肉体が本能的に生にしがみつくのを恐れ、肉体を疲れさせようと独房で体操に熱中する。ヴァシーリイは勇ましい活動家だったが、間近に迫った死に怯え、茫然自失の態である。ターニャは自分を待ち受ける運命よりも仲間のことを気遣う。ムーシャは子供っぽい熱狂を抱いて〈殉教としての死〉を夢想する。愚鈍なヤンソンは自らの罪も死刑の宣告も理解できない。勇猛な盗賊ツィガーノクは死の前に魂の覚醒を体験する……。

客席に向かって傾斜した板の台が舞台の大部分を占め、舞台下手にはベッドがある。板の台の上にアンドレーエフのテクストが光の文字となって浮かび上がっている。この作者のテクストから登場人物たちが生まれてくるのを表わしているのだろう。登場人物たちが極寒の戸外から家に駆け込み、震えながら脱いだコートを洋服掛けにかけ（掛けられた七着のコートは絞首台の七人の囚人を連想させる）、挨拶を交わし合う無言のシーンがプロローグとして演じられる。カルバウスキスはアンドレーエフの散文を脚色せずに上演した。俳優たちは自分が演じる人物のことを三人称で客観的に語りながら、瞬時に役の人物になって一人称で語り始める。また、カルバウスキスは俳優に何役も演じさせる。七人の死刑囚全員が、まず初めに、暗殺すべき当の相手である大臣の召使として舞台に登場する。さらに、ヴェルネルとターニャは監獄に面会に来たセルゲイの両親をも演じ、ムーシャはやはり面会に来たヴァシーリイの母親を、ツィガーノクは大臣の警護隊員を、ヤンソンは監獄の監視人を演じる。それぞれの役において、俳優たちは自分を三人称で語ってから、瞬時に役の人物に入り込む。観客の目の前で、俳優の〈演技〉という創造行為そのものが展開されるのである。こうした手法は異化やアイロニーなど、演劇性に富む表現を可能にする。たとえば、処刑の場面だ。死刑囚たちは列車で海岸にある刑場に運ばれていく。このときベッドが車両となる。ベッド＝車両を降りると、波の音が聞こえてくる。彼らは海＝刑場に向かって進んでいく。彼らの姿が舞台奥に消えると、舞台の斜面の上に〈光〉の波が音を立てて押し寄せる。傾斜した台はまるで防波堤か岩のようにみえる。突然、処刑された者たちが現われ、歓声を上げながら嬉々として台上の〈光〉の波のなかを滑り降りる。彼らは死刑囚なのか、それとも死刑囚を演じている俳優なのか……。ともあれ、ここで死は生へと反転する。チェーホフが『犬を連れた奥さん』のオレアンダの場面で、繰り返し寄せては引いていく波に〈永遠の生命の営み〉のしるしをみたように、通常、波立つ海は永遠の生命を象徴するからだ。フィナーレにおいて、七人の絞首刑囚たちが屋敷に駆け込み、挨拶を交わし合い、コートを洋服掛けにかけるプロローグの場面が繰り返される。死への恐怖に怯えている大臣がベッドに横たわっている。彼がベルを鳴らすと七人の召使が現われ、芝居は冒頭の場面に戻って終幕する。

カルバウスキスの芝居は単に〈死〉を描くものではなく、実は人間存在の不変の法則＝生と死の永遠の繰り返しを描いた芝居だったのである。死はもともと生に内在するものなのだ。カルバウスキスは、初演前のインタビューにおいて、「あなたの芝居には頻繁に死のテーマが出てくる」という指摘に対し、こう答えている。「僕の芝居はすべて生を描いているのであって、僕には死についての芝居はない。悲しい芝居もあるが、人生にはいつだって悲しいことはある。時には、ちょっと悲しむのも観客にはためになるだろう」[14]。

散文のテクストを〈演じる〉という手法は、カルバウスキス独自のものではない。カルバウスキスの師匠であるピョートル・フォメンコが、一九九六年、プーシキンの小説『スペードの女王』（ワフタンゴフ劇場）を舞台化したときにこの手法を使っている。カマ・ギンカスも、一九九九年から二〇〇四年にかけてチェーホフの三つの小説『黒衣の僧』、『犬を連れた奥さん』、『ロスチャイルドのバイオリン』を三部作

『人生は美しい』（モスクワ青少年劇場）と題して上演したとき、散文のテクストを脚色せずに〈演じる〉という手法を用いている。文学は、それが戯曲であれ、俳優の生身の身体を通ることで初めて演劇になる。カルバウスキスはインタビューのなかで、自分の演出スタイルを〈形式〉からではなく〈俳優〉からアプローチし、「俳優を役の人物に育て上げる」ものだと語っているが（前出）、散文のテクストを〈演じる〉という手法は俳優の〈演技〉という創造行為そのものの実体を観客の目に明らかにする。この手法はまた、すでに指摘した通り、異化やアイロニーなど演劇性に富む表現を可能にする。カルバウスキスの舞台では、フォメンコと同様、芝居の仕掛けを露呈した演劇性溢れる形式のなかで俳優たちが実在感ある人物像を見事に創り出すのである。

セレブレンニコフ——現代性をいかに表現するか

キリール・セレブレンニコフは、二〇〇一年、劇作・演出センターにおいてヴァシーリイ・シガリョーフの戯曲『プラスチリン（粘土）』を演出し、注目を集めた。ソ連邦崩壊から一〇年近く経過したこの時期、若い演出家たちの登場と時を同じくして、ドラマトゥルギーの世界にも若い世代が登場し、現実をアクチュアルな視点から新しい手法で捉える〈新ドラマ〉といわれる潮流が劇作・演出センターを中心に生まれつつあった。シガリョーフの『プラスチリン』もそうした作品の一つである。演劇評論家のマリーナ・ダヴィドワは、「シガリョーフとかレイブンヒルを読むのは退屈だ。レイブンヒルに至っては、正直言って、不快だ」と否定したうえで、「［その戯曲を舞台化した］セレブレンニコフの芝居を観るのは面白い」［15］と書いている。では、セレブレンニコフ自身は戯曲をどのように捉えていたのだろうか。ダヴィドワは、セレブレンニコフの次のような言葉を紹介している。「こうした戯曲は上演のための素材で

『プラスチリン』（劇作・演出センター，2001 年初演）

『テロリズム』（チェーホフ記念モスクワ芸術座，2002 年初演）

『森林』（チェーホフ記念モスクワ芸術座，2004 年初演）

はなく、きっかけだ。僕たちが『プラスチリン』からすべてのト書きを取り除いたら、残るのは、〈ブリャ……アハ……ウグ……オトソシ……〉といった無意味なものだけだ。このようなテクストを扱うのは、『ハムレット』を扱うより難しい」[16]。セレブレンニコフはこの困難を乗り越えるため、ダヴィドワによれば、スタニスラフスキイ・システムとは正反対な〈身体行動のメソード〉を発明した。「彼の芝居では、俳優は単純に台詞を語らない――ぴょんと跳んだり、伏せたり、何かアクロバティックな芸当をしながら語る。身体行動は必要な状態を誘発せずに（モノローグを語りながら、緊張を要する行為を演じなければならない。たとえば、瓶を取り上げて、栓を抜く）、アイロニカルにイラストライズする。芝居全体は何やらモダンダンスを想起させる」[17]。セレブレンニコフの芝居は律動的であり、造形的だ。彼は〈新ドラマ〉のための新しい演劇言語を考え出したのである。

続いて二〇〇二年、セレブレンニコフはプーシキン劇場の分館においてイギリスの劇作家マーク・レイブンヒルの戯曲『露骨なポラロイド写真』を演出した。セレブレンニコフはインタビューのなかで、「ホモ、ストリッパー、刑務所帰りの元過激派が登場するテクストに拒絶反応は起こらなかったか」と問われて次のように答えている。「戯曲には僕等の世代、つまり三〇歳ぐらいで、現代の大都市に暮らし、その生活の外的現象と内的現象との不一致を感じている人間の感覚がとてもはっきりと描かれている。テクストは三年前にロンドンについて書かれたものだが、モスクワにとっても現在アクチュアルなものだと思う。総じてこの頃、僕は社会的にアクチュアルな演劇にとても心を揺さぶられる」[18]。これがセレブレンニコフにとって〈新ドラマ〉を選ぶ理由でもあるのだろう。二〇〇二年、セレブレンニコフはチェーホフ記念モスクワ芸術座に招かれ、日常のなかに潜む〈テロリズム〉を描いたプレスニャコフ兄弟の戯曲『テロリズム』を演出する。悪意が悪意を生み、暴力が暴力を生み、犠牲者が迫害者になり、迫害者が犠牲者になる――この悪循環に陥った現代社会を描いた〈新ドラマ〉の秀作である。

〈新ドラマ〉の前衛的演出によって評価を得たセレブレンニコフだが、二〇〇三年、希望も愛もなく宇宙をさまよう堕天使デーモンの孤独を描いたミハイル・レールモントフの『デーモン』（演劇集団814）を採り上げ、古典の演出に取り組む。その後、再びモスクワ芸術座に招かれ、マクシム・ゴーリキイ作『小市民』（二〇〇四年初演）、アレクサンドル・オストロフスキイ作『森林』（二〇〇四年初演）、ミハイル・サルトゥイコフ＝シチェドリン作『ゴロヴリョーフ家の人々』（二〇〇五年初演）と、ロシアの古典を続けざまに三本演出する。ここで、オストロフスキイ作『森林』をみてみよう。

オストロフスキイ作『森林』（一八七一年作）は、農奴解放後の没落しつつある地主貴族の無為な生活と旅役者の自由な生活を対比して描いた喜劇である。どさ回りの悲劇役者ネシチャスリフツェフは旅の途中で出会った喜劇役者のシチャスリフツェフを伴って一五年ぶりに伯母のグルムィジスカヤの領地に帰ってくる。未亡人の伯母は年甲斐もなく若いブラーノフに想いを寄せ、結婚を宣言する。しかし、ブラーノフは彼女の養女アクシューシャに恋をし、アクシューシャは材木商人ヴォシミブラートフの息子ピョートルと愛し合っている。ネシチャスリフツェフは金持ちの伯母から路銀として金をせしめ、持参金がないため嫁にゆけないアクシューシャに与え、彼女の恋を成就させてから、領地をあとに自由な世界に旅立っていく。

セレブレンニコフの芝居のプログラムには、「モスクワ芸術座の最新作『森林』は〈ソビエト演劇とフセヴォロド・メイエルホリド〉に捧げられる」と書かれている。ロシア・アヴァンギャルド演劇のリーダー、メイエルホリドがロシアの古典『森林』を上演したのは、一九二四年のことだった。前年、オストロフスキイ生誕百年の一九二三年、当時の教育人民委員（文化相）アナトリイ・ルナチャルスキイがリアリズムの伝統への回帰を求めて、「オストロフスキイに帰れ!」というアピールを出していた。メイエルホリド研究の権威コンスタンチン・ルドニツキイによると、メイエルホリドの『森林』は「完全にルナチャルスキイが投げかけた『オストロフスキイに帰れ!』というスローガンに対する〈左翼演劇〉のリーダーの彼なりの答えだった」[19]。メイエルホリドは初日を前に『森林』に関する討論会で次のように語っている。「戯曲というものはそのテーマを解明するためのきっかけにすぎない。ただしその解明は今日もなお意味をもちうる解明でなければならない」[20]。〈今日性〉を表わすため、メイエルホリドは五幕の戯曲を三三のエピソードに分割し、それを新たに並べ替え、さらに地主貴族グルムィジスカヤに対立するネシチャスリフツェフやシチャスリフツェフ、アクシューシャらの行動を積極的で大胆なものにした。そうすることで革命のロマンティシズムの時代のテーマ——古い時代に対する新しい時代の勝利(革命の勝利)、現実に対する演劇の勝利(アカデミズムに対するアヴァンギャルドの勝利)を鮮明に描き出したのである。メイエルホリドの〈自由な旅役者〉たちは勝利者として地主貴族の領地を去っていく。

セレブレンニコフもまた戯曲をエピソードに分割し、時代を二〇世紀の七〇年代に移した。舞台上には時代を表わす記号やディテール、音が溢れている——ラジオ付きレコードプレーヤー、ルーマニア製の家具、チェコ製のシャンデリア、灰色の預金通帳、ヴィソーツキイの歌、ランニングとショーツで体操をする若者たち……。グルムィジスカヤの森林の中の領地は党活動家のペンションのようであり、彼女はノーメンクラトゥーラの未亡人のようにみえる。一九七〇年代は、いわゆる〈停滞の時代〉だが、人々は小市民的幸せを願い、外的な不自由のなかで内的な情熱の自由(セックス革命)を求めた時代だった。今はシーズン・オフ。ペンションの女主人である未亡人グルムィジスカヤは寂しさと退屈を託ち、男の愛情に飢えている。彼女は若い男への情熱を募らせていき、短いスカートに踵の高いブーツを履いて〈娼婦〉のような大胆さでブラーノフに迫る。ヴォシミブラートフはノーメンクラトゥーラと親戚関係を結ぼうと息子ピョートルをグルムィジスカヤの養女アクシューシャと結婚させようとする。アクシューシャとピョートルはギターの伴奏でヴィソーツキイを歌い、モラルや規範に逆らうポーズをとるが、彼らにはメイエルホリドのアクシューシャとピョートルのような自由を求める革命のロマンティシズムはない。停滞の時代に生きる彼らにはごく手近な望みしか抱けない。金を手に入れたら、町に出てディスコで踊るのが関の山だ。ネシチャスリフツェフとシチャスリフツェフの二人の役者たちはブローツキイの詩を語るなど、ソビエト時代の反体制派の俳優の姿を見せるが、他の人々には何の感銘も与えない。彼らには、革命の時代のように、現実に対する演劇の勝利を信じることはもはやできない。

フィナーレはグルムィジスカヤとブラーノフの婚礼の場面。ブラーノフが踵を踏み鳴らしながらフロントステージに進み出る。森林の領地の新しい主人になった彼は鉄の意志と強い筋肉をもった若者になっており、マイクロフォンに向かって宣誓をするように語る。「私は自分の問題だけでなく、社会の問題にも非常に関心を持っており、社会に奉仕したいと願っている」。その姿は、誰の目にも、大統領就任式のウラジーミル・プーチンを模したものであることは明らかだ(それに気づいた客席は笑いに包まれる)。時代はプーチンが大統領に就任した二〇〇〇年に飛び移る。いや、もともと舞台上の時代は〈停滞の時代〉ではなく、〈現在〉(芝居が上演された二〇〇〇年代初頭)だったのかもしれない。鬱蒼とした森に囲まれた領地はロシアの縮図なのだろう。一九七〇年代の舞台装置は、鬱蒼とした密林=ロシアでは時間が止まっており、そこに住む人々は〈停滞の時代〉に永遠に取り残されていることを表わしているのか。ソ連邦は崩壊したが、人々はいまだに〈停滞の時代〉の生活を引きずっている――これがセレブレンニコフの見た〈現代〉なのかもしれない。

セレブレンニコフは社会的にアクチュアルな演劇を求め、〈現代性〉をいかに表現するかを追求している。セレブレンニコフは二〇〇二年のインタビューで次のように語っている。「ペレストロイカの演劇は政治との競争に完敗し、今後は高尚なもの、聖なるもの、永遠なるものだけを演じようと決めた。しかし、政治と一緒に大事なことまで忘れてしまった。演劇というのは、現代性をいかに表現すべきか考えないわけにはいかないのだ」[21]。ペレストロイカの結果としてのソ連邦崩壊の後、ロシア演劇は古典に回帰した。そのなかでセレブレンニコフは〈新ドラマ〉によって現代を描いた。しかし、〈現代性〉を表現できるのは現代劇だけではない。古典の解明のなかに〈今日性〉を求めたメイエルホリドに倣い、セレブレンニコフは古典に取り組み、そのなかに社会的アクチュアリティーを見出すことで〈現代性〉を表現したのである。

III　ロシアのミュージカル

コマーシャリズムの浸透に伴い、二〇〇〇年代に入るとミュージカルへの関心が著しく高まる。そもそも、ロシアにおいては、ミュージカルは長いあいだロシア演劇には〈無縁の〉ジャンルと考えられていた。ウラジーミル・マシコーフは、ブレヒトの音楽劇『三文オペラ』を演出した一九九六年、インタビューのなかで次のように語っている。「僕は〈ブロードウェイ演劇〉とか〈ハリウッド映画〉のような概念に対しては非常に警戒心をもっている。それがどういうものか、あまり理解していない。それだけに、これらのタームを僕たちの国の芸術に適用することを危惧している。〔……〕ブロードウェイにはミュージカルの伝統が数十年あるが、僕たちが興味をもっているのはつねに別の演劇だった。僕が興味をもっているのもまさにその演劇だ。僕の新しい芝居（『三文オペラ』）も例外ではない。これは純粋なミュージカルではなく、美しい音楽と照明付きのドラマだ」[22]。

ロシアで公に「ミュージカル」というタームを使ったのは、作曲家アレクサンドル・コールケルだとされている。一九七二年にレニングラードで上演された彼の作曲による『クレチンスキイの結婚』（アレクサンドル・スホヴォ゠コブィリンの戯曲、キム・ルィジョーフのリブレット）のポスターにジャンルが「ミュージカル」と記されていた。ただし、文献によっては、ロシア初のミュージカルは、一九七五年に作曲家アレクサンドル・ジュルビーンと劇作家ユーリイ・ディミートリンによってペテルブルグ高等音楽院付属オペラ・スタジオで上演された『オルフェとエウリディーチェ』だとするものもある。いずれにせよ、ロシアでミュージカルが上演されるようになったのは、一九七〇年代に入ってからということである。(9)『オルフェとエウリディーチェ』のジャンルは、いわゆる「ロック・オペラ」だが、発表当時は「ゾング・オペラ」と称していた。「ロック」というタームがソビエトの当局から批判を受けるのを避けたためだという。もっとも、多くの音楽劇を上演しているニキータ門劇場の芸術監督マルク・ロゾフスキイによれば、ロシアのミュージカルはブレヒトの伝統に立脚しているという。「ミュージカルというジャンルはブロードウェイから来たのだが、われわれはそこに新しいものを加えた。ロシア・ミュージカルがアメリカやヨーロッパのものと違うのは、優れた文学に基づいているという点だ。〔……〕ロシア・ミュージカルでは、われわれはブレヒトの伝統に倣おうとしている。そこで重要な手法となるのはゾングだ。アメリカのミュージカルは、もっとも有名なものでさえ、優れた文学に基づいているとは言えない」[23]。ブロードウェイに代表されるミュージカルは、マシコーフやロゾフスキイからみれば、心理主義演劇を伝統とするロシア演劇とは異なり、人間ドラマ、つまり人間の心とその本質が描かれていない、内容のない芝居であるということなのだろう。

ソビエト時代のロシア演劇にとって、ミュージカルは新しい演劇言語の発見ではあっても、確立したジャンルとして根を下ろすものではなかった。西欧のミュージカルは、商業演劇の原則――プロデューサー・プロジェクト、ライセンス、オーディションによるキャスティング、マーケッティング、宣伝、チケット販売、毎日の公演、収益重視など――に基づいて制作されるものであり、レパートリー・システムのロシア演劇の原則とは相容れなかった。一九八一年にレンコム劇場のマルク・ザハーロフが伝説となったロック・オペラ『ユノナ号とアヴォシ号』（アレクセイ・ルィブニコフ作曲、アンドレイ・ヴォズネセンスキイのリブレット）を上演し、一九九〇年には世界的にヒットしたロック・オペラ『ジーザス・クライスト・スーパースター』（アンドリュー・ロイド・ウエバー作曲、ティム・ライス作詞・脚本）がペテルブルグのロック・オペラ劇場とモスクワのモスソヴェート劇場で上演されているが、ミュージカルは他にはほとんど上演されていない。これらも、もちろん、レパートリー劇場のレパートリーの一つとして上演されている。

ソ連邦崩壊後、一九九九年、ロシア初のプロデューサー・プロジェクトとして商業演劇の原則に基づいて『メトロ』（ポーランド・ミュージカルのロシア版、ヤヌシ・ストクロサ作曲、ヤヌシ・ユゼフォヴィチ演出・振付）がモスクワ・オペレッタ劇場で上演され、人気を博した。この年には『ヘアー』（ガルト・マクダーモット音楽、ジェームズ・ラドとジェローム・ラグニ作詞・脚本）のロシア語版が上演されている。二〇〇〇年代に入ると、コマーシャリズムの浸透のなかでミュージカルへの関心が著しく高まっていく。二〇〇一年にはヴェニアミン・カヴェーリンの長編小説『二人の大尉』を基にした『ノルド・オスト』（アレクセイ・イワシチェンコとゲオルギイ・ワシーリエフ作曲・リブレット）が上演された。『ノルド・オスト』はロングランを続けていたが、開演一周年を祝ったばかりの二〇〇二年一〇月二三日、公演が行われていたドゥブロフカの演劇センターがチェチェンの武装集団によって襲われ、多くの犠牲者を出すという、いわゆる〈劇場占拠事件〉が起こった。その後、公演を再開するが、客足は戻らず、二〇〇三年五月一〇日、公演は打ち切られた。

しかし、悲劇が起こった二〇〇二年はミュージカルにとって当たり年だった。『ドラキュラ』(フランク・ワイルドホーン作曲、ドン・ブラックとクリストファー・ハンプトン作詞・脚本、ロシア語版――以降、注記のないものはロシア語版)、『ノートルダム・ド・パリ』(リシャール・コチャンテ作曲、リュック・プラモンドン作詞・脚本)、『シカゴ』(ジョン・ケンダー作曲、フレッド・エブ作詞・脚本、ボブ・フォッシー脚本)、『四十二番街』(ハリー・ウォーレン作曲、アル・デュビンとジョニー・マーサー作詞、マイケル・スチュワートとマーク・ブランブル脚本、ブロードウェイ直輸入の英語版)といった世界的にヒットした作品が上演されている。

その後も世界のヒット・ミュージカルが続々とロシア語で上演された――『イーストウィックの魔女たち』(ジョン・アップダイク原作、ダナ・P・ロウ作曲、ジョン・デンプセイ作詞・脚本、二〇〇三年)、『We Will Rock You!』(クイーンの曲で構成、ベン・エルトン脚本、二〇〇四年)、『ロミオとジュリエット』(ジェラール・プレスギュルヴィック作詞・作曲、二〇〇四年)、『キャッツ』(T・S・エリオット原作・作詞、アンドルー・ロイド・ウェバー作曲、二〇〇五年)、『マンマ・ミーア』(ABBAの曲で構成、ビョルン・ウルヴァースとベニー・アンダーソン作曲・作詞、キャサリン・ジョンソン脚本、二〇〇六年)、『美女と野獣』(アラン・メンケン作曲、ハワード・アッシュマンとティム・ライス作詞、リンダ・ウールヴァートン脚本、二〇〇八年)……。

この時期、ロシアのオリジナル・ミュージカルの制作も試みられている。イリヤ・イリフとエヴゲニイ・ペトローフの同名の長編小説を舞台化した『十二の椅子』（イーゴリ・ズブコーフ作曲、チグラン・ケオサヤンとアレクサンドル・ヴールイフのリブレット、二〇〇三年）が上演され、『ユノナ号とアヴォシ号』を作曲したアレクセイ・ルィブニコフが『ピノキオ』（ソフィヤ・トロイツカヤのリブレット、二〇〇六年）と『赤ずきん』（ユーリイ・キム作詞、アレクサンドル・ルイフローフ脚本、二〇〇七年）をミュージカル化している。さらに、作曲家セルゲイ・ドレズニンが『エカテリーナ大帝』（ミハイル・ローシチンの戯曲をミュージカル化、アレクサンドル・アンノのリブレット、二〇〇八年）の上演を実現し、アレクサンドル・デュマの『モンテクリスト伯』をミュージカル化したロシアのオリジナル版（ロマン・イグナチエフ作曲、ユーリイ・キム作詞・リブレット）のワールド・プレミアが、二〇〇八年、モスクワ・オペレッタ劇場で行なわれた。

ミュージカル熱の高まりと共にミュージカル専用劇場創設の気運も高まっていった。二〇一二年、元ロシア連邦文化相で演劇研究家のミハイル・シヴィドコイと著名な演劇プロデューサーのダヴィッド・スメリャンスキイによってロシア初のミュージカル専用劇場、その名も「モスクワ・ミュージカル劇場」が創設された。シヴィドコイが芸術監督、スメリャンスキイがゼネラル・プロデューサーに就任し、劇場支配人にはアメリカのスタニスラフスキイ記念サマー・スクールの創設者であるアレクサンドル・ポポーフが就任した。シヴィドコイによると、モスクワ・ミュージカル劇場は国からの予算を求めず、「自分で手に入れられる金だけで生きていく」[24]独立劇場であり、ロシアのレパートリー劇場の伝統とブロードウェイの原則を合体させ、レパートリー作品をそれぞれ七〜一〇日ずつ連続で上演する。

第三章　二〇一〇年代のロシア演劇

I　一九三七年型のイデオロギー・テロと検閲の脅威

ライキンの検閲批判発言

二〇一六年一〇月二三〜二四日、第七回ロシア連邦演劇人同盟大会が開催された。その演壇から響いたサチリコン劇場芸術監督コンスタンチン・ライキンのスピーチは、演劇界のみならず、社会全体に大きな反響を呼び起こした。社会正義や道徳の守護者を自任する人々、とりわけ原理主義的なロシア正教徒たちによって芝居や映画、展覧会が中止させられる現状を憂い、その行為を「創造の自由、検閲の禁止に対する無作法な侵害」であると批判したうえで、ライキンは「何者かがすべてを変えて昔に戻そうとしたがっているのは明らかです。それもブレジネフの停滞の時代どころではなく、さらにもっと古い時代——スターリン時代に私たちを戻そうとしているのです」[1]と語った。ソ連邦崩壊から四半世紀以上の時が経とうとしているが、現在のロシア演劇を先導しているのは多くがソビエト時代にその活動を始めた人々である。ライキン自身が語るように、「私たちはみなソビエト生まれです。私はあの恥ずべき愚かさを忘れていない!!」[2]。一九三七年型のイデオロギー・テロと検閲の脅威への不安――これこそはソビエト時代を生き延びたロシアの演劇人の多くが抱えるトラウマなのである。いささかエモーショナルでエキセントリックですらあるライキンの発言の後、ロシアのインテリゲンツィアたちはライキンへの連帯を表わす公開書簡を発表し、ペテルブルグ・ボリショイ・ドラマ劇場芸術監督アンドレイ・モグーチイ、現代ロシア演劇最高の演出家の一人カマ・ギンカス、モスクワ青少年劇場芸術監督ゲンリエッタ・ヤノーフスカヤ、コメディエンヌとして人気を博するリヤ・アヘジャコワなどの演劇人はもとより、カンヌ映画祭グランプリ監督アンドレイ・ズヴャギンツェフ、作家リュドミラ・ウリーツカヤ、音楽家アンドレイ・マカレーヴィチなど、各ジャンルを代表する芸術家たちが書簡に署名した。

ライキン発言には批判の声も上がった。愛国主義者グループ〈モータークラブ・夜の狼〉のリーダー、アレクサンドル・ザルドスタノフはライキンを「自由を餌に誘惑する悪魔」に譬え、「こうしたライキンの輩は国を汚水が流れる下水溝に変えたがっている」と批判し、ロシアを「アメリカ型デモクラシー」から守るためなら何でもやる、と脅した[3]。これに思わぬところから賛同の声が上がった。チェチェン共和国首長ラムザン・カドゥイロフが自らのインスタグラムで、ライキン発言を批判したザルドスタノフを全面的に支持すると語ったのだ。カドゥイロフは、芸術家を「自分たちには数百、数千万のロシアの正教徒とイスラム教徒の感情を侮辱する権利があると考えるカースト」と呼び、イスラム教徒も予言者としてのイエスを敬っており、イエスを歪めて描いている芝居を上演することは、キリスト教徒と同様にイスラム教徒をも侮辱するものだからだ、と主張した[4]。

カドゥイロフのライキン批判の翌日、ロシアで人気のキャスター、ウラジーミル・ポズネルが自らのサイトでライキン発言への全面的支持を表明した。ポズネルは、国民の代弁者を自任する人たちの「脅しや中傷の声」を気にするべきではないとし、「国民の声というのは必ずしも尊重するに値しない。ドイツ国民はヒトラーを支持し、ソビエト国民は〈人民の敵〉に犬死を求めた」と書いた。ポズネルに言わせれば、国民は芸術に関しては全く悪しき裁定者であり、国民の熱狂的な支持によって「プロコーフィエフやショスタコーヴィチ、パステルナークやアフマートワは名誉を傷つけられた」のである。ポズネルは、宗教的感情を侮辱されたと叫ぶ道徳の熱狂的信奉者を「イスラム国の熱狂的なメンバーと変わらない」と書いた[5]。

ロシア正教の過激派をイスラム原理主義者に譬えるポズネルの発言に対し、アカデミー賞を初め多くの賞に輝くロシアを代表する映画監督でありロシア映画人同盟議長を務めるニキータ・ミハルコフは、ライキンが創造の自由への侵害を批判できるのはロシアが自由だからだ、と反論した。「知りたいものだ。どこで彼が制約を受けたというのだ。彼が持っていないものがあるだろうか。ライキン・プラザ・センターや、自分の劇場、学校を持っている。彼は上演したいものを上演している。〔……〕予言者ムハンマドを辱める芝居を上演するリスクを冒す者が誰かいるだろうか。〔……〕なぜ自由への希求をメッカではなく、ロシアで語るのか。なぜならメッカでは怖いからだ」[6]。

では、クレムリンはライキン発言にどのように反応しただろうか。ライキン発言があった翌朝、大統領報道官ドミトリイ・ペスコフがコメントを出した。ペスコフはロシア国内における検閲の存在を否定したうえで、国家発注に対する国の権利を主張し、「もし国家が何らかの公演に金を出しているのなら、国家には何らかのテーマを示す権利がある。国家は何らかのテーマの芸術作品を発注しているのだ」と語った[7]。何やらソビエト時代の文化政策を想起させる発言だ。

ソ連邦崩壊後の一九九〇年代、二〇〇〇年代は、社会共通の価値観を喪失し、カオスともいうべき〈自由〉を享受した時代だった。二〇一〇年代に入ると「国の文化政策の基本原則」が採択され、国家の文化政策が明文化された。この時期から、演劇界を揺るがす〈事件〉が創造の領域から社会的・制度的領域へと移ってきた。演劇人は「一九三七年型のイデオロギー・テロや検閲の脅威」を危惧するようになり、演劇の運命が法律や当局の決定に左右されるようになったのである。

II　教会という〈検閲官〉

『理想の夫』舞台乱入と豚の頭事件

ロシア憲法は検閲を禁止している。ところが、二〇一〇年代になると、芝居の上演、映画の上映、展覧会など、文化活動が妨害を受け、中止に追い込まれるという事態が相次いだ。

二〇一三年一一月二八日、チェーホフ記念モスクワ芸術座のコンスタンチン・ボゴモーロフ演出『理想の夫』の第二幕が終わろうとしていたとき、ドミトリイ・ツォリオノフ、通称エンテオ率いるロシア正教活動家グループが舞台上に乱入し、客席に向かって「信仰が愚弄されているのにどうして我慢している。なぜキリストをこんなに嫌う。キリストはわれわれのために磔にされたのに」と叫び、芝居を中止させようとした。エプロンステージで殴り合いが始まった。乱入者たちは舞台から引きずり降ろされ、一〇分後に第三幕が始まった。ボゴモーロフは前衛的演出で知られる気鋭の演出家である。『理想の夫』を演出するにあたり、ボゴモーロフはリハーサルの過程や劇場首脳部の反応をフェイスブックで発信し続け、演劇ファンの興味を煽っていた。ネットの世界では、ボゴモーロフが〈やばい〉芝居を創っているが、制作が中止されるか、劇場側からの検閲を受けるかもしれない、という噂が広まった。観客のなかには、この舞

ボゴモーロフ演出『理想の夫』(チェーホフ記念モスクワ芸術座，2013年初演)

台乱入騒動を演出家の仕掛けだと信じる者も多かったという。

ボゴモーロフはオスカー・ワイルドの戯曲『理想の夫』の舞台を一九世紀末のロンドンから現代のモスクワに移し、今日のロシアのエリートたちの諷刺喜劇として上演した。ワイルドの戯曲では、主人公は将来を嘱望される政治家チェルターン卿と彼を「理想の夫」として崇拝する妻のガートルードで、チェルターン卿はかつて政府の機密を売って金を儲け、その金を基に今の地位にのし上がってきた人物であり、その機密漏洩をネタに彼はチェヴリー夫人に恐喝される。一方、モスクワ芸術座の舞台では、ロシア・ゴム製品省の若い大臣が主人公であるロベルト・テルノフと妻のゲルトルーダが主人公で、妻はゴム製品生産企業を所有し、夫のお陰で国家発注の入札をすべて勝ち取っている。テルノフもチェヴリー夫人に恐喝されるのだが、身内に便宜を図るという汚職行為はロシアでは恐喝の材料にもならないというのか、チェヴリー夫人が脅すネタはテルノフ大臣と人気男性歌手ロードとの昔の同性愛だった。ロシアの現実は諷刺のための材料を豊富に提供する。ボゴモーロフは今日のロシアのエリートたちをグロテスクに描き出す。ポップ・スターが、実はかつては殺し屋で、その父親はスターリン主義者の聖職者であり、養護施設を運営しているが、そこは高位高官の小児性愛者のための売春宿である……。

エンテオにとっては、ボゴモーロフの『理想の夫』は教会に対する冒瀆であり、同性愛と小児性愛のプロパガンダということになる。ちなみに、ロシア議会で「ゲイ・プロパガンダ禁止」に関する法律が採択され、国会の周りで法律に反対するピケが張られたとき、エンテオはその参加者たちに卵を投げつけるという行動を起こしている。

この『理想の夫』をめぐる騒動には続きがある。二〇一三年の「舞台乱入」以来、エンテオのグループはモスクワ芸術座の『理想の夫』に対し上演禁止を求めて二〇回以上の訴訟を提起した。裁判所は鑑定委員会を任命し、委員会は「芝居は信者の感情を侮辱するものではない」と結論した。これに対し、二〇一五年四月一日、エンテオをリーダーとする一〇名ほどの正教活動家グループが、チェーホフ記念モスクワ芸術座の前を「タバコフ」（モスクワ芸術座芸術監督の姓）と書かれた本物の豚の頭を手に練り歩くという行動に出た。彼らがその頭を正面入口前に置くと、鎌を手にした死の衣装の人物が現われ、メンバーの被っていた仮面（俳優を表わす）をはぎ取り、劇場のドアに投げつけて、「瀆神なきロシア！」とシュプレヒコールを繰り返した。「豚を置く」というのは「卑劣なことをする」という意味を表わす熟語である。エンテオによれば、それによってオレグ・タバコフとボゴモーロフが聖物を愚弄することで信者に対し卑劣な振る舞いをしたことを示し、仮面をはがし粉々にする「死」は、神を冒涜する者は裁きを逃れられないことを表現しているという。

信者の感情の保護に関する法律

エンテオのグループがこうした過激な行動に出たのは、二〇一三年七月一日に「信者の感情の保護に関する法律」が施行されたことが引き金になった。信者の感情を侮辱する行為は、それまでは行政処分の対象であったが、この新法（改正法）によって罰則が強化され、刑事処罰が課せられるようになった。社会に対する不敬や信者の宗教的感情を侮辱する行為に対しては、三年以下の自由剥奪、または五〇万ルーブル以下の罰金と強制労働が定められた。宗教組織の活動あるいは宗教儀式への妨害に対しては、三〇万ルーブル以下の罰金、または三カ月以下の拘留が規定され、宗教財産や崇拝の対象の損壊に対しては、二〇万ルーブル以下の罰金が科せられることになった。

宗教的感情に対する侮辱の厳罰化は、プッシー・ライオットによる、いわゆる「パンク祈祷」事件が誘因になった。プッシー・ライオットとは、二〇一一年八月に結成された女性のパンク・ロック・グループで、目出し帽で顔を隠し、派手なドレスにタイツといった出で立ちで赤の広場や地下鉄などでゲリラ的にコンサートを行なっていた。二〇一二年二月二一日、彼女たちはいつもの出で立ちでモスクワの救世主ハリストス大聖堂に潜入し、「パンク祈祷〝聖母よ、プーチンを追い払い給え〟」というアクションを敢行し、プーチンの大統領再選への抗議を表わした。三月三日、グループの三名、ナジェージダ・トロコンニコワ、マリヤ・アリョーヒナ、エカテリーナ・サムツェヴィチが逮捕され、訴追された。八月一七日、三人は自由剥奪二年の刑を言い渡されたが、その後サムツェヴィチの実刑は執行猶予刑に変更された。

プッシー・ライオットの逮捕と裁判は国内外に反響を呼んだ。マドンナやオノ・ヨーコなど、多くの外国のミュージシャンやアーチストがプッシー・ライオット支持を表明した。ロシア国内でも、逮捕者の釈放と裁判の中止を求める公開書簡が出され、ロシア文化界を代表するビッグネームがこぞって署名をした。しかし、署名者の多くがこの書簡の実効性には悲観的だった。現代アヴァンギャルド演劇の旗手キリール・セレブレンニコフは、こうした集団的アピールに署名したのは初めてだとしたうえで、次のように語った。「この問題に関して発言し、自分の立場を記録に留めることが、僕には重要だった。これは良心の問題だ。この書簡の主張は考慮されるだろうか。僕は、されない、と思う。僕の感じでは、権力が選択したのは希望のないシナリオだ」〔8〕。

裁判は続行された。判決が出たとき、プーチン大統領は「裁判所の決定についてコメントする用意はないし、したくない」としたうえで、「ソビエト時代が始まった当初……膨大な数の聖職者が犠牲になった。それも正教の聖職者だけでなく、イスラム教や他の宗教の聖職者たちが犠牲になったのだ。多くの教会は破壊され、わが国の伝統的な信仰は甚大な被害を被った。そもそも国家には信者の感情を守る義務がある」と語った〔9〕。

プッシー・ライオット事件から一年余の後、プーチン大統領は「信者の感情の保護に関する法律」に署名した。

『タンホイザー』スキャンダル

二〇一五年一月二六日、ノヴォシビルスク及びベルック府主教チーホンが「二〇一四年一二月二〇日及び二二日のノヴォシビルスク・オペラ・バレエ国立アカデミー劇場の舞台におけるオペラ『タンホイザー』のプレミア上演に関連して」ノヴォシビルスク州検察庁に訴えを起こした。これを受けて検察は「キリスト教における宗教的尊敬の対象であるイエス・キリストの福音書に基づく形象を公の場で侮辱した」

クリャービン演出『タンホイザー』(ノヴォシビルスク・オペラ・バレエ劇場，2014年初演)

としてノヴォシビルスク・オペラ・バレエ劇場支配人ボリス・メズドリチと演出家チモフェイ・クリャービンを起訴した。訴えを起したチーホン府主教自身はこのオペラを観ておらず、芝居の題材とインターネットに載った舞台装置、信者たちの苦情の電話などから訴状をまとめたという。訴状のなかで府主教は、芝居には「宗教的象徴の目的にそぐわない使用がなされており」、「救世主がヴィーナスの王国において数年間を過ごし、肉の喜びに身をまかせる」という題材は信者の感情を侮辱している、と指摘している[10]。

ところで、ノヴォシビルスク・オペラ・バレエ劇場のクリャービン演出『タンホイザー』とは、どのような芝居だったのか。ワグナーのリブレットでは、快楽の女神ヴィーナスの住む異界＝ヴィーナスの洞窟で肉欲に溺れていた騎士タンホイザーが、騎士たちの競うヴァルトブルグ城の歌合戦でキリスト教の戒律に背いて肉体の情熱を賛歌して追放されるが、彼を愛するエリーザベトの自己犠牲によって救われる。演出のクリャービンは時代を現代に移す。主人公は騎士＝吟遊詩人から映画監督に変えられ、イエス・キリストの形象がオペラに導入される。映画監督タンホイザーは、若い頃のイエスに関する資料がない以上、イエスがキリストになる前に官能の世界を通過していたこともあり得ると考え、キリストの失われた数年を描く『ヴィーナスの洞窟』という映画を制作し、ヴァルトブルグ映画祭に出品する。物語の葛藤は基本的にワグナーのオリジナルと同じ。タンホイザーが撮影したキリストに関するスキャンダラスな映画のポスター――女性の股の間に磔刑のキリストが描かれる――が映画祭主催者の怒りを買い、タンホイザーはモラルを冒したという理由で映画祭を追放される。このポスターのかかった舞台装置がインターネット上に載って、ロシア正教信者の怒りを買ったのである。

三月一日、ノヴォシビルスクでロシア正教の活動家たちが組織した集会「自分の信仰を守ろう」が開かれ、警察発表で約千人の信者が参加した。参加者の多くがやはりオペラを観ていなかったという。集会では、ノヴォシビルスク市の文化政策責任者の更迭を求める書簡をプーチン大統領に送ることが決められた。ノヴォシビルスクの『タンホイザー』スキャンダルは、国家の上層部も巻き込むことになった。三月七日にはメディンスキイ文化相（当時）が各界代表者たちによって構成された諮問機関である社会評議会を招集し、この問題を審議している。

演劇界からは「検閲の復活」を危惧する声が上がった。演劇界の重鎮であるレンコム劇場芸術監督マルク・ザハーロフはノヴォシビルスク州検察庁に書簡を送り、教会による芸術活動への干渉を批判して次のように書いた。「一体なぜ教会の一部の人たちは、自分たちにはすべてが許されると考えるのでしょうか。彼らには検閲をしたいという強い熱狂があります――前世紀の五〇～六〇年代のソビエトの活動家たちが持っていたまさにあの熱狂です」[11]。人気俳優でありエルモーロワ劇場芸術監督のオレグ・メニシコフも同様にノヴォシビルスク州検察庁に書簡を送り、「もし芸術作品が法廷審理の対象になるとするなら、つまりは国家に検閲が復活しているということです。〔……〕芝居を観ていない人々がその芝居を断罪するということは、まったく野蛮なことに思えます。パステルナーク除名問題に関してソ連作家同盟大会で述べられた『私自身はパステルナークを読んでいないが、心から除名に賛成する』というフレーズが今日、悲しいかな、アネクドートとしてではなく響いているのです」[12]と書いた。

三月一〇日、ノヴォシビルスク中央地区調停裁判所において劇場支配人メズドリチと演出家クリャービンに対する行政訴訟の審理が行われた。裁判所は、オペラ『タンホイザー』には犯罪を構成する要素は存在しないとし、支配人と演出家に無罪判決を下した。この判決に不服なチーホン府主教はメディンスキイ文化相に公開書簡を出し、『タンホイザー』を劇場のレパートリーから外すことを要求した。一方、ノヴォシビルスク・バレエ・オペラ劇場側は、三月一四日と一五日に『タンホイザー』を二度上演し、その際に修正を加え、信者を侮辱したとされるポスター（女性の股の間に磔刑のキリストが描かれている）を掲示せず、その代わりに舞台上には白紙を掲げた。これはメズドリチ支配人の発意で行なわれたという。公演は満員の観客を集めた。

これで事は済まなかった。三月一八日、ロシア連邦文化省の公式サイトにオペラ『タンホイザー』をめぐるスキャンダルに対する文化省の公式見解が発表された。これはロシア正教会と文化界の代表者を集めて開かれた文化省主催の「オペラ『タンホイザー』上演をめぐって生じた対立に関する公聴会」（三月一一日開催）の結果を受けて纏められたもので、それによると文化省は「劇場幹部および演出家によって示された伝統的価値を敬わない表現は故意であると否とを問わず許されないと考える」として、次のように結論した。「文化省は、演出に必要な訂正を入れ、宗教的感情を傷つけられたすべての人々に公に謝罪することが正しいことだと考える。検閲が許されるとは考えないが、われわれには国の文化政策の基本原則の枠内で国立の文化施設に対して、やむを得ぬ場合には、この種の上演の資金を剥奪することも含め、行政的および財政的手段を取る権利があり、それ以上に義務がある」〔13〕。

さらに、三月二九日、メディンスキイ文化相は、メズドリチ支配人の解任を明らかにし、後任にペテルブルグ・ミハイロフスキイ劇場総支配人を務めるウラジーミル・ケフマンを任命した。ケフマンは兼任になる。メズドリチの解任理由は、ノーヴォスチ通信社によると、「創立者〔ロシア連邦文化省のこと〕の指示の不履行」であるという。新支配人ケフマンは、文化省での公聴会の後、『タンホイザー』を厳しく批判し、「ノヴォシビルスク・オペラ・バレエ劇場で行われたことは、冒瀆である。〔……〕メズドリチは辞職すべきであり、芝居をレパートリーから外す必要がある」〔14〕と語っていた。オペラ『タンホイザー』はレパートリーから外された。わずか四回の公演を行っただけだった。

オペラ『タンホイザー』をめぐるスキャンダルを詳しく追ってきたのは、この事件がロシア文化における〈創造の自由〉にとって重大なターニングポイントになっていると考えるからだ。この事件で、ライキンの言う「創造の自由、検閲の禁止に対する無作法な侵害」に質的変化が起こる。モスクワ芸術座の『理想の夫』舞台乱入事件はロシア正教の一部の過激な活動家グループが起こしたものだったが、『タンホイザー』スキャンダルはロシア正教会のノヴォシビルスク及びベルツク府主教と教区の一般信者が起こした事件だった。しかも、裁判所が正教会の告訴を棄却したにもかかわらず、ロシア連邦文化省が正教会の側に立ち、演出の変更を要求し、劇場支配人を解任したのである。

ロシア正教会は社会正義や道徳の守護者と自ら任じ、自らの正義と道徳を文化の世界に押しつけ、国家は「国の文化政策の基本原則」の理念に基づき「芸術家、権力、社会は、共通の価値に従って、一致して行動するようにしなければならない」とするイデオロギーを文化に求めるようになったのである。

『ジーザス・クライスト・スーパースター』上演中止——自己検閲という桎梏

「信者の感情の保護に関する法律」が施行される前夜の二〇一三年六月、ロシア南西部のスターヴロポリにおいてロシア正教会の活動家たちが、巡業にやって来たペテルブルグ・ロック・オペラ劇場の『ジーザス・クライスト・スーパースター』の上演を、その題名が冒涜的であるとして禁止するよう訴えた。訴えは退けられ、ロック・オペラはその後もロシア南部で公演を続けることができた。ただし、芝居の冒頭に聖職者の説教が加えられたのであるが。

アンドリュー・ロイド・ウエバー作曲、ティム・ライス作詞・台本のロック・ミュージカル『ジーザス・クライスト・スーパースター』は、一九七一年にブロードウェイで初演されて以来、世界各地で上演されている。ロシアでは、一九九〇年二月、ペテルブルグにおいてロック・オペラ劇場が初めて舞台にかけた。モスクワにおいても、同年、モスソヴェート劇場が初演している。ペレストロイカという時代の激変のなかで既成の価値観が揺らいでいた一九九〇年、インテリゲンツィアの間から、ロシアは歴史と文化、とりわけ正教の伝統に根ざした道を進むべきだという声が聞かれるようになっていた。折しも、ロシア洗礼千年が祝われたばかりだった。ロック・オペラ劇場の公式ウェブ・サイトによると、このロック・オペラはロシア正教会の後援で上演されたという。聖書を題材にキリストの最後の七日間を描いたこの作品には聖書から採られた多くの言回しが出てくる。ロック・オペラという形式が若者を惹きつけ、聖書に触れ、教会を訪れる若者が増えたという。ロック・オペラ劇場とモスソヴェート劇場の『ジーザス・クライスト・スーパースター』は共に、初演から三〇年以上経った今（二〇二二年）もレパートリーに残っている。

二〇一六年一一月一日、ペテルブルグ・ロック・オペラ劇場の『ジーザス・クライスト・スーパースター』がオムスク音楽劇場で上演されるはずだった。ところが、オムスク音楽劇場支配人ボリス・ロートベルグがこの公演のチケットの販売を取りやめ、上演は中止された。「家族、愛、祖国」という名の正教活動家結社が、ロック・オペラ『ジーザス・クライスト・スーパースター』を「筋そのものが絶えざる神の冒涜であり、儀式の意義を踏みにじるものである」と断じ、上演の中止要求をオムスク音楽劇場にたびたび出していたのだ。ロートベルグ支配人は抗議活動を危惧し、この要求に従った。

モスクワ総主教教会は、ロック・オペラ『ジーザス・クライスト・スーパースター』の上演禁止を訴える人々とは意見を異にするという立場を明らかにし、「教会は創造活動を抑圧することなく、自らの作品において福音書の題材にインスピレーションを得た芸術家を祝福する」と宣言した[15]。

ペテルブルグ・ロック・オペラ劇場のタマーラ・マルィシェワ副支配人は、オムスク音楽劇場のロートベルグ支配人の行動を次のように評した。「どうやら、メズドリチの運命がダモクレスの剣のように私たちの頭上に吊り下がっているようです。こんなことはあってはなりません！〔……〕私にはロートベルグが理解できません。なぜ誰かを恐れ、エモーションに屈して、よその劇団に代わって決定を下したりするのでしょう。支配人がチケットの販売を禁止したことに驚いています」[16]。

この件では、公の機関の禁止はもとより、ロシア正教会側からの告訴もない。〈検閲官〉は存在しなかった。存在していたのは〈メズドリチの運命＝ダモクレスの剣〉に怯えた〈自己検閲〉だったのである。『タンホイザー』スキャンダル以降、上演をめぐる大きなスキャンダルは起きていない。創造の自由を制約する制作者側の〈自己検閲〉が働いているという。創造という行為にとってこれ程危険なことはない。

III　政治劇の復活

セレブレンニコフ演出『ゼロの周辺』

二〇一一年一月、チェーホフ記念モスクワ芸術座の小舞台でキリール・セレブレンニコフ演出『ゼロの周辺』（公式にはタバコフ劇場の上演作品）が初演された。

舞台上には巨大な空の黒いボックスが造られ、そこが演技空間になる。ボックスの出入口まで板張りの通路が敷かれ、その下には背表紙を上向きに本がびっしりと敷き詰められている。観客は不安定に揺れる通路を通ってボックスに入っていく。観客席は舞台上に設えられているため、観客は演技空間を通っていかなければならない。ボックスの出入口の背後の壁には「権力」というネオンサインが光っている。

ソ連時代に国立出版所で働いていたエゴール・サモホードフは、ソ連邦崩壊後、出版ビジネスの世界で暗躍する闇の企業に加わる。その企業は表では合法的な出版活動をしているが、裏では非合法な書籍の製作販売に手を染め、国の体制転換の混乱のなかで資金を蓄積し、国家財産の私有化を狙っている。サモホードフは義父を殺し、この闇の企業の一員となり、犯罪的手段でのし上がり、国の高いポストを占めるボスの右腕になっていく。本の上の不安定な道を通って黒いボックス＝闇の世界へ入っていく――いささかあからさまだが、舞台装置は主人公の人生のメタファーになっている。その黒いボックスの中で、ギャングと癒着し汚職にまみれた権力が支配する一九九〇年代から〈ゼロ〉年代にかけてのロシア世界の闇の領域が暴き出されていく。その闇の世界では主人公も無傷では済まない。〈上流階級〉が招かれた上映会で、サモホードフは恋人の女優プラクサの演じるヒロインがレイプされて残酷に殺害されるという血腥い映画を見せられる。サモホードフはカフカースのスタジオが実際に人殺しをして映画を撮っていることを突き止め、恋人の復讐を果す。傷ついた主人公は運命を〈ゼロ〉に戻してやり直す可能性を信じ、〈命の泉〉を求めて這っていく。

二人の黒衣の道化が狂言回しとして芝居を進行し、サーカス、ファルス、道化芝居、オペラといった様々なジャンルの手法が混在するセレブレンニコフの舞台は、リュビーモフの政治諷刺劇と制約劇の伝統を想起させる。リュビーモフはタガンカ劇場を舞台に二〇世紀初頭のアヴァンギャルドの手法を採り入れた斬新な舞台形式によってソ連社会の現状を鋭く批判する芝居を生み出し、ソビエト期に一時代を画した。しかし、ペレストロイカからソ連邦崩壊という時代の流れのなかで、ロシア演劇は政治劇から離れて行った。そうした状況にあってもセレブレンニコフは早くから演劇の社会へのコミットの必要性を主張していた。彼に言わせれば、「演劇というのは、現代性をいかに表現すべきか考えないわけにはいかないのだ」[17]。二〇一〇年代になると、演劇は再び自らの伝統である〈社会的使命〉を意識するようになり、社会の現実を映し出す政治劇が数多く現れるようになる。ロシア演劇に政治劇の伝統が復活したのである。

第七スタジオ事件——政治の時代へ

ところで、『ゼロの周辺』は同名の長編小説の舞台化であるが、その作者は当時クレムリンで権勢を誇っていた政治家ヴラジスラフ・スールコフだった(ナタン・ドゥボヴィツキイのペンネームで発表)。自作がロシア演劇の顔であるモスクワ芸術座で上演されることを、スールコフは子どものように喜んだという。セレブレンニコフは政治的打算を疑われた。当時、セレブレンニコフは現代芸術の四つのジャンル——演劇、舞踊、音楽、メディア・アートを統合する実験プロジェクト「プラットフォーム」を企画していた。芸術

セレブレンニコフ演出『ゼロの周辺』（タバコフ劇場，2011 年初演）

のプロジェクトには少なからぬ資金が必要であり、それは政治家によって国家予算から配分される。彼のプロジェクトには政府から二億四〇〇〇万ルーブリの融資が下りた。スールコフがセレブレンニコフに褒美を与えた、と揶揄する声が上がったものである。ところが、融資を受けてから六年後の二〇一七年、プロジェクトの演劇部門を統括していた「第七スタジオ」が横領の疑いで取り調べを受け、主宰者のセレブレンニコフを初めとする首脳陣が逮捕され、セレブレンニコフは自宅拘禁の処分を受けた。社会学者のアレクセイ・ローシチンは「第七スタジオ事件はスールコフをめぐる権力争いに起因している。セレブレンニコフには何の関係もない政治ゲームだ」[18]としている。確かに、スールコフはロシア大統領府副長官を経て、二〇一一年一二月から一三年五月まで副首相兼内閣官房長官を務めていたが、その後は大統領補佐官に降格している。演劇が政治と対峙しなければならない時代が戻ってきたのだ。

　セレブレンニコフの『ゼロの周辺』が初演された二〇一一年は、ロシアの政治・社会における転換点だった。

二〇一一年一二月一〇日、ソ連邦崩壊後初めて政治的主張を掲げる大規模なデモがモスクワの中心部、ボロートナヤ広場で行なわれた。初めは一二月四日の下院選の不正に抗議して始められたデモだったが、ロシア大統領選挙のプーチン三選に反対するデモに拡大していった。二〇一二年二月二一日にはプッシー・ライオットのモスクワ救世主ハリストス大聖堂パンク祈祷事件（前述）があり、五月六日には、翌日のプーチン大統領就任に反対するデモが再びボロートナヤ広場で行われ、およそ四五〇人が逮捕拘束された。ロシア演劇は社会の政治化に呼応し、ソビエト時代に果たしていた〈言論の自由の演壇〉の役割を思い出したかのようだった。政治劇がレパートリーを賑わすようになる。セレブレンニコフの『ゼロの周辺』はその先鞭をつけた作品だった。その後、たとえば二〇一二／二〇一三年シーズンには、ベルトルト・ブレヒトの作品が一挙に各劇場のレパートリーに登場した——プーシキン劇場『セチュアンの善人』（ユーリイ・ブトゥーソフ演出）、タバコフ劇場『第三帝国の恐怖と貧困』（アレクサンドル・コルチェコフ演出）、マヤコフスキイ劇場『プンティラの旦那と下僕マッティ』（ミンダウガス・カルバウスキス演出）、映画俳優劇場『アルトゥロ・ウイの興隆』（ボリス・ブランク演出）。これらブレヒト戯曲の上演は、国民の政治参加の波の高まりや社会を分断する対立という現状に呼応し、代弁するものだった。他にも、たとえばマヤコフスキイ劇場では、ヘンリク・イプセンの『民衆の敵』（ニキータ・コーベレフ演出）が出来事の時代を現代に移して上演され、舞台上で汚職とエコロジーについての論争が展開された。このシーズンの一連の政治劇のハイライトがコンスタンチン・ボゴモーロフの『理想の夫』だった。現代のロシアを支配するエリートに対する強烈な諷刺は観客の喝采を浴び、チケットの入手が困難なほどヒットした。エンテオ率いるロシア正教活動家グループが、二〇一五年四月一日、上演禁止を求め「豚の頭事件」を起こしたことは、すでに述べた通りだ。

この「豚の頭事件」から間もない二〇一五年六月一〇日、チェーホフ記念モスクワ芸術座、ソヴレメンニク劇場、ゴーゴリ・センター、サチリコン劇場、ロマン・ヴィクチュク劇場、メイエルホリド・センターといった、モスクワの主要劇場の芸術監督宛に検察庁から公文書が送付された。ノーヴァヤ・ガゼータ紙によると、その文書は、「国境なき芸術」なる組織の訴えに応じてモスクワ市の検事局が「演劇の公演における卑猥な罵言、不道徳な行為のプロパガンダ、ポルノグラフィーなどの使用」に関する調査を行なっており、劇場責任者は次の問いに回答し、直接検事局に提出するよう求めていた。その問いを要約すると次のようになる——「レパートリーに『限りなく透明に近いブルー』、『三文オペラ』、『サロメ』、『人生は成功』、『タンホイザー』、『アントニーとクレオパトラ』、『金鶏』、『裸のピオネールの少女』、『ゼロの周辺』、『プラスチリン』、『春のめざめ』、『理想の夫』といった作品は入っているか。それらの芝居がレパートリーにある場合は、誰が演出家であるか、未成年者は出演しているか。それらの芝居に対する行政機関の許可をとっているか。取っていれば、然るべき許可書を添付すること。芝居には卑猥な罵言、不道徳な行為のプロパガンダがあるか」。こうした当局の調査に対し、ノーヴァヤ・ガゼータ紙が「いつから検察庁は演劇のレパートリーに口を出すようになったのか」と問い質すと、担当の検事は「もし法律違反の兆候があれば、検察庁は演劇のレパートリーの調査にも取り組む！」と答えたという。メイエルホリド・センターの芸術監督ヴィクトル・ルィジャコフはこの件に関して次のようにコメントした。「これはまるで狂気だ！　あたかも目の前で時代の蝶番が引きちぎられたかのようだ。まるで歴史的記憶を叩き起こされたみたいだ。何か恐ろしい淵に引き込まれ、この数十年で築いてきたものをすべて——創造する個人への尊敬、芸術的意志の自由、イデオロギー独裁のない芸術などを破壊しようとしている」[19]。ルィジャコフの〈正当な〉怒りにもかかわらず、ソビエト時代の検閲という「歴史的記憶を叩き起こす」調査に対し、すべての劇場がさほど抵抗することなく応じ、問われるままに答えてしまっているのである。演劇評論家グリゴリイ・ザスラフスキイによれば、現行法では芝居を上演する際に行政機関の許可証が求められることはないし、それは憲法で禁止されている、という[20]。〈メズドリチの運命〉がダモクレスの剣のように劇場首脳部の頭上に吊り下がっているのか。「一九三七年型のイデオロギー・テロと検閲の脅威への不安」というトラウマの後遺症なのだろうか。

ところで、検察庁が報告を求めている一二作品のうち七作品がセレブレンニコフ演出の芝居である——『三文オペラ』(チェーホフ記念モスクワ芸術座、二〇〇九年初演)、『アントニーとクレオパトラ』(ソヴレメンニク劇場、二〇〇六年初演)、『金鶏』(ボリショイ劇場、二〇一一年初演)、『ゼロの周辺』(タバコフ劇場、二〇一一年初演)、『裸のピオネールの少女』(ソヴレメンニク劇場、二〇〇五年初演)、『プラスチリン』(劇作・演出センター、二〇〇一年初演)、『春のめざめ』(ゴーゴリ・センター、二〇一三年初演)[10]。検察庁の調査の狙いがセレブレンニコフであることは明らかだ。検察庁は、二〇一七年、セレブレンニコフを公金横領の罪で逮捕した。この「レパートリー調査」が逮捕に直接関係あるかどうかは不明だが、セレブレンニコフが当局の監視の対象になっていたことは間違いないだろう。前述の通り、セレブレンニコフは自宅拘禁処分を受けた。自宅拘禁は二〇一九年四月に解かれたが、第七スタジオ事件の裁判はその後も延々と続いた。結審したのは二〇二〇年六月二二日だった。検察はセレブレンニコフに自由剥奪六年を求刑した。四日後の二六日に判決が出て、セレブレンニコフは執行猶予付き三年の有罪判決を受け、罰金八〇万ルーブルを課せられた。ただし、ゴーゴリ・センター芸術監督の職は解かれなかった。セレブレンニコフは、長い裁判に疲れたとして、控訴しなかった。

なお、スールコフは、二〇二〇年二月一八日、大統領補佐官の職を解任されている。

セレブレンニコフのゴーゴリ・センター芸術監督解任騒動【二〇二一年二月の追記】

二〇二一年二月三日、ロシア国営のイタルタス通信が、モスクワ文化局は二月二五日に終了するキリール・セレブレンニコフとのゴーゴリ・センター芸術監督としての契約を延長しない決定を下した、と報じた。前日の二月二日、ゴーゴリ・センターは創立八周年を祝い、セレブレンニコフが二〇二一年の活動プランを発表したばかりだった。この八年間でゴーゴリ・センターは六〇本の芝居を初演し、三五の地方公演を行ない、九八パーセントの集客率によっておよそ一〇億ルーブルを稼いでおり、国内で最も観客の入る、最も高い収益を上げる劇場の一つになっていた。しかも、その劇場を率いるセレブレンニコフは今やロシア演劇を代表する演出家であり、国外でもその知名度は高い。セレブレンニコフ解任の報はセンセーショナルに採り上げられ、マスメディアやソーシャル・ネットに数多くの記事やコメントが載った。その多くが〈解任〉を〈第七スタジオ事件〉と結びつけて捉えていたようだ。ジャーナリストのアンナ・ボロディーナははっきりと次のように書いている。「これは〈第七スタジオ事件〉に対する当局の最終的な制裁だと思う。契約期限の公式の終了を待って、これ以上延長しないと決定したのだ。陰険なやり方だ」[21]。

労働法によると（二七八条二項）、国公立の施設の創立者（この場合は「モスクワ市当局」）は、施設の管理者との労働契約を何らの過誤がなくとも解約できる、と規定されている。この解約の決定に対し、法的には異議を申し立てることはできない。しかし、演劇人の間からは、セレブレンニコフの解任を批判し、撤回を求める声が相次いだ。ロシア連邦人民芸術家の称号を拒否した反骨の俳優であり演出家のヴェニアミン・スメホーフは、二月五日、自らのブログにおいて、セレブレンニコフとの契約を停止する書類に署名した役人たちはロシア文化の破壊者である、と非難した。スメホーフは、国家によって迫害を受けた演劇人たち――メイエルホリド、タイーロフ、ミホエルス、アフメテリ、リュビーモフ、エーフロス、フォメンコ、ワシーリエフ等の名前を挙げたうえで、そのリストに「ユーリイ・リュビーモフによって祝福された現代演出のリーダー、キリール・セレブレンニコフ」を加えている[22]。

二月八日、演劇批評家協会はモスクワ文化局のアレクサンドル・キボフスキイ局長に公開書簡を送り、セレブレンニコフをゴーゴリ・センター芸術監督のポストに留めるよう求めた。書簡は、「演劇の専門家であるわれわれは、演出家であり教師であるキリール・セレブレンニコフによって創り上げられたゴーゴリ・センターはロシア演劇史における優れた現象になった、と断言する。〔……〕セレブレンニコフのゴーゴリ・センターは、スタニスラフスキイとネミロヴィチ゠ダンチェンコの芸術座、ワフタンゴフの劇場、メイエルホリドの劇場、タイーロフの劇場、エフレーモフのソヴレメンニク劇場、リュビーモフのタガンカ劇場、ザハーロフのレンコム劇場、トフストノーゴフのボリショイ・ドラマ劇場、ドージンのマールイ・ドラマ劇場と並び称される劇場である」と評価したうえで、「ゴーゴリ・センターはセレブレンニコフがいなければやっていけない。二〇二〇年代のモスクワはゴーゴリ・センターがなければやっていけない。唯一無二の劇場を守らなければならない。われわれは、キリール・セレブレンニコフはゴーゴリ・センターの芸術監督に留まるべきだ、と考えており、この問題におけるあなたの助力を期待する」と結ばれていた[23]。

同じ二月八日、文化局付属モスクワ劇場芸術監督評議会がゴーゴリ・センター芸術監督キリール・セレブレンニコフの解任に関するマスメディアの報道を否定した、という記事がイズヴェスチヤ紙に出た。評議会のメンバーである「現代戯曲の学校」劇場芸術監督イオシフ・ライヘリガウズが同紙にコメントを寄せ、「芸術監督評議会においてキリール・セレブレンニコフに関する問題が討議されたが、われわれの誰も明確に答えることが出来なかった。第一、契約を延長しない、とキリール・セミョーノヴィチ（セレブレンニコフ）に宣言した者は誰もいない。これは不可解なフェイクニュースのようなものだ」と述べたというのである[24]。

ところが、翌二月九日、モスクワ文化局の公式サイトに、「アレクセイ・ミハイロヴィチ・アグラノヴィチを二〇二一年二月二六日から国家予算によって運営されるモスクワ市の文化施設『ゴーゴリ記念モスクワ・ドラマ劇場』の芸術監督の職に任命し、二〇二一年二月二六日から二〇二二年七月四日までの有期雇用契約を締結する」という「A・M・アグラノヴィチの任命に関する」指令書が発表された[25]。同日、セレブレンニコフも自らのインスタグラムに、「二月二五日をもって契約期限が終了する」と通告する文化局の書簡の写真を載せ、「この世界のすべては、始まれば、終わる。しかし、何か新しいものが始まる。〔……〕演劇としての、理念としてのゴーゴリ・センターは生き続けるだろう。なぜなら、演劇と自由はどんな役人や状況よりも大切なものだからだ。劇場が生き続け、自由が諸君にとって必然になるよう頑張りたまえ。気を落とすことはない」と劇団員への別れの挨拶を書いた[26]。

新しくゴーゴリ・センターの芸術監督に任命されたアレクセイ・アグラノヴィチは一九七〇年生まれで、セレブレンニコフ（一九六九年生まれ）とは同世代である。国立映画大学の俳優クラスで学び、多くの映画やテレビ・シリーズに出演する。二〇一四年からゴーゴリ・センターに加わり、セレブレンニコフ演出の『平凡物語』（二〇一五年初演）や『小悲劇』（二〇一七年初演）などに出演している。もっとも、彼は俳優としてよりも、セレモニーやショーの演出家として名前が知られており、モスクワ国際映画祭を初めとするロシアの主要な映画祭のセレモニーの多くを演出し、「閉会式のマスター」の異名を持つ。演劇の演出家としてのキャリアもあるが、これといった作品はない。セレブレンニコフの後任としては、いかにもスケールが小さい。セレブレンニコフが芸術監督になったときは五年契約だったが、アグラノヴィチは一年数カ月、つまり一シーズンの契約である。任命が公表された翌日、二月一〇日、劇団員との会合でアグラノヴィチは自分が最初に為すべき課題を、セレブレンニコフが発表した二〇二一年のプランを実現することだ、と語った。ここからある憶測がまことしやかに語られるようになった。たとえば、演劇評論家のマリーナ・トーカレワは次のように書いた。「アレクセイ・アグラノヴィチは自分の人生で最も鬱陶しいショーの一つに出演することになった。キリール・セレブレンニコフに代わってゴーゴリ・センター芸術監督のポストに就いたのである。〔……〕これは賢明な決定だ。ほとんどドミトリイ・メドヴェージェフへの一時的な権力譲渡のようなものだ。何も損なわないし、すべてを可能にする。〔……〕いささか臆病な首都の文化局はスキャンダルが広がるのを望まなかった。スキャンダルは起こらないだろう。方針やフォーマットの交換ではなく、劇場を内部から知っている人間への権力の委譲なのだから。彼はレパートリーや劇団を守り、前芸術監督も含め、誰にでも劇団を任せる可能性を残すだろう」[27]。

公金横領の罪で有罪判決を受けた人物をそのまま〈公職〉に留めておいては、〈けじめ〉が付かないと考えたのだろうか（モスクワ文化局は解任理由を明らかにしていない）。モスクワ文化局はセレブレンニコフを解任した。しかし、閑古鳥の鳴いていたゴーゴリ劇場をロシアを代表する劇場〈ゴーゴリ・センター〉に変えたのはセレブレンニコフである。セレブレンニコフの解任は大きなスキャンダルになりかねない。そこで、メドヴェージェフを代役として一期だけ大統領にすえて大統領三選禁止規定を逃れたプーチンの例に倣って、セレブレンニコフのゴーゴリ・センター芸術監督復帰の可能性を残した、というわけだ。もっとも、一年後に状況がどう変わっているか、誰にも分からないが……。

ボゴモーロフ演出『リア』

セレブレンニコフよりやや遅れて第一線に登場したコンスタンチン・ボゴモーロフもまた、『理想の

ボゴモーロフ演出『リア』(役者の隠れ家劇場, 2011年初演)

夫』にみるように、鋭い社会性をもつ芝居を創る演出家である。その現代社会に対する強烈な諷刺は演劇界のみならず、社会においても賛否両論を引き起こした。

実は、ボゴモーロフは、センセーションを巻き起こした『理想の夫』の一年半ほど前、すでにペテルブルグの「役者の隠れ家」劇場で演出した『リア』(二〇一一年初演)によってスキャンダラスな騒ぎを引き起こし、演劇の挑発者の異名を取っていた。『リア』においてボゴモーロフは、まず、登場人物と演技者の性を入れ替え、すべての男役を女優に、女役を男優に演じさせた。もっとも、当初の構想には性の問題はなかったようだ。ボゴモーロフによると、リア王は世界のレパートリーのなかで最も難しい役の一つであり、演技者を見つけるのは難しい。「僕はその役にタバコフ劇場のユニークな女優ローザ・ハイルッリナを招いた。問題の核心は、女が男を演じるというところにあるのではなく、自らのエネルギーや精神的・身体的能力によってこの最も複雑なシェイクスピアの物語を具現化できる人間が必要だったというところにある。〔……〕ローザは僕にとって理想の創造者になった」[28]。リハーサルの過程ですべての役の性を入れ替えるという考えが固まっていったという。シェイクスピアの『リア王』では、末の娘コーディーリアは軍を率い、姉たちも戦争という男の事件の渦中にいて、全員が命を落とす。もともとシェイクスピアの戯曲そのものにキリスト教徒が言うところの「神によって与えられた性の使命」の逆転がある。それを表現したのだろうか。あるいは、LGBTの問題を何らかの形で提起したかったのか。ボゴモーロフは芝居のジャンルを「喜劇」としているが、演技者と演じる人物の名前と衣装のギャップによって笑いを誘おうとしているのか。しかし、演技者たちは性を強調するような演技はしていない。性の入れ替えは芝居の本質にあまり関わっていないように思える。

それよりも重要なのは、出来事の時間・空間を変更したことだ。ボゴモーロフは、舞台を大祖国戦争（第二次世界大戦）時代の一九四一年から一九四五年のモスクワ、レニングラード、ベルリンに移した。さらに、彼はシェイクスピアの『リア王』にフリードリヒ・ニーチェ、パウル・ツェラン、ヴァルラーム・シャラーモフ、ヨハネの『黙示録』などのテクストをモンタージュしている。ニーチェは〈神の死〉を宣言し、ドイツ系ユダヤ人の詩人ツェランは収容所で死んだ両親や仲間への想いを歌い、シャラーモフは『コルイマ物語』で自身のラーゲリ体験を語った。ここに挙げた名前から明らかなように、ボゴモーロフの芝居のテーマは〈神の死〉、〈世界の終末〉である。ボゴモーロフは自らの構想を次のように解説している。「今日、世界の終末について語れば語るほど、僕には、そうした会話はすべて無意味であるように感じられる。世界の終末（アポカリプス）はすでに起こっている——僕たちはそれに気づいてさえいないが、それはまさに第二次世界大戦の時代に起こっていたのだ。僕には、『リア王』は世界の終末を語っているように思えた」[29]。ホロコースト、ラーゲリや懲罰精神病院での無意味な死——ボゴモーロフに言わせれば、アポカリプスは第二次世界大戦時代に現実のものとなっていたのである。

芝居の冒頭「王国の分割の場面」では、舞台上に大きなテーブルがあり、その上にはオリヴィエ・サラダ、ヴィネグレット、塩漬けキュウリ、ウォッカ、マデラ酒、ワインなどが置かれている。ソビエト時代の典型的な祝いのテーブルだ。リアは明らかにスターリンを連想させる。この祝いの席でリアは医学便覧を開いてガン発病のメカニズムについて読む。彼はガンを患っており、そのため退位を決意し、国の分割を宣言する。彼は赤いエビガニを皿に分けていく。このとき、「この場面は、国の最高首脳部が悪性腫瘍のように国を犯していることを、象徴的に示している」というアナウンスが入る（ロシア語では「悪性腫瘍」と食用の「エビガニ」は同じ単語 рак［ラーク］で表わす）。芝居にはこうした類のメタファー、言葉遊び、ギャグがふんだんに使われている。ストーリーに関して言えば、シェイクスピアの『リア王』の主要部分は維持されているが、ボゴモーロフはここでも大胆な改作を施す。コーディーリアに求婚するのはフランス王ではなく、「わが国のヨーロッパ大使ツァラトゥストラ氏」である。リアの意に従わず追放されたコーディーリアをツァラトゥストラはドイツに連れて行く。ゴネリルとリーガンの策謀でリアは精神病院に入れられる。そこへコーディーリアがドイツ国防軍と共に進攻してきて、リアを解放し、彼に新体制のシンボルである腕章をつける。そこにはハーケンクロイツが付いている……。全体主義というシステムは、スターリニズムであれ、ナチズムであれ、変わることはない。フィナーレでは、生ける者も、死せる者も、全員が芝居の冒頭と同じ祝宴のテーブルに集う。これから再び同じ歴史が繰り返される。新しい世界は来ないのだ。今や、人類はこの恐ろしい時代の記憶を遺伝子に組み込まれ、世界の終末後の瓦礫の上に生きているのである。

ボゴモーロフは〈二〇世紀半ばに訪れた世界の終末〉というコンテクストのなかでロシアの運命をラデ

イカルに描き続けた。

ウラジーミル・ナボコフの戯曲『事件』（チェーホフ記念モスクワ芸術座、二〇一二年初演）では、舞台を一九三〇年代末のドイツの田舎町に設定し、亡命ロシア人インテリゲンツィアの無気力で無意味なボヘミアン生活の実態を描き出した（ナボコフの原作には時代と場所の指定はなく、主人公が亡命者であるという指定もない）。芝居の冒頭に楽しげに行進するヒトラー・ユーゲントや兵士の隊列と暢気に踊る市民たちの姿を記録したニュース映画を流し、芝居の終わりにやはりニュース映画から飢えてやせ細ったゲットーの子供たちのショットを流すことで、ボゴモーロフは、ホロコーストの罪は収容所にユダヤ人を連行した者たちだけでなく、迫りくる全体主義に目を閉ざし、なすがままに任せた人々にもあることを示す。これは一九三〇年代末のロシアの現実でもあると同時に、今日の問題でもある。自分の身に降りかかる些細な〈事件〉にこだわることで、人は本当の〈事件〉、歴史に潜む危機に気づかないのだ。

『私が生まれていない年』（ヴィクトル・ローゾフ『つんぼ鳥の巣』より、タバコフ劇場、二〇一二年初演）では、ブレジネフ政権の高官スダコーフの家庭崩壊の物語を通して、ソビエト理念の破綻を描くとともに、ソビエト連邦の遺伝子を引き継いだ〈子〉としてその理念を今日も引きずっている現代ロシアの実体を描き出した。息子のプローフは周囲の欺瞞に反抗するが、ソビエト軍に召集されアフガニスタンに向かい、出世主義者エゴールに嫁いだ娘のイースクラは夫に裏切られ、捨てられようとしている。上役に取り入り昇進を果したエゴールは、彼の同僚であるゾロタエフと共に、戦勝七〇周年までには国は完全に彼ら二人のものになっているだろうと夢想する。彼らの背後にはニュース映画からレーニン廟の上に立つスターリンの映像が流れている。ここで観客は、二人の若い出世主義者が〈現代〉のタンデム、つまりプーチンとメドヴェージェフであることに気づくのである。

ボゴモーロフは、その後も、『カラマーゾフ家の人々』（ドストエフスキイ『カラマーゾフの兄弟』より、チェーホフ記念モスクワ芸術座、二〇一三年初演）や『ガルガンチュアとパンタグリエル』（フランソワ・ラブレー作、諸民族劇場、二〇一四年初演）など、次々にスキャンダラスな問題作を発表し、演劇界の話題を集める存在になっていった。

ボゴモーロフのマニフェスト『エウロペの誘拐2・0』【二〇二一年二月の追記】

二〇二一年二月一〇日、ノーヴァヤ・ガゼータ紙に『エウロペの誘拐2・0』と題するコンスタンチン・ボゴモーロフのマニフェストが発表された。演劇の挑発者のマニフェストは、演劇界のみならず、文学、映画、政治、宗教など各界で賛否両論の活発な議論を呼び起こした。そのマニフェストはボゴモーロフ自身の創作を理解する鍵となるだけでなく、ロシア文化の本質にかかわる重要なテーマを含んでいる。少し長くなるが、まずはボゴモーロフの記述に沿ってその主張を概観しておこう。

マニフェストは、「人間は素晴しい、しかし危険な生き物だ。原子力エネルギーのように、それは創造力も、破壊力も持っている」という文章で始まる。このエネルギーを制御し、破壊力を抑え、創造力に変えて西欧世界は発達してきた。ところが、二〇世紀にこの人間のエネルギーが制御下から外れ、ナチズムが出現した。人間の野蛮さの爆発を前にしたヨーロッパのショックはあまりにも大きかった。ヨーロッパは獣的なエネルギーから身を守ろうと、長年にわたるキリスト教時代に形成してきた〈複雑な〉人間を根絶した。ドストエフスキイが描いた人間――高尚であると同時に低俗、天使であると同時に悪魔、愛しながら憎み、信じながら疑い、内省的でありながら熱狂的な複雑な人間を根絶し、人間の暗い自然（本性）を去勢してしまったのである。

現代の西欧世界は〈新エチカ〉というイデオロギーをもった新しい倫理の帝国を形成している。国家社会主義（ナチズム）は過去のものとなったが、今では倫理社会主義が支配し、過激なナチスは過激なリベラリストやフェミニスト、エコロジストたちの混成部隊に取って代わられた。伝統的な全体主義は思想の自由を抑圧したが、新しい全体主義は感情のコントロールを望んだ。たとえば憎しみは愛情の別の側面であり、不可欠で重要な人間の人格の一部なのだが、その暗い本性を制限することが、新しい倫理の帝国の革命のコンセプトなのである。

現代の西欧では、複雑で制御しがたいエネルギーとしての人間との闘いにおいて、国家は社会を効果的に使っている。社会の意見が強力な弾圧装置となり、〈複雑な〉人間の去勢を推し進めていく。その理想の道具となったのがソーシャル・ネットワークだ。ネットの〈市民〉たちには警棒や銃はないが、ガジェットがあり、法的権利はないが、道徳的権利を持つ（と自任する）。彼らには匿名性が与えられており、結果として非処罰性が与えられた。このヴァーチャルな群衆の弾圧、ヴァーチャルなリンチを受けた人々はリアルな社会的・精神的孤立に追い込まれる。国家ではなく、社会に弾圧装置があるため、弾圧は社会的連帯の行為とされ、自由で進歩的な人々の公正な怒りとして神聖化される。この新しいオーウェル的国家で生き残る唯一の方法として自己去勢へと人間は誘導される。

新しい倫理の帝国は、神が構想した死という人間の自然に対する戦いを宣言した。死との戦争は存在の謎との戦争である。西欧にとって理性が神であり（神の死）、人間は謎としてではなく、理性の考察の対象として捉えられる。人間存在の制御しがたい部分であるセックスのエネルギーもまた戦いの対象となる。セックスとは人間のなかの獣的なものであり、自由で危険だからだ。エロチカは芸術の対象だった。セックスは愛の神聖な喜びであり、誕生は奇跡だった。新しい倫理の帝国はセックスを生産と考え、生産を最適化し、国家・社会の制御下に置き、性への所属は重要でないとされる。

ロシア革命がほぼ百年にわたりロシアをヨーロッパから孤立させた。ボリシェヴィズムから解放されたロシアは一九九〇年代にヨーロッパの価値観を取り戻そうとした。ロシアが取り戻そうとしたのは、第二次世界大戦以前、つまりナチズム以前のヨーロッパの価値観だった。ドストエフスキイが描いたような多様性をもつ複雑な人間に立脚する世界、人間の多様性が新しいジェンダーの定義の多様性で表わされるのではなく、いかに考え創造するかに表わされる世界だった。確かに、現代のロシアは目指していたヨーロッパからはかけ離れている。長年にわたる自由のない環境での生活、遺伝子の記憶に染み込んだラーゲリの恐怖や密告、生き残る手段としての沈黙――ソビエト時代のトラウマは今でも残っている。これらを受け入れることはできない。しかし、現代のヨーロッパはロシアが目指していたヨーロッパではない。そこに同盟者を見出す必要はない。

現代のロシアの雑階級人（リベラリスト）たちは、彼らに同意しない者たちに対しオモーン（警察特殊部隊）より酷いモラル・テロを行なっている。同意しない者たちは蒙昧な正統主義者ではない。教育を受け、新しいものを受け入れ、多様な生活を愛する、現代の自由な人々である。彼らは声を出すことを恐れている。ネットで〈いじめ〉の対象になることを恐れている。西欧で仕事や融資を失うことを恐れているのだ。そろそろ新しい右翼のイデオロギー――複雑な人間に支えられた複雑な世界の価値観を厳密に非妥協的に守り抜くイデオロギーを形成する時である。

そして、最後にボゴモーロフはマニフェストを次のように結んでいる。「ロシアの雑階級人たちは僕たちにこう言う。ロシアは進歩の最後尾にいる。そうではない。事の成り行きで、僕たちはヒエロニムス・ボスの地獄に疾走していく常軌を逸した列車の最後尾に乗っているが、その地獄で僕たちを出迎えるのは多文化主義の中性の悪魔たちだ。この車両を完全に切り離し、宗旨替えをして、自分の世界を建設し始めるべきだ。僕たちの古き良きヨーロッパを新たに建設すべきだ。僕たちが夢見たヨーロッパを。健全な人間のヨーロッパを」[30]。

ボゴモーロフのマニフェストを掲載したノーヴァヤ・ガゼータ紙は、全体として保守化傾向にあるロシアのメディアのなかでリベラルな姿勢を保ち続けている。現代ヨーロッパ世界を否定する〈保守主義的マニフェスト〉を掲載したのは「討論への招待状」とするためである、とノーヴァヤ・ガゼータ紙は断っている。マニフェストはボゴモーロフを自分の陣営の一員と考えていた自由主義陣営に衝撃を与え、すぐさま様々な怒りの反論を呼び起こした。自由主義者から保守主義者へのボゴモーロフの〈変節〉を、二〇一九年に再婚した妻クセニヤ・ソプチャークの影響だとする者もいれば、多くのドストエフスキイ作品を上演しているうちに、その思想に染まり、その考えを剽窃したにすぎないとする者もいた。また、挙句は、マニフェストを書いたのはボゴモーロフではなく、ヴラジスラフ・スールコフだと主張する者も出てきた。歴代大統領の行政府副長官を務め、「クレムリンのイデオローグ、陰の実力者」と呼ばれ、ナタン・ドゥボヴィツキイのペンネームで『ゼロの周辺』を書いた、あのスールコフである。この「スールコフ筆者説」に対しては、スールコフ自身がソーシャル・ネットで「書いていないどころか、読んでもいない。なぜなら、マニフェストに関しては、彼が現代ヨーロッパに反対していることを知るだけで充分だからだ」と否定している。スールコフに言わせれば、ボゴモーロフが現代ヨーロッパに反対していることは、かつて彼が賛同し支持していたナヴァーリヌイに今では反対している、ということになる。なぜなら、ナヴァーリヌイは現代ヨーロッパを後ろ盾にしているからだ。「それは非常に素晴らしいことだ。〔……〕私／私たちプーチン陣営のベテランたちは新参者のコースチャ〔コンスタンチンの愛称〕をわれらが鉄の隊列に受け入れることにしよう。おそらくは、正教共同体が改宗者を自分の懐に受け入れたときの感情をもって、すなわち愛と疑いをもって」と結んでいる[31]。前年の二〇二〇年八月二〇日、反体制派の象徴的存在アレクセイ・ナヴァーリヌイの毒殺未遂事件が起こっている。ナヴァーリヌイはドイツで治療を受けた後、二〇二一年一月一七日にロシアに帰国し、そのまま当局に拘束された。拘束後、抗議デモがロシア各地で行なわれ、多くの逮捕者が出た。二月二日、モスクワの裁判所は過去の経済事件で受けた有罪判決の執行猶予手続きに違反したとして実刑適用を決定し、ナヴァーリヌイが不服を申し立てていた。ボゴモーロフのマニフェストが発表されたのはそのような時期だったのだ。

ボゴモーロフのマニフェストのモチーフは、現代ヨーロッパは〈ナチズム〉を前にしたショックから生まれた、というところにある。ボゴモーロフの芝居を観たことのある人なら、このマニフェストの筆者がボゴモーロフであることを疑わないだろう。ボゴモーロフはすでに自作の『リア』(二〇一一年初演)においてナチズムの出現を世界の終末(アポカリプス)と捉え、今や人類はナチズムという自らの内なる獣的エネルギーの爆発の記憶を遺伝子に組み込まれ、世界の終末後の瓦礫の上に生きていることを示した。その後もボゴモーロフは、〈二十世紀半ばに訪れた世界の終末〉というコンテクストのなかでロシアの運命をラディカルに描き続けている。マニフェストはボゴモーロフの演出家としての創造の解説にもなっているのだ。

ボゴモーロフは現代の西欧に異を唱え、「〈進歩という列車の〉車両を完全に切り離し、宗旨替えをして、自分の世界を建設し始めるべきだ」という訴えでマニフェストを結んでいる。ここにスラヴ派の思想を読み取り、西欧派とスラヴ派の論争を想起する論者も多かった。一九世紀の四〇年代から五〇年代にかけて、西欧とロシアの文化的特質、人類文化におけるロシアの役割、ロシアの進むべき道などの問題に関して議論が闘わされた。カトリックによって統合された西欧諸国とギリシア正教を国教としたロシアは異なる道を歩んでいたが、一八世紀初頭のピョートルⅠ世による西欧化により、ロシアは西欧の〈進歩〉という歩みの最後尾につくことになった。このピョートルⅠ世の改革を是認し、ロシアは西欧と同じ道を歩むべきだと主張する西欧派に対し、スラヴ派は、西欧化によってロシアは正教的な原理に基づく独自の文化的特質を失おうとしていると考え、ロシアは独自の道を歩むべきだと主張した。スラヴ派が提示した反理性主義、反近代というモチーフや、西欧文明の普遍性を否定する比較歴史学的な考えは、現代ロシアにおいてもその存在価値を失っていない。とりわけ、二〇一四年三月のクリミア併合や、先に指摘した二〇二〇年八月のナヴァーリヌイ毒殺未遂事件などによってロシアと西欧の関係が悪化しているなかで、人々はスラヴ派の提起した問題を考えざるをえなくなってきた。たとえば、ソ連邦崩壊後初めて国の文化政策を明文化した「国の文化政策の基本原則」（二〇一四年一二月発布）の草案には、「ロシアは西洋にも東洋にも帰することのない唯一無二の独自の文明と考えられねばならない」という文言があり、多文化主義を拒否するテーゼを含めることが求められていた（最終的には、この文化的鎖国へのアピールは否定され、「ロシアは世界文明の不可分の一部である」とされた）。ボゴモーロフが提起したテーゼは、ロシア人にとって遺伝子に組み込まれた永遠の問題なのである。

Ⅳ　心理主義演劇の伝統

カルバウスキス演出『才能と崇拝者』／『追放』

演劇の〈社会性〉が復活したからといって、ロシアの心理主義演劇の伝統が廃れたわけではない。この潮流を代表する演出家として高い評価を得ているのがミンダウガス・カルバウスキスだ。二〇一二年一月、カルバウスキスはオストロフスキイの『才能と崇拝者』を舞台にかけた。マヤコフスキイ劇場芸術監督としての初めての作品である。『才能と崇拝者』は劇場を舞台に演劇の世界に生きる人々の人間模様を描いた戯曲だ。劇団員の反乱によって芸術監督の交代が起こった劇場におけるデビュー作としてはいかにも思わせ振りで、話題を呼んだ。

アレクサンドラ・ネーギナは県庁所在地にある劇場の舞台に立つ才能豊かな若い女優。初老の昔気質の貴族ドゥレーボフ公爵、三〇がらみの役人バーキン、中年の大金持ちの地主ヴェリカートフといった〈崇拝者〉たちが彼女を物にしようと狙っている。ドゥレーボフ公爵は自分の屋敷で暮らさないかとネーギナを誘うが手酷く拒まれ、その腹いせに彼女が予定している記念興行の妨害を企み、座長に彼女との契約を切るよう圧力をかける。窮地に陥ったネーギナにヴェリカートフが救いの手を差し伸べる。記念興行をそっくり買い取り、興行を成功させると、ヴェリカートフは彼女に、自分の領地で共に暮らし、演劇シーズンに舞台に立つようにしてはどうかと申し出る。ネーギナにはメルーゾフという許婚がいるが、求職中の身である。彼女には劇場を離れた生活は考えられない。モスクワから契約の申し出を受けたとメルーゾフを説得し、彼と別れ、列車で旅立つ。その列車にはヴェリカートフが同乗している。

カルバウスキス演出『才能と崇拝者』のミザンセーヌを決める重要な〈舞台装置〉は回り舞台だ。舞台を回転させるときは、登場人物が手や足を使って回す（実際には機械で動かしているのだろうが）。たとえば、崇拝者がネーギナに言い寄る場面では、ネーギナが舞台を回転させるため、崇拝者は歩けども歩けども彼女に近づけない。列車で旅立つ場面では、ネーギナとヴェリカートフが座る椅子を置いた舞台を回転させれば、疾駆する列車になる。回り舞台は登場人物の心理をも映し出す。芝居の冒頭、ネーギナは回転する舞台におずおずと足を踏み出すが、フィナーレでは回り舞台の上を軽やかに疾走する。

芝居の冒頭にネーギナが乗る回り舞台を動かすのは、髭を蓄えた黒いTシャツの若者だ。プログラムには「劇場スタッフ」となっているが、いわゆる〈前舞台の召使（黒子）〉である。場面転換、開幕や幕間のアナウンスなどをして芝居の進行役を務めるとともに、ときには料理女マトリョーナ、ときには御者、ときには車掌……と、さまざまな役も演じる。この制約的な舞台で俳優たちは実在感ある人物像を創造し、見事なアンサンブルで人間模様のレースを編んでいきながら、ときおり役の人物を離れ、俳優自身として客席に向かって語り掛ける。カルバウスキスの舞台はワフタンゴフの伝統を想起させる。ワフタンゴフは、演劇史に永遠に刻まれる実験劇『トゥーランドット姫』（ゴッツィ作、一九二二年初演）において、スタニスラフスキイの心理主義とメイエルホリドの演劇性を融合させ、その後のロシア演劇に受け継がれる太い潮流を創り出した。俳優は観客の目の前で芝居の準備をし、登場人物に変身していく。この芝居の仕掛けを露呈した舞台の上で、俳優は物語の世界を真実の感情で演じる。ワフタンゴフは、いわば舞台上に俳優の創造行為そのものを描き出したのである。劇場を舞台にした『才能と崇拝者』にはお誂え向きの手法だ。そもそもカルバウスキスは、最もワフタンゴフ的な芝居を創ると評されるフォメンコの教え子である。カルバウスキスはワフタンゴフの伝統の正統な後継者なのだ。

マヤコフスキイ劇場の中心的俳優でありロシア連邦人民芸術家のミハイル・フィリッポフは二〇一七年のあるインタビューでこう語っている。「ミンダウガスが来てからのこの五年間でマヤコフスキイ劇場が変わったのは疑いない。われわれの許に文化が戻ってきたのだ」[32]。一九二二年にメイエルホリドが組織した革命劇場から出発し、アレクセイ・ポポーフ、ニコライ・オフロープコフ、アンドレイ・ゴンチャロ

カルバウスキス演出『才能と崇拝者』（マヤコフスキイ劇場，2012 年初演）

カルバウスキス演出『追放』（マヤコフスキイ劇場，2017 年初演）

フといった優れた芸術監督（演出家）に率いられモスクワを代表する劇場に発展してきたマヤコフスキイ劇場だが、二一世紀に入ってからはその看板もだいぶ色褪せていた。その再建を託されたカルバウスキスだが、彼は、たとえばキリール・セレブレンニコフがゴーゴリ劇場を自らの演劇理念に従ってゴーゴリ・センターに改組したのとは異なり、何よりもマヤコフスキイ劇場の俳優やスタッフの本来の能力を充分発揮させることを再建の要とした。カルバウスキスはかつてインタビューのなかでこう語っていた。「おそらく、芸術というのは自己表現なのだろうが、僕はそれについては全く考えない。自分勝手な判断を恐れている。自分の印象がまったく別の動機に基づくものになることを恐れている」[33]。カルバウスキスの演出スタイルは、自己表現を求めず、戯曲を詳細に読み込み、その本質を明らかにしようとするものである。彼は劇場の再建においても自らのスタイルを貫いた。カルバウスキスの芝居に対する劇評には、マヤコフスキイ劇場のかつてのスター俳優たちが昔の輝きを取り戻した、という意見がしばしば目につく。

マヤコフスキイ劇場芸術監督就任五年目の二〇一七年、カルバウスキスはリトアニアの劇作家マリュス・イヴァシキャヴィチュスの戯曲『追放』を舞台にかけた。カルバウスキスは故国の劇作家イヴァシキャヴィチュスの戯曲をしばしば採り上げている。マヤコフスキイ劇場では、ドイツの哲学者カントの生活を描いた『カント』（二〇一三年初演）とトルストイの人生を描いた『ロシアン・ロマン』（二〇一六年初演）に続く三作目で、カルバウスキスの初めての現代劇である。

国外移住、とりわけ若者の国外移住は現代リトアニアが抱える重要な問題だ。警察官のベンはヴァンダルというあだ名の小悪党を追ってバスでロンドンに向かう。そのバスにはロンドンで一旗揚げようという多くのリトアニア人移住者が乗っている。彼らはロンドンに着くや、詐欺師たちに騙され、身分証を奪われ異国の地に放り出されてしまう。ベンはホームレスに身を落とし、小便の跡のついた段ボールで暮らし始める。あるとき、ベンは移民を嫌うナショナリストの男にバットで襲われ半殺しの目に合う。ベンは強健な肉体と復讐への激しい想いによって社会の底辺から徐々に抜け出し、ナイト・クラブの警備員から警官まで社会の階段をのぼっていく……。しかし、移住者を社会は容易に受け入れない。彼は敗北と失望を繰り返す。その歩みはあたかも下りエスカレーターの段を上っているかのようだ。

カルバウスキスによると、『追放』は、ジャンルで言うと、ロード・ムービー、旅の物語だ……。これはリトアニアの移住者のイギリスでの物語だ。構想では、僕たちは彼のロンドンでの歩みを捉え、自分探しの一二年間について物語ることになる」[34]。ベンはロンドンにやって来た同胞の移住者たちと出会い、彼らと関わっていく。芸術家になる夢をもってカメラを手にロンドンにやって来たエグレは自信満々にロンドンの街を闊歩していたが、夢破れ家政婦として働くようになり、ヴィリニュスの自分の家を懐かしがっては涙に暮れている。その後、彼女はイスラム教徒の妻となり、かつて自分のものであった自由の最後の名残としてジーンズをチャドルの下に隠して履いている。物理学者のエディはバーテンダーとして働いている。見栄っ張りのエディはロンドン風の振舞いを身につけるが、人間としての誇りを失い、狩りで主人が仕留めた鴨を探す〈猟犬〉の役に甘んじている。小悪党のヴァンダルは瓦礫の除去の仕事をやっている。「手で壁を壊して稼いだ金」でパランガ（リトアニア西部の都市）に小さな家を建て、忠実な犬を侍らせてバルコニーに座ることを夢見ているが、障害者になり、非業の死を遂げる……。ベンにとって彼らは鏡に映った自分だ。

西洋にとってリトアニアは東洋だ。ベンはそう考えている。「いま世界ではチンギス・ハンがキリストと戦っている。俺たちはその戦いのポーンなんだ」。ロンドンにとってベンは東から来たよそ者である。西洋のみならず世界はよそ者に容赦がない。ベンは西洋世界に自分のアイデンティティを合わせようとする。その彼に〈Open your eyes, look up to the skies〉と、自信や積極的行動を促す友であり、英語の教師となるのがロック・グループ「クイーン」のフレディ・マーキュリーだ（芝居『追放』の副題は「わが友フレディ・マーキュリー」）。ベンはヘッドフォンのなかの想像のフレディと対話し、フレディと共に『ボヘミアン・ラプソディ』を歌い、踊る。ベンにとってフレディこそ自分が目指すべき西洋男性の典型なのである。ところが、そのフレディがホモであり、イギリスではなくザンジバル生まれの、本名ファルーク・バルサラであることが判明する。移住者は異国の地において孤独と絶望感のなかに取り残される。

リトアニア人の演出家カルバウスキスによる『追放』は、「告白の芝居」と評された。カルバウスキスはあるインタビューで英国への旅の思い出を次のように語っている。「一九九七年、無職だったけれど、暮らしには不自由なかったので、ロンドンに三カ月の予定で出かけ、西欧世界をじっくり見て、自分を見つめ直した。これからどうすべきか、考えた。僕はそのとき多くのことに気づいた——（『追放』の若い主人公たちと同じように）恐怖も、孤独も、絶望感も……。そこのビアホールで僕は哲学科を卒業した男と一緒に座っていた。彼は石工になる覚悟をしていた。僕たちは一番安いウイスキーを飲みながら、絶望にいかに抗すべきか、を考えていた」[35]。その後、カルバウスキスは、二〇〇一年にタバコフ劇場に入団し、ソーントン・ワイルダー作『長いクリスマス・ディナー』の演出で高い評価を得たのを皮切りに、次々に秀作を発表し、マヤコフスキイ劇場という老舗の劇場の芸術監督に任命されるまでになった。しかし、彼は一度ならず自分を〈よそ者〉と感じなければならなかったにちがいない。『追放』はそのトラウマが芸術的イメージに見事に昇華した芝居なのだ。

演劇評論家のパーヴェル・ルドネフはカルバウスキスの『追放』を「今シーズン最高の芝居」と評価し、次のように書いた。「自分の劇場を進化させ、慎重な園芸家が畝を耕し直すように劇場を徐々に注意深く鍛え直しながら（カルバウスキスはかつて、ゼロに戻したり、ラディカルな変更をしたり、〈管理部〉の完全な入れ換えをするというような戦略は採らない、と語っていた）、今シーズン、彼はマヤコフスキイ劇場の筋肉組織を発達させ、単に芝居を上演するだけでなく、劇団の非常に素晴らしい仕事を見せてくれた。この芝居では昔からのスターだけでなく、ほとんどすべての俳優たちが持てる力を発揮するようになっている」[36]。カルバウスキスはロシアの演劇界に自分の居場所を見つけ、今や現代ロシア演劇最高の演出家の一人と称されるまでになったのである。

ジェノヴァチ演出『三人姉妹』

現代ロシア演劇における心理主義演劇の巨匠と誰もが認めるのは、セルゲイ・ジェノヴァチだろう。二〇一八年五月二七日、セルゲイ・ジェノヴァチ演出のチェーホフ作『三人姉妹』が演劇芸術スタジオで初演された。ジェノヴァチがチェーホフ記念モスクワ芸術座の芸術監督任に就任してから一カ月ほど経っていた（四月二三日就任）。ちなみに、演劇芸術スタジオは二〇〇五年にジェノヴァチが国立演劇大学の教え子たちと創設したスタジオで、ジェノヴァチがチェーホフ記念モスクワ芸術座の芸術監督に就任したのに伴いモスクワ芸術座の分館になり、ジェノヴァチが芸術監督を兼務することになった。

劇場のロビーには、ピローグやジャム、リンゴなどの果物が載った大きなテーブルがあり、ライラックの香りが漂っている。観客はイリーナの名の日の祝いに招かれた客というわけだ。観客には菓子や茶が振る舞われる。客席に入ると、舞台上に白樺がぎっしりと植えられているのが見える。白樺の林は一九四〇年にモスクワ芸術座においてネミロヴィチ＝ダンチェンコが演出した伝説の『三人姉妹』の第四幕の舞台装置を想起させる。ジェノヴァチの『三人姉妹』の舞台装置はモスクワ芸術座の伝説へのオマージュか。

しかし、チェーホフの戯曲では物語は第一幕から第三幕までプローゾロフ家の室内で展開されるのだが、ジェノヴァチの白樺は芝居の冒頭からフィナーレに至るまでずっと舞台を占めている。プローゾロフ家の大広間、ソファー、ピアノなどの装置はない。俳優たちは全幕をフロントステージの何もない狭い空間と白樺の幹の間で演じることになる。しかも、この芝居の虚構性を露呈した制約的な空間のなかで、食事をし、お茶を飲み、お喋りをし、恋を語り合い、哲学をし……といった人間の生活をロシア演劇の伝統である心理主義的手法でリアリティをもって演じなければならないのである。ここには単なるオマージュでない、何らかの意味が込められているのだろう。

白樺の林はロシア演劇においては昔からよく使われる舞台装置であり、本来は純潔や美、自然の広大さなどのシンボルである。チェーホフもヴェルシーニンにこう言わせている。「ここは健康的で、素晴らしいスラヴの気候じゃありませんか。森があって川があって……それに白樺だってある。愛らしい控えめな白樺、私はこの木がいちばん好きですね。暮らすのにこんないいところはありませんよ」(第一幕)。しかし、三人姉妹はここの暮らしにけりをつけて、一刻も早くモスクワへ帰りたいと願っている。三人姉妹にとって白樺に囲まれたプローゾロフ家は脱出すべき牢獄なのだ。演劇評論家マリーナ・シマディナの表現を借りれば、「枝と葉のないびっしりと立っている幹は、前途を閉ざす柵という感覚を生み出す。〔……〕主人公たちを取り囲む木の幹は、彼らが決して逃げ出すことができずにさ迷う檻の格子のように感じられる」[37]。

フィナーレにおいて、白樺の林が姿を消し、舞台の奥が見えてくる。そこは家具も何もないガランとしたプローゾロフ家の大広間のようでもあり、無人の夜の駅舎のホールのようでもある。許婚者のトゥーゼンバフを決闘で失い、ひとり旅立つイリーナの旅支度だろうか、トランクがいくつも積み上げられている。

ジェノヴァチ演出『三人姉妹』（演劇芸術スタジオ，2018 年初演）

ボゴモーロフ演出『三人姉妹』（チェーホフ記念モスクワ芸術座，2018 年初演）

開け放たれた窓から光が差し込み、トランクの周りに佇む三人姉妹の姿が逆光に浮かび上がる。「生きていかなくては……」、「働かなくては……」、「生きていきましょう！」――三人姉妹がそれぞれ祈りの呪文のようなフレーズを語る。何もない空虚な空間で語られる三人姉妹の台詞には、鋭い悲劇性が感じられる。ジェノヴァチによれば、『三人姉妹』は、おそらく、チェーホフによって語られた最も厳しく、悲劇的な物語」[38]なのである。

ジェノヴァチの『三人姉妹』が演劇芸術スタジオで初演された三日後、五月三〇日、ジェノヴァチが芸術監督に就任したチェーホフ記念モスクワ芸術座においてコンスタンチン・ボゴモーロフ演出の『三人姉妹』が初演された。ジェノヴァチとボゴモーロフという、伝統的な心理主義演劇とラディカルな革新的演劇の両極を代表する演出家が、同じ時に同じ戯曲を採り上げて舞台に掛けたことで注目を集めた。

舞台奥に枠組みだけの大きな家がつくられ、その中にソファーや椅子が置かれている。俳優たちは、多くの場合、ソファーや椅子に座っており、客席から大分離れているため、彼らを見分けることが難しい。その代わり、舞台の両袖や家の枠組みの屋根の部分などにいくつかの巨大なスクリーンが配置されており、顔の筋肉や視線などのごく微細な動きを映し出している。俳優たちは客席から離れているが、〈クローズアップ〉で演じているのである。台詞を語るときだけでなく、黙っているときも、彼らの顔は大スクリーンで中継されている。まるで絶えず監視カメラの目に晒されているかのようであり、俳優は極度のコンセントトレーションを要求される。あるいは、登場人物のレベルでは、つねに監視されていることで、自己抑制を働かせざるをえなくなる。

ボゴモーロフの俳優たちは通常の意味での〈演技〉をしない。彼らの語る台詞はイントネーションがなく、ニュートラルだ。感情を排した台詞には周囲の世界に対する無関心とシニシズムが感じられる。ボゴモーロフの三人姉妹は、何かを夢見て、その不可能性に苦しみ、生きる意味を探すには、あまりにも冷静で無関心だ。彼女たちにはモスクワに行くためにソファーから立ち上がることさえ面倒なのだ。

一九四〇年、迫りくる戦争への不安とスターリンの大粛清の悲劇的時代のなかで、ネミロヴィチ＝ダンチェンコは『三人姉妹』を、より良き未来への憂愁というモチーフを前面に押し出して上演した。三人姉妹のフィナーレの台詞には悲しみのなかに透明な明るさが感じられた。二一世紀の現代、ジェノヴァチは未来を喪失した閉塞感を、ボゴモーロフは未来への無関心とそこから生まれる虚無感を、『三人姉妹』において表現した。二人のフィナーレには救いは感じられない。現代ロシア演劇の二つの極、心理主義演劇と革新的演劇をそれぞれ代表する対蹠的な演出家が、同じ戯曲によって、未来を望めない閉塞感と虚無感を描き出した。これが彼らの〈現代〉の表現なのだろう。

V　転換期としての二〇一〇年代

芸術監督の世代交代

二〇一〇年代には芸術監督の交代が相次いだ。その原因の一つは、「自然の摂理（生物学的法則）」と言っていいだろう。ロシアの主要な劇場の芸術監督の平均年齢は二〇〇〇年時点で六五歳を超えていた。二〇一二年八月九日、ソ連邦崩壊後のロシア演劇をリードしてきたフォメンコ工房の芸術監督ピョートル・フォメンコが亡くなった。享年八〇歳だった。後任には、同工房で演出家、教育者として活動していたエヴゲニイ・カメニコーヴィチ（一九五四年生まれ）が任命された。二〇一三年三月三〇日にはリュビーモフが去ったタガンカ劇場の芸術監督兼支配人を任されていた俳優のヴァレリイ・ゾロトゥーヒンが亡くなり（享年七一歳）、後任の支配人にメイエルホリド・センター支配人のウラジーミル・フレイシェルが任命され、二〇一五年からは女優で演出家のイリーナ・アレクシモワが任命された。タガンカ劇場はゾロトゥーヒン以降、芸術監督を置いていない。二〇一八年三月一二日にはチェーホフ記念モスクワ芸術座とタバコフ劇場の芸術監督を兼任していたオレグ・タバコフが亡くなり（享年八二歳）、モスクワ芸術座の後任には高い芸術性を評価される演劇芸術スタジオの芸術監督セルゲイ・ジェノヴァチ（一九五七年生まれ）が、タバコフ劇場の後任には劇場の演出家・俳優として活躍していたウラジーミル・マシコーフ（一九六三年生まれ）が任命された。一九八七年に分裂したモスクワ芸術座の一方を率いて新たにゴーリキイ記念モスクワ芸術座を組織したタチヤナ・ドローニナ（八五歳）が、二〇一八年一二月、劇場総裁という名誉職に祭り上げられ、新芸術監督にはエドゥアルド・ボヤコフ（一九六四年生まれ）が任命された。二〇一九年九月二八日、ほぼ半世紀にわたりレンコム劇場を率いてモスクワで一、二の人気劇場に育て上げたマルク・ザハーロフが亡くなった（享年八五歳）。レンコム劇場は後任の芸術監督を置かないという選択をし、モスクワ文化局もこれを承認した。レパートリー政策や演出家の招聘など創造部門の全権は現支配人マルク・ヴァルシャヴェルに任された。同じ年の一二月二六日、やはり半世紀にわたりソヴレメンニク劇場を率いてきたガリーナ・ヴォルチェクが世を去った（享年八六歳）。後任にはメイエルホリド・センター芸術監督ヴィクトル・ルィジャコフ（一九六〇年生まれ）が任命された。なお、メイエルホリド・センターの芸術監督は三七歳の若い演出家ドミトリイ・ヴォルコストレロフ（一九八二年生まれ）が引き継ぐことになった。

劇場の内部分裂が原因となったケースもあった。二〇一一年にタガンカ劇場のユーリイ・リュビーモフが劇団員との対立から劇場を去ったことは述べたが、同じ二〇一一年、マヤコフスキイ劇場では、劇場の俳優たちが芸術監督セルゲイ・アルツィバーシェフ（一九五一～二〇一五年）の退団を要求する公開書簡を発表し、それを受けてアルツィバーシェフが辞任し、後任にミンダウガス・カルバウスキス（一九七二年生まれ）が任命された。

劇場の実績が上がらず、芸術監督が解任されるか、あるいは契約の延長が行なわれないケースも相次いだ。モスクワの外れにある閑古鳥の鳴く劇場だったゴーゴリ劇場の芸術監督セルゲイ・ヤーシン（一九四七年生まれ）が、二〇一二年八月七日、突然解任された。前日、新シーズンの計画がヤーシンによって発表されたばかりだった。後任にはキリール・セレブレンニコフ（一九六九年生まれ）が任命された。ソビエト時代にゲオルギイ・トフストノーゴフの演出によって世界的名声を博したペテルブルグ・ボリショイ・ドラマ劇場は、トフストノーゴフの死後、その名声に陰りを見せていた。文化省は、二〇一三年三月、芸術監督テムール・チヘイゼ（一九四三年生まれ）を辞任させ、ペテルブルグのアンダーグラウンド演劇の旗手アンドレイ・モグーチイ（一九六一年生まれ）を後任芸術監督に任命した。スタニスラフスキイ劇場の場合は異例のケースだった。モスクワの文化局は、二〇一一年にアレクサンドル・ガリビン（一九五五年生まれ）を解任し、人気回復のために実験的舞台で評価の高いユーゴ・ザーパド劇場芸術監督ヴァレリイ・ベリャコーヴィチ（一九五〇～二〇一六年）を任命したが、二〇一三年六月に予定されていた契約更新を行なわず、公募によって新しい芸術監督にボリス・ユハナーノフ（一九五七年生まれ）を選んだ。

マーラヤ・ブロンナヤ劇場はもともと芸術監督の交代が激しい劇場だった。イリヤ・コーガンが劇場支配人として〈君臨〉していた一九七八年から二〇〇七年までの間にセルゲイ・ジェノヴァチ、レオニード・トルシキン、アンドレイ・ジチンキンなど、八人の芸術監督が次から次に交代していった。マーラヤ・ブロンナヤ劇場は「呪われた劇場」と呼ばれていた。コーガンが劇場を去った二〇〇七年にセルゲイ・ゴロマーゾフ（一九六一年生まれ）が芸術監督に就任し、一〇年以上にわたり劇場を率いてきたが、二〇一九年にリガのチェーホフ記念ロシア劇場の芸術監督に就任したのを機に、マーラヤ・ブロンナヤ劇場の芸術監督の職を辞した。二〇一九年のシーズンからコンスタンチン・ボゴモーロフ（一九七五年生まれ）が劇場を率いるようになる。

若い世代の台頭

二〇一〇年代には、一九六〇年代から一九七〇年代に生まれた世代が芸術監督に就任するようになると同時に、一九八〇年代生まれの若い演出家たちが第一線で活躍するようになった。なかでも最も注目されるのは、チモフェイ・クリャービンだろう。

クリャービン演出『三人姉妹』――演劇言語の実験

ノヴォシビルスク・オペラ・バレエ劇場のオペラ『タンホイザー』の演出者としてロシア正教会の非難の矢面に立たされていたチモフェイ・クリャービンが、スキャンダルの興奮冷めやらぬ二〇一五年九月、自らが主席演出家を務めるノヴォシビルスクの赤い松明劇場でチェーホフの『三人姉妹』を意表を突く斬新な手法で初演し、再び注目を集めた。クリャービンは一九八四年生まれ。セレブレンニコフやカルバウスキスより一回りほど若い新進気鋭の演出家である。

メイドが食堂のテーブルをセットしている。食堂から長身の女がハイヒールの音高く客間に入ってくる。客間の椅子には黒い服の女が座っている。白いパンツにシャツの娘が客間のテレビのスイッチを入れる

クリャービン演出『三人姉妹』(赤い松明劇場，2015 年初演)

コーベレフ演出『モスクワ合唱団』(マヤコフスキイ劇場，2019 年初演)

——テレビではマイリー・サイラスが歌っている。ハイヒールの女がスイッチを切り、娘をたしなめるが、すぐに優しげに身振り手振りで〈語り掛ける〉。「お父様が亡くなったのは、ちょうど一年前のこの日、五月五日、あなたの名の日だったわね、イリーナ」とスクリーンに字幕が映し出される。『三人姉妹』の開演である。

登場人物たちはみな一言も言葉を発しない。「聾唖者の言語」を使い、チェーホフのテクストは字幕で示される。自らの演出意図についてクリャービンは次のように語っている。「チェーホフのテクストは使い古され、舞台で数え切れないほど演じられている。〔……〕そうしたテクストに向かうため、僕たちは聾唖者の言語を利用した。社会的課題は何もなかった。〔……〕身振り以外のすべてにおいて、僕は芝居の古典的な処理法を守ろうとした。ミザンセーヌの三〇〜四〇パーセントはコンスタンチン・セルゲエヴィチ（スタニスラフスキイ）のスコアーから直接採った。演出家としての僕はむしろ技術的な課題を自らに課した。演劇の技術的な課題とは、新しい演劇言語を開拓することだ。演劇が文学ではなくなるように、月並みではなくなるように」[39]。

クリャービンの言う「聾唖者の言語」とは、〈手話〉と考えてよいだろう。俳優たちは聾者の行動様式のあらゆる特徴を学び、一年半を費やして身振りの言語を憶えたらしい。手話には意味を表わす手指動作だけでなく、顔の部位を使い感情表現や文法を表わす非手指動作があり、豊かな表現力を持つという。確かに、音声がないことで身体的表現が強調され、感情の起伏や強度がより一層感じられ、思わぬ発見もある。しかし、手話を理解しない者にとっては、客席と舞台のコミュニケーションが著しく限定されることは否めない。舞台と客席の間には〈沈黙〉という〈第四の壁〉がある。それに引き換え、舞台上のコミュニケーションは濃密にみえる。手話は視覚言語であり、互いを見ていなければ対話ができない。登場人物たちは話し相手の注意を自分に向け、互いを肌で感じ、触覚によるコンタクトを取ろうとする。そこにはまるで言葉をオルガニズムの全細胞で〈聞き〉取ろうとするかのような集中力が感じられる。舞台上にはプローゾロフ家という一つの小世界が生まれる。この小世界は外部には閉ざされている。外部からやって来る郡会の守衛フェラポントは、原作では耳の遠い老人だが、芝居では声で語ることができる唯一の存在である。プローゾロフ家の人々とフェラポントの間にはコミュニケーションは成立しない。第三幕になると、この濃密なコミュニケーション空間は破綻をみせる。町全体を襲った火事で〈停電〉となり、プローゾロフ家は闇に閉ざされる。登場人物たちは各自がスマートフォンを見ていて、その微かな光が彼らの顔を下から照らす。互いをちゃんと見ることができないため、聾者は交流の可能性を失う。彼らは心の内を虚空に向けて放つように次々に告白をする。チェーホフの戯曲の特徴である〈かみ合わない対話〉だ。最終幕では、家具が舞台奥に寄せ集められ、カバーが掛けられている。主人公たちのコミュニケーションを可能にしていたプローゾロフ家という小世界は崩壊したのである。

スマートフォンやパソコンは二一世紀のコミュニケーション手段だが、人間から聞く能力と話す能力を奪った（いつか人間は聴力と発声能力までも失うことになるかもしれない）。人々は引きこもるか、狭い仲間内の世界に閉じこもり、相手の顔を見ることなく虚空に向けて言葉を垂れ流す。クリャービンは「社会的課題」は持っていないとしているが、「聾唖者の言語」を使うことで現代におけるコミュニケーションの危機を鮮やかに浮び上らせているのである。

注目される若手演出家

クリャービンと同世代で注目される演出家としては、例えば、エゴール・ペレグードフの名前を挙げることができる。ペレグードフは、二〇一一年、ソヴレメンニク劇場の専属演出家としての初演出の芝居『女たちの時間』――一九五〇~六〇年代のリミーチッツァ（人の嫌がる仕事をして都市の居住権を得る人）の母娘の生活を描いたエレーナ・チジョワの長編小説を舞台化――で注目され、その後二〇一三年に演出した『熱き心』（オストロフスキイ作）がコンスタンチン・ライキンの目に留まり、彼に請われてサチリコン劇場で、いわゆる〈ちっぽけな人間〉の悲劇を描いた『レストランの人』（イワン・シメリョーフ作、二〇一五年初演）とモリエールの『ドン・ジュアン』（二〇一八年初演）をライキンの主演で上演した。その間にも、国立演劇大学の恩師セルゲイ・ジェノヴァチの演劇芸術スタジオでガルシア・マルケスの『百年の孤独』の舞台化に取り組み、二〇一八年、『マコンドの一日』の表題で九時間に及ぶ芝居を上演し、話題を集めた。この年、ペレグードフは三五歳の若さでロシア青年劇場主席演出家に任命されている。

フリーランスの演出家マクシム・ディデンコは、生まれ故郷のペルミやペテルブルグで活動していたが、二〇一四年、メイエルホリド・センターにおいて、十月革命後の内戦の悲劇を様々なエピソードで綴ったイサアク・バーベリの『騎兵隊』をアジプロ劇などロシア・アヴァンギャルド演劇の手法を駆使した斬新な形式で上演し、モスクワ・デビューを果たした。ドラマ、ダンス、音楽を統合したヴィジュアルな芝居は注目を集め、首都の様々な劇場に招かれ、一九二〇年代末に活躍したアヴァンギャルド文学グループ「オベリウ」のダニイル・ハルムスの作品を基にした『ハルムス。ムイル』（ゴーゴリ・センター、二〇一五年初演）、ヴィクトル・ペレーヴィンの小説を舞台化した『チャパーエフと空虚』（プラクチカ劇場、二〇一六年初演）、ルイス・キャロルの『不思議の国のアリス』に想を得たウラジーミル・ヴィソーツキイの詩と歌をモチーフにした『逃げろ、アリス、逃げろ』（タガンカ劇場、二〇一八年初演）、ウラジーミル・ソローキンのアンチ・ユートピア小説を舞台化した『ノルマ』（ボゴモーロフが芸術監督に就任したマーラヤ・ブロンナヤ劇場の第一作目、二〇一九年初演）など話題作を次々に発表している。ディデンコはインタビューのなかで「僕はセレブレンニコフをとても尊敬しているし、彼のやっていることが好きだ」[40]と語っているが、ディデンコはロシアの実験劇の系譜を継いだ演出家と言っていいだろう。

ニキータ・コーベレフは、カルバウスキスが芸術監督に就任して間もない二〇一二年、二五歳でマヤコフスキイ劇場専属演出家に採用され、二〇一七年からは国立演劇大学演出学部のカルバウスキス工房で教鞭も執っている。コーベレフの名前が有力紙・誌の劇評欄に採り上げられるようになったのは、二〇一六年初演の『妻を帽子とまちがえた男』からだろう。脳神経学者オリバー・サックスの原作はマイケル・ナイマンのオペラやピーター・ブルックの芝居などで知られているが、ロシアでは初めての舞台化である。マヤコフスキイ劇場分館の小舞台には客席が設えられ、その前で精神に変調をきたした人々のエピソードが次々に展開される。俳優は観客のすぐ目の前で、たとえば妻の頭を帽子とまちがえて被ろうとする男の行動と心理をリアリティをもって演じなければならない。俳優たちはこの課題を見事に果たしていく。二〇一九年初演の『モスクワ合唱団』（リュドミラ・ペトルシェフスカヤ作）では、コーベレフは舞台上に雛壇状の客席を設え、芝居を客席で上演した。登場人物たちは座席の上にテーブルやソファーを置いて客席を居住空間に変えていく。人物たちは座席の間や通路の狭苦しい空間で〈生き〉なければならない。舞台となる一九五〇年代の共同住宅を表わしているのだろう。この実験的な空間で、プライバシーのない非人間的な社会で生きるモスクワの人々が、スターリンの死後、失った者を悼み、傷ついた記憶を癒していく様が真実味溢れる俳優たちの演技によって描き出されていく。

ソビエトの呪縛

ここで注目されるのは、将来を嘱望される若い演出家たちがそろってソビエト時代をテーマにした芝居を舞台にかけていることだ。実は二〇一〇年代は、政治劇が復活すると同時に、ソビエト作品が盛んに上演されるようになった時代だった。リュビーモフと共にソビエト時代の演劇を牽引した演出家アナトリイ・エーフロスの息子であり現代ロシア演劇を代表する演出家の一人ドミトリイ・クルィーモフは、二〇一二年、ニコライ・ポゴージンのレーニン物『クレムリンの大時計』、内戦を描いたフセヴォロド・ヴィシネフスキイの『楽天的悲劇』、ソビエト市民の日常を描いたヴィクトル・ローゾフの『喜びを求めて』などのソビエト戯曲と第二次世界大戦を舞台にしたボリス・ワシーリエフの小説『夜明けは静かだ』をモンタージュした『ゴルキ・一〇』（ドラマ芸術学校。「ゴルキ」はレーニン終焉の地）を上演し、ソビエト社会の本質をグロテスクに描き出した。

セルゲイ・ジェノヴァチは、自ら創設した演劇芸術スタジオにおいて、酔いどれの目を通してソビエト社会を描くヴェネディクト・エロフェーエフの『モスクワ発ペトゥシキ行』（二〇一二年初演）を初め、失業した主人公の自殺騒動を通してソビエト社会を諷刺的に描くニコライ・エルドマンの『自殺者』（二〇一五年初演）などソビエトをテーマにした芝居を数多く上演しており、チェーホフ記念モスクワ芸術座の芸術監督就任後初めての演出作品として、革命から逃れ亡命した人々の望郷の念を描いたブルガーコフの『逃亡』（二〇一九年初演）を選択している。

マルク・ザハーロフの白鳥の歌となった芝居『罠』（ソローキンの数編の小説を基にザハーロフが脚本を執筆。レンコム劇場、二〇一九年初演）は現代と一九三〇年代を舞台にしている。登場人物たちは時間

クルィーモフ演出『ゴルキ・10』（ドラマ芸術学校，2012 年初演）

ザハーロフ演出『罠』（レンコム劇場，2019 年初演）

の通路を通り抜け、一九三〇年代のルビャンカの廊下、巨大なラーゲリと化した国の象徴である内務人民委員部の廊下に移動する。クレムリンからは〈赤い咆哮〉という超低周波音が放たれ、人々から自由に考え選択する力を奪っている。これを起動させたのはレーニンであり、そのレーニンから生まれたスターリンがこの事業を引き継いでいる（ルビャンカの廊下に出てきた巨大な白いレーニン像の頭部が割れ、そこからスターリンが現われる）。ザハーロフは『並行現実』という題でテクストを書き始めた。ソビエト時代は過去となったが、権力の原理は変わらない。〈赤い咆哮〉は現在も響いており、権力に対する恐怖を人々の心に植え付けている。一九三〇年代と現在はパラレルな現実が進行している。だが、そうであるなら今も権力に抵抗する人々は存在するに違いない。フィナーレにおいて、〈赤い咆哮〉に抗して非業の死を遂げた人々のリストが読み上げられる。「ミホエルス、ブルガーコフ、メイエルホリド……」。ザハーロフの父親もラーゲリに送られている。ザハーロフの白鳥の歌は権力の本質を暴く芝居であるとともに、権力に抵抗した人々を追悼する追善供養であり、新たな抵抗者の出現への期待なのだ。「私はロシア人だ。だから希望で生きている。ロシアの未来に対する希望で」。ザハーロフが登場人物に語らせた最後の台詞である。

二〇一〇年代におけるソビエト作品の上演は、他にもブルガーコフの『ゾーイカの家』（セレブレンニコフ演出、チェーホフ記念モスクワ芸術座、二〇一二年初演）、ローゾフの『私が生まれていない年』（原題『つんぼ鳥の巣』、ボゴモーロフ演出、タバコフ劇場、二〇一二年初演）、アレクセイ・アルブーゾフの『ターニャ』（ユーリイ・ゴルベッツ演出、ゴーリキイ記念モスクワ芸術座、二〇一六年初演）、マヤコフスキイの『風呂』（ニコライ・ローシチン演出、アレクサンドリンスキイ劇場、二〇一七年初演）……と枚挙にいとまがない。演出家がソビエト時代の作品を採り上げる動機は各自それぞれだろう。しかし、演劇は時代を映す。セレブレンニコフの言葉を借りれば、演劇は「現代性をいかに表現すべきか考えないわけにはいかない」。ソビエト時代の〈現代劇〉が盛んに上演されるのは、そこに現代ロシアの現実とのアナロジーを見ているからだろう。『モスクワ合唱団』についてコーベレフは次のように語っている。「この戯曲は文字通り昨日書かれたように思えた。このところ再燃したいくつかのテーマが鋭く展開されているからだ」[41]。ライキンが言う「一九三七年型のイデオロギー・テロや検閲の脅威」もまた、そうした〈現実〉の表現だったのだ。

そもそも、現代ロシア演劇自体がソビエト時代のシステムをそのまま引きずっている。レパートリー劇場の危機も、劇場首脳部の交代による分裂や内紛も、劇場の統治能力の軟弱さも、ここからきている。もっとも、このシステムを一挙に変えてしまったら、メディンスキイが言うように、「九〇パーセントの劇場は自滅することになるのは明らかだ」。二〇一〇年代はロシア演劇が抱えるこうした問題が先鋭化した時代だった。その上、フォメンコ（二〇一二年没）、リュビーモフ（二〇一四年没）、タバコフ（二〇一八年没）、ザハーロフ（二〇一九年没）、ヴォルチェク（二〇一九年没）と、ロシア演劇を牽引してきた巨匠たちが相次いで世を去った。ロシア演劇はいま転換期を迎えている。ロシア演劇はこれからどのような姿を現すのだろうか。若い世代は順調に育っているが、問題解決の道はまだはっきりと見えてこない。二〇二〇年代に入ったら、新しい道が開けるのだろうか。

第四章　コロナ流行時のロシア演劇――二〇二〇／二〇二一年シーズン

Ｉ　オンライン・シアター

劇場閉鎖――演劇はオンライン空間へ

二〇二〇年代のロシア演劇はパンデミックによる劇場閉鎖という異常な状態から始まった。

二〇二〇年三月一七日、ロシア連邦文化省はコロナウイルスの感染拡大を防止するため管轄下の施設を閉鎖する決定を下した。文化省はすべての文化施設にオンライン・プログラムを作成するよう依頼し、劇場、博物館、美術館、コンサート・ホールは観客にオンライン・フォーマットによる催し物を提供することになった。新聞には、毎日、オンライン中継の番組表が掲載されるようになる。

演劇界においても、ほとんどの劇場がオンライン中継によって芝居の映像を提供し、新作のリハーサル、俳優のインタビュー、劇場のヴァーチャル・ツアーなど様々なコンテンツを配信するようになった。芝居に関して言えば、当初は実際の舞台を無観客で中継するケースもあったようだが、多くはアーカイブの映像資料を公開している。映像による芝居の公開は観客とのコンタクトを図るためのものだが、演劇にとって極めて不自然なものだ。生きた観客の存在、舞台と客席の直接の交流が芝居の重要な構成要素だからだ。芝居のオンライン中継に対し「困難な時代に文化はオンラインに逃げた。これは状況の解決策になるだろうか」と疑問の声が上がった。

「現代戯曲の学校」劇場の芸術監督イオシフ・ライヘリガウズは、「文化は逃げたのではない。文化を届ける方法が変わったのだ」と語った。「レストランに行くこともできるが、食事を家に注文することもできるということだ」[1]。ライヘリガウズは、コロナウイルスが広がり出したとき、カレル・チャペックの戯曲『白疫病』を上演しようとした。中国で壮年の人だけが罹る感染症が発生する。それは〈白疫病〉と呼ばれ、体に白い斑点が広がり、最終的には死に至る。その伝染病が戦争のさなかに某国を襲う。治療法が分からず人々は恐怖に陥るが、貧しい町医者がこの疫病の特効薬を発見する。彼はその提供と引き換えに戦争の停止と軍備の全廃を要求する。独裁者は医師の要求を受け入れるが、医師は独裁者を支持する民衆によって虐殺されてしまう。このアクチュアルなテーマの作品を上演するため配役し稽古に入ろうとしたとき、劇場の閉鎖が決まった。ライヘリガウズは本読みをビデオに収録し、YouTubeで配信した。これは大きな反響を呼び、短期間で数万の視聴者を集めた。「俳優と観客の直接のコンタクトを強みとする劇場に、今、人が入れないのは大変困ったことだ。劇場は神殿のようなもので、そこに行って罪を清めることができる。かつて、その神殿も閉ざされたことがあった。それでも人々は神を信じることは止めなかったのだ」[2]。ライヘリガウズにとっても演劇の本質が〈舞台と観客の生きた交流〉にあることは変わりないが、演劇はどのような形であっても生き続けるということなのだろう。

アレクサンドリンスキイ劇場の芸術監督ヴァレリイ・フォーキンは、パンデミックは演劇に新たな観客を引き寄せるだけでなく、新たな美学を生み出す可能性を与えるかもしれないと考えている。アレクサンドリンスキイ劇場は自らのレパートリーの芝居をオンライン中継しており、五月末までに二〇〇万の鑑賞回数を数えている。フォーキンによれば、それは新しい観客の獲得だ。「シベリア、極東、外国からの観客がいた。これは膨大な観衆だ。ペテルブルグに一度だけ来たことがあるが、アレクサンドリンスキイ劇場について耳にしていたとしても、劇場には来なかった、といった人たちが芝居を観たのだ。今度は、家に座って、彼らはわれわれの芝居を観たのだ」[3]。

ロシアの主要な劇場は国立の施設であり、アレクサンドリンスキイ劇場を始め、他の多くの劇場で行なわれたオンライン中継はすべて無料である。実は、オンライン・シアターは検疫以前にも存在していた。ただし、芝居を中継するインターネット・プラットフォームは国の施設ではなく、二〇〇〜三〇〇ルーブルでチケットを販売している。フォーキンは、国立の施設においても有料化すべきだと考えている。「コロナウイルスの悲劇が終わった将来にも、私たちはインターネットを使わなければならなくなるだろう。この空間からもはやどこへも立ち去ることはできないのは明らかだ。チケットの販売の問題が出てくると、私は確信している」[4]。インターネットによる芝居の中継は膨大な数の観客（視聴者）を集めることができる。有料化が実現すれば、所属する劇場のレパートリーで起用されていない〈窓際族〉に仕事の機会を与えることもできる。この点でフォメンコ工房の芸術監督エヴゲニイ・カメニコーヴィチもオンライン中継の有料化に期待し、「レパートリー劇場は大規模な劇場であっても、すべての俳優に仕事を均等に保証することができるとは考えられない。ドラマの劇場はインターネット・プロジェクトを始めざるをえなくなるだろう」[5]と語っている。

オンライン・パフォーマンス『街道のドラマ。法廷審理』

フォーキンは以前から演劇におけるインターネットの可能性を追求し続けている。とりわけ劇場が閉鎖された今日、「われわれにはインターネット空間で上演するための独創的なプロジェクトが必要だ」[6]とし、その第一回目のプロジェクトとして、パンデミックさなかの五月二六日、オンライン・パフォーマンス『街道のドラマ。法廷審理』(ボリス・アクーニン作、フォーキン・プロジェクト監修、アントン・オコネシニコフ演出)を上演した。オンライン・フォーマットにおけるインタラクティヴ・スペクタクルの試みである。

舞台は二〇世紀初頭の法廷。これから「轢き逃げ事件」の審理が行なわれる。映像がモニターに映し出されたときには、俳優たちはすでに舞台上に位置を占めている。オペレーターが照明をセットし、メイク係が俳優たちの間を歩き回り、メーキャップの仕上げをしている。威勢のよいピアノの音が響き、スクリーンに「殺人パッカード」、「郊外の街道の悲劇」といった古い新聞の見出しが映し出される。開廷を知らせる鈴が鳴り、審理＝芝居が始まる。裁判官、検察官、被告、弁護人、証人など、舞台上で演じるのはアレクサンドリンスキイ劇場の俳優である。陪審員には著名な文化人や学者が招集されている——文学者のタチヤナ・トルスタヤ、演出家のコンスタンチン・ボゴモーロフ、ピアニストのポリーナ・オセチンスカヤを初め、歴史家、女優、ジャーナリストなど六名の陪審員団である。彼らはZoomで審理にリモート参加する。観客もまたリモートで参加し、ときおり審理＝芝居に関与する。まず、裁判官が観客に陪審員を紹介し、陪審員長を選ぶよう提議する。観客の投票でタチヤナ・トルスタヤが陪審員長に選ばれ、審理が開始される。事件は郊外の街道で起こった。若い夫婦がドライブ中に五歳の少年を撥ねて、そのまま逃げてしまったのだ。裁判で弁護人は、車を運転していたのは被告の妻であり、被告はその罪を被ったのだと、主張する。そのとき新たな証人が現われ、被告の妻が死んだ少年の親戚にあたり、少年が受け取るはずだった莫大な遺産が彼女のものになることが判明する……。裁判で明らかになって行く事実を基に陪審員たちの審議が行われる。事故の直後に少年は生きていたのか、事故現場から逃げたときの被告の精神状態はどうだったのか、夫婦のどちらがハンドルを握っていたのか、被告は撥ねた少年が誰だか知っていたのか、事故なのか意図的な殺人なのか……。結局、陪審員たちの審議は、専門とは違う慣れない作業に真剣に取り組む彼らの個性が現われ、興味を誘う。陪審員団は判決を下すまでには至らず、事件を追審に回すべきと評決を下す。この評決に対し、観客の投票が行われる。推理劇の常道として、フィナーレにおいてアクーニンのベストセラー推理小説「ファンドーリンの捜査ファイル」シリーズの主人公エラスト・ファンドーリンがまるで〈機械仕掛けの神〉のように登場し、事件の真相を解き明かす。芝居の仕掛けを露呈する幕開けと呼応するように、スクリーン上に事故に遭った少年が映し出され、観客にウインクをして、このオンライン・パフォーマンスは終幕になる。

　オンライン・パフォーマンス『街道のドラマ』は、アレクサンドリンスキイ劇場のオフィシャル・グループ「Vコンタクト」と劇場サイトで公開された。このプロジェクトはチャリティーを目的とし、観客には中継のあいだに慈善基金「アーチスト」と「児童ホスピス」への寄付金の振込みが求められる。

　フォーキンは、これからの演劇はパンデミックが過ぎ去ってもインターネット空間に存在の場を見出していかなければならない、と主張する。しかし、多くの劇場のオンライン・プログラムは、アーカイブにある芝居の映像や新作のリハーサル、詩や小説や戯曲の朗読、俳優のインタビュー、劇場のヴァーチャル・ツアーなどが主であり、インターネットという新しい空間における演劇言語を試みるまでには至っていない。そうしたなかでアレクサンドリンスキイ劇場の『街道のドラマ』は、インターネット空間における新たな演劇言語の試みといえるだろう。

オンラインの芝居は演劇か

もっとも、オンライン中継に懐疑的な演劇人は多い。マーラヤ・ブロンナヤ劇場の芸術監督コンスタンチン・ボゴモーロフは、アレクサンドリンスキイ劇場の『街道のドラマ』に〈出演〉しているが、その二カ月前には「芝居の中継を行なうつもりはない」と明言していた。「僕たちの劇場は観客との生きた繋がりを守っていく。僕個人には、劇場へは行かねばならない、という信念がある。それができない間は、演劇を勉強すべきだ。だからブロンナヤでは最高の演劇研究家や演劇史家の連続講義と現代芸術のアクチュアルなテーマのオンライン対談を配信する」[7]。

ゴーリキイ記念モスクワ芸術座の芸術監督エドゥアルド・ボヤコフもまた「〔演劇は舞台と客席の生きた交流であると〕つねに考えてきたし、考えていくだろう。芝居のオンライン中継に対しては懐疑的だ」[8]としている。ボヤコフは観客との交流を図るため、「こちらモスクワ芸術座」というオンライン・チャンネルを開設した。ここではアーカイブの芝居を配信することはあるが、「自分たちの劇場の現在の芝居は中継しない」[9]。計画中の初演作品のリハーサルの模様を公開し、俳優や演出家、劇作家、音楽家などと直接交流できるようにすることで芝居制作の秘密を明らかにしていくという。

サチリコン劇場の芸術監督コンスタンチン・ライキンは、「芝居のスクリーン版は植物標本だ。植物標本は生きた森に代わることはできない」と、やはりオンラインの芝居には批判的だ。ライキンによれば、演劇はインターネット空間を使いこなすようになるかもしれないが、「スクリーンはエネルギーを堰き止め、〈遮蔽する〉――演劇の知覚はなく、あるのは演劇についての概念だけだ」[10]。

若い世代の代表的演出家の一人であるロシア青年劇場主席演出家エゴール・ペレグードフもまた懐疑的な見解を述べている。ペレグードフによれば、演劇は変わらなければならないが、それは内部から熟してくるべきものであり、パンデミックという外的な要因に誘発されるものではない。「演劇は人間が生きた人間と出会う数少ない芸術のジャンルであり、ここに演劇の本質と原理がある。自己隔離が多様なオンライン・ジャンルの発展を促したのは素晴しいことだが、オンラインのジャンルは生きた演劇とはほとんど関係をもたない。演劇の正常な活動は、客席を観客が埋めて、隣が咳をしてもウイルスのことを誰も考えなくなるときに始まる」[11]。マヤコフスキイ劇場の演出家ニキータ・コーベレフも同様に「演劇は多くの点で検疫以前の状態に戻り、演劇の本質に基づく自らの軌道を動き続けるだろう」[12]と語っている。

観客の意識

では、観客はオンライン中継をどのように捉えているのだろうか。観客は劇場に戻ってくるのだろうか。ボヤコフは次のように語っている。「検疫が解除された後、観客がどう振る舞うか、今のところ全く不明だ。劇場に戻って来るだろうか。第一に、危機を経験した多くの人々には金がない。第二に、社会空間に対する心理的な不信症候群が現われるかもしれない。〔……〕人々は自主隔離している方がよくなり、急いで出てこようとしない、というシナリオがあり得る。逆のヴァリアントもあるかもしれない。私は、もちろん、こちらを期待する――人々が劇場の客席で互いに会えることを喜び、カタルシスを体験する……」[13]。

観客の意識については、テアトラール誌が折に触れSNSを使ってアンケート調査を行なっている。芝居のオンライン中継が始まって間もない二〇二〇年三月二八日付のテアトラールによると、オンライン中継に対する演劇ファンの見解は次のような数字を示した。

〝観る〟——四五パーセント
〝観るが、俳優の演技との直接の生きたコンタクト代わりになるとは思わない〟——三二パーセント
〝観ない。外出制限が解除され、劇場が再び観客を受け入れるまで待つ〟——二三パーセント

六月八日、オリガ・リュビーモワ文化相は、連邦の文化施設は規制レジームから段階的に脱していかなければならない、とする命令書に署名した。六月九日、モスクワではセルゲイ・ソビャーニン市長によって自主隔離レジームが解除されたため、劇場への俳優、スタッフの立ち入りが可能になり、対面のリハーサルが行なえるようになった。さらに、モスクワの劇場は、観客数を収容能力の五〇パーセントまでに制限する条件で、八月一日からオープンすることが許可された。もっとも、六月八日付のテアトラールのアンケートによると、観客は、規制が解除されても、皆がすぐに劇場に駆けつける覚悟を持っているわけではないようだ。

〝いかなる場合でもすぐに行く〟——三五パーセント
〝安全措置が取られたら、行く用意がある〟——二八パーセント
〝行くのを控える〟——三七パーセント
〝行きたいが、金がない〟——一三パーセント

〝感染が恐ろしいので、行かない〟——一二パーセント
〝他の人たちが行ってから様子を見る〟——一二パーセント

劇場をオープンする期日が示されたことで、オンライン中継に対する意識は変わっただろうか。七月一四日付のテアトラールのアンケートには次のような数字が出た。

〝両方で観る〟——七〇パーセント
〝劇場でだけ観る〟——二五パーセント
〝オンラインだけで見る〟——五パーセント

観客の意識はオンライン中継が始まった当初とほとんど変わっていないようだ。

II 二〇二〇／二〇二一年シーズン

検疫解除後のロード・マップ

ロシアの演劇シーズンは劇場によって若干異なるが、通常、九月あるいは一〇月に始まり、翌年の六月あるいは七月に終わる。
二〇二〇年五月二一日、ロシア文化省は、国会の文化委員会において、文化施設の正常な活動レジームへの復帰の道筋を確認している。劇場の場合、このプロセスは三段階で行われる。第一段階は六月一日か

ら始まり、二週間のあいだに劇団員と技術部門の職員の一部を仕事に復帰させ、リハーサルを再開する。六月半ばからシーズン・オフに入り、その後七月半ばから第二段階をスタートさせる。この段階でレパートリーを見直し、宣伝広告とチケットの販売を始める。九月に新しい演劇シーズンをオープンし、これが最終の第三段階になる。これはあくまでも目安であり、それぞれの地区が状況に応じて独自のロード・マップを作成する。たとえばモスクワでは、市長令により六月九日から自己隔離レジームが解除され、劇場への劇団員の立ち入りが可能になった。しかし、多くの劇場が例年よりも早めにシーズンの閉幕を宣言しており、市長令が出たときには、すでに休暇に入っていた。ワフタンゴフ劇場のキリール・クローク支配人は次のように語っている。「全員に休暇手当を五十六日分満額支払っている。従って、今はリハーサルに誰も呼び出すことはない。本格的なリハーサルには八月初頭に入る。〔……〕当局が劇場にたとえリハーサルでもやっと許可したことを喜んでいる。創造生活が戻り始めたのだ」[14]。ボリショイ劇場は、ウラジーミル・ウーリン総支配人によると、六月一日から八月二六日まで劇団員に休暇を与え、八月二六日に劇団集会を行ない、九月一五日から新しいシーズンを始める予定になっているという。

劇場をオープンするにあたっては、ソーシャル・ディスタンスを保ち、マスクをし、消毒をする、といった感染対策を徹底することが求められた。ソーシャル・ディスタンスに関しては、〈チェス盤〉座席方式が提案された。奇数列では奇数番号、偶数列では偶数番号の座席のチケットを販売することで、観客の並びが〈チェス盤模様〉、日本風に言えば、〈市松模様〉になり、入場者数が客席の最大収容能力の五〇パーセント以下に保たれる、というわけである。

新しい演劇シーズンは再〈検疫〉からスタート

二〇二〇／二〇二一年の演劇シーズンは開幕したが、俳優やスタッフにコロナウイルス感染者が出たため芝居の中止や延期を余儀なくされた劇場が相次いだ。マーラヤ・ブロンナヤ劇場では、九月一九日に『ブーリバ。宴』を初演する予定だったが、スタッフの一人と演出のアレクサンドル・モロチニコフのコロナウイルス感染が確認され、公演は一〇月六日に延期された。ヤロスラーヴリのヴォルコフ記念ドラマ劇場は、一〇月三日にミュージカル『ヨーロッパの幸せ』（エゴール・ドルジーニン演出）の初演によって新シーズンを開幕する計画だったが、一〇名の俳優とスタッフが発症したため、シーズンの開幕を二週間延期し、劇場の検疫を行なった。ペテルブルグのマールイ・ドラマ劇場では、芸術監督のレフ・ドージンと妻の女優タチヤナ・シェスタコワの感染が明らかになり、一〇月上演予定の一連の芝居は一一月に延期された。モスクワでは、サチリコン劇場が俳優のコロナウイルス感染のため九月一一日〜一八日の芝居を中止したのを初め、一〇月にはエルモーロワ劇場、スフェーラ劇場、レンコム劇場、「現代戯曲の学校」劇場、モスクワ青少年劇場などが、俳優やスタッフの感染、あるいは感染拡大状況などを考慮して次々に芝居を中止し、二週間のあいだ検疫のため劇場を閉鎖した。

入場制限

こうした状況のなかでモスクワでは、一一月一三日から二〇二一年一月一五日まで入場者数を劇場の収容能力の二五パーセントまでとすることが決められた。ペテルブルグでも、一二月一日から二〇二一年一月一五日まで同様の制限が設けられた。ペテルブルグでは、予定通り、一月一六日から観客数の上限は収容能力の五〇パーセントまで緩和されたが、モスクワでは二五パーセントの制限は一月二一日まで延長され、一月二二日から五〇パーセントに戻された。

二〇二一年六月二二日、モスクワの劇場と映画館にQRコードの導入を推奨するロシア連邦文化省令が発令された。それによると、五〇〇人以上の観客を集めるイベントは禁止されるが（観客数は客席の収容能力の五〇パーセントを越えてはならない）、ワクチンを接種したか、過去六カ月以内にコロナウイルスに感染し治癒したか、三日以内のPCR検査で陰性だったかを証明するQRコードを所持する観客だけに入場者を限定するならば、入場制限は解除される。この文化省令に対する劇場側の反応はさまざまだ。

ワフタンゴフ劇場支配人キリール・クロークは次のように語っている。「芝居を観に劇場に入るために観客に必要な唯一のドキュメント——それはチケットだ。コロナウイルスの検査やワクチン接種の証明を求める権利を、私たちは持っていない」[15]。フォメンコ工房の芸術監督エヴゲニイ・カメニコーヴィチもまた、観客にはQRコードの提示を求めないとして、「劇場を訪れるのに、いかなるQRコードも、PCR検査も、その他の証明書も必要としない」と語った[16]。

一方、レンコム劇場は一〇月のいくつかの芝居にQRコード・システムを導入し、一一月からそのシステムをレパートリーのすべてに広げることを宣言した。レンコム劇場は、観客がパスポートとQRコードを提示しないときは、入場を拒否し、チケットの払い戻しは行わない、としている。その他、マヤコフスキイ劇場やマーラヤ・ブロンナヤ劇場、ユーゴ・ザーパド劇場などが、新しいシーズンからQRコード・システムを導入する計画であると表明している。

文化省令が発令された六月末はシーズン・オフであり、ほとんどの劇場が休暇に入っている。多くの劇場がまだ態度を明らかにしていない。いずれにせよ、QRコードの導入は二〇二一／二〇二二年シーズンからになる。新たなシーズンが始まるまで状況は流動的だ。

QRコード・システム廃止【二〇二二年三月の追記】

モスクワでは、二〇二二年三月三日からQRコード・システムが廃止され、それに伴いすべての入場制限が撤廃された。一方ペテルブルグでは、翌日の三月四日からQRコード・システムは廃止されたが、入場者数の制限は継続され、すべての制限が取り除かれたのは三月二八日からだった。なお、マスクの着用や検温、消毒などの感染対策はこれまで通り求められている。

劇場の最適化——文化の中央集権化

二〇二一年一月一日から、プーシキン記念プスコフ・ドラマ劇場は、ロシア第一ナショナル・ドラマ劇場（アレクサンドリンスキイ劇場は二〇二〇年一月からこう名乗っている）に統合され、いわば〈分館〉になって、創設当初の名称「プーシキン記念民衆の館」に劇場名を戻すことになった。

ロシア文化界では、この数年、〈最適化〉という言葉をしばしば耳にするようになった。文化施設を〈最適化〉して国家予算運用の効率を上げるため、様々な分野で統一の管理機関を創設し、劇場や文化会館、フィルハーモニー、美術館などの文化施設をその管理の下に統合しようというのである。こうした傾向のなかで、二〇一九年二月、ドミトリイ・メドヴェージェフ首相が〈劇場の削減〉を示唆する発言をし、演劇界に衝撃を与えた。メドヴェージェフ首相は、ロシアの劇場数は過剰であるとし、次のように述べた。「ソビエト連邦の二分の一の領土のロシア連邦に、ソビエト時代の数倍の国立劇場がある。われわれはより需要の高い劇場を支援する道を進むべきであり、多くの場合、自立できるように、劇団を統合しなければならなくなるだろう」[17]。彼の意見によると、そうすることで国家は劇場に融資するという義務を遂行することが可能になる、という。この発言から一カ月ほど経った二〇一九年三月二七日、ウラジーミル・メディンスキイ文化相（当時）は、アレクサンドリンスキイ劇場とヴォルコフ劇場を統合してロシア第一ナショナル・ドラマ劇場にする、という命令書に署名した。この発表は演劇界のみならず、広範な世論の議論を呼び起こした。

ロシア連邦演劇人同盟のアレクサンドル・カリャーギン議長は、これを「演劇共同体や専門家との真剣な、あらゆる側面からの、詳細な議論をせず、社会的審査なしに」決定された独断的統合として非難した。演劇評論家のパーヴェル・ルドネフは、劇場の統合は文化の中央集権化に通ずる、と危惧を表明した。「ペテルブルグ（アレクサンドリンスキイ劇場）とヤロスラーヴリ（ヴォルコフ劇場）の統合は一つのレジームでのみ可能だ。それは強者による弱者の吸収だ。それが意味するものはただ一つ——二〇〇〇年代から二〇一〇年代に血と汗と努力によって獲得した絶対的な価値である地方文化の自治や独立の破壊である。〔……〕文化の中央集権化は地域の枯渇への道だ」。ヤロスラーヴリ州のドミトリイ・ミローノフ知事もまた、ヤロスラーヴリの誇りであるヴォルコフ劇場の統合を非難する声明を出した。「ヴォルコフ劇場の統合は適切ではない、と考える。〔……〕ヤロスラーヴリの人たちの怒りに同調する。このような決定をする前に、ヤロスラーヴリ州の住民、世論、劇団員と話し合うべきだった。われわれは共にロシア初の劇場としてのわれわれの劇場のステータスを守り抜く。ヴォルコフ劇場はヤロスラーヴリの誇りでありブランドであり、統合はあるべきでない、と私は考える」。結局、ロシア最古の二つの劇場の統合は世論の抗議もあって白紙に戻された[18]。

それから一年半後、二〇二一年一月、コロナ禍のなかアレクサンドリンスキイ劇場とプスコフ・ドラマ劇場の統合が成立した。この統合は世論の反響をあまり呼ばなかった。このプロジェクトのイニシアティブを取ったのはプスコフ・ドラマ劇場であり、地区当局の支持を得て、ロシア連邦演劇人同盟における検討を経て実現した。プスコフ市当局の公式サイトには、「プスコフ・ドラマ劇場がアレクサンドリンスキイ劇場の一員に加わるという問題は、プスコフ州知事ミハイル・ヴェデルニコフが開いた会議において一度ならず審議されてきた。昨年秋、ロシア連邦文化相オリガ・リュビーモワがプスコフ州訪問時にこの決定を支持した」[19]と述べられている。地方当局との合意が得られたのは、プスコフ州が貧しいからだという。地方劇場は創作プランを出しても、その実現に充てる金を州の予算から得ることは当てにできなかった。統合によってプスコフ・ドラマ劇場は連邦劇場のステータスを得て、賃金の増額と上演予算を得ることができ、プスコフ州としても金を出すことなく、域内に連邦劇場を得られるのだ。しかし、言うまでもなく、これは大劇場による小劇場の吸収である。そして、演劇評論家ルドネフが最も危惧することは、「これがロシア演劇にとって前例になることだ。これはすべての役人に対するシグナルになる――劇場を統合するのは良いことであり、すべての小規模劇場は大劇場の分館にすればよい。つまり、大規模チェーン店と同じにすればよい、というわけだ。どんな合併であれ、それは地域文化の自治の破壊であり、中央集権化、ヴィザンチン主義である。〔……〕悲しむべき前例がつくられたのだ」[20]。

大きな抵抗なく劇場の統合が成立したのは、コロナ禍という状況が作用していたのだろう。コロナウイルスの感染拡大防止のため劇場を初めとする文化施設が閉鎖されていた二〇二〇年五月、ペテルブルグのミハイロフスキイ・オペラ・バレエ劇場とノヴォシビルスク・オペラ・バレエ劇場の芸術監督を兼務しているウラジーミル・ケフマンは、あるインタビューのなかで、国家が経営する劇場（ケフマン自身は、「とりわけ金のかかる」音楽劇場を念頭に置いている）は、パンデミックや、ましてやパンデミック後の環境のなかで、すべてが生き残れるわけではない、と劇場の〈最適化〉の必要を唱えている。ケフマンは、「まず初めに、現在の状況においてわれわれには、各都市が音楽劇場に自前の劇団員を抱える、という贅沢が許されるのか」[21]を考えることが問題解決への出発点であるとする。ロシアでは劇場と劇団が一体となっている。ボリショイ劇場といえば、劇場の建物とそこで活動する劇団の双方を指す。これによってロシア演劇の〈レパートリー・システム〉が可能になっているのである。ケフマンは〈劇場〉と〈劇団〉を切り離すことを主張する。「今は国中のこれほどの数の劇団がしかるべき質をもつことは不可能だ。〔……〕各都市の劇場の建物を効果的に利用するためには、地域間の共通の管理機関をつくる必要がある。アーチストたちはこの管理機関の管轄に移り、各都市を移動する。つまり、劇場は舞台として地域に残るが、劇団の存在形式はラディカルに変わることになる。抜きんでた質を誇れるような音楽劇場はそれほど多くはない。〔……〕財政支援を今後も現在のようにすべての劇場に広げるとしたら、それは一つのこと、製品の質を落とすことに通じるだけだ」[22]。今のところ「とりわけ金のかかる」音楽劇場の統合は起こっていない。しかし、プスコフ・ドラマ劇場の統合が前例となって、コロナの感染状況によっては劇場の〈最適化〉が進行するかもしれない。

ベズルーコフ演出『ワーニャ伯父さん』――パンデミックにいかにアダプトするか

二〇二〇年一二月一一、一二日、モスクワ州劇場は芸術監督セルゲイ・ベズルーコフ演出・主演のチェーホフ作『ワーニャ伯父さん』をオフライン上演とオンライン上演の二つの形式で初演した。オンライン上演は劇場の公式サイトで特別のPINコードを入手して鑑賞する。これは、「客席の収容能力の二五パーセントまで」という入場制限のなかで、観客との繋がりを保つ一つの方法だろう。

客席の座席の上にはトマトやキュウリの苗木を植えたプランターが置かれ、観客同士の〈ソーシャル・ディスタンス〉を保つとともに、空席だらけの客席に〈賑わい〉を与えている。舞台上にも同じようなプランターがあちこちに置かれ、舞台の周りには本物の薔薇が咲き、本物のトマトが生えている。作者チェーホフ自身のジャンル指定によると、『ワーニャ伯父さん』は「四幕からなる田園生活の情景」である。劇場全体で観客を田園生活の環境に引き入れようというわけだ。別荘での隔離生活がベズルーコフにこのアイディアを思い起こさせた。彼は次のように語っている。「僕はプランターに囲まれて自己隔離していた。菜園にトマトやキュウリを植えて、少しばかり田園生活を送っていた。僕の芝居にもそういうものが出てくる――たくさんのプランター（文字通りの意味で）と田園生活。〔……〕客席には観客のあいだにプランターを置くことになる――これが田園の雰囲気とアクチュアリティーを加えるだろう」[23]。ワーニャがエレーナに贈る薔薇の花束は舞台上の薔薇を切り取って作られる。

ソーシャル・ディスタンスは舞台上でも保たれる。セレブリャコフ教授と若い妻エレーナ、教授の先妻の娘ソーニャたちが登場する場面では、ヴォイニツキイ（ワーニャ）やアーストロフたちが出迎えようと彼らの方に歩み寄るが、突然、皆が足を止め、マスクをする。マスクはコロナ時代における世界共通のアイテムであり、登場人物たちがマスクをするのは現状に対する戯画的表現であるのは確かだろうが（客席から拍手がおこる）、それだけでもないようだ。『ワーニャ伯父さん』は、セレブリャコフ教授が大学を退職し、都会生活を切り上げて、若い妻エレーナと共に先妻の領地（いまは娘ソーニャの所有）にやって来たところから始まる。教授夫妻がやって来てから、田園生活は、ワーニャに言わせれば、「調子が狂っちまった……。〔……〕以前には暇な時間などなくって、僕とソーニャは働いたもんだった。今じゃ働いているのはソーニャ一人で、僕ときたら食っちゃ寝して、酒まで飲んでいる……。困ったことだ！」どう

ベズルーコフ演出『ワーニャ伯父さん』（モスクワ州劇場，2020 年初演）

やら、教授夫妻は都会から〈無為〉というウイルスを田園生活にもたらしたようだ。田舎暮らしで退屈を託つエレーナに、ソーニャはこう言う。「退屈や無為って、感染するのよ」。穿った見方をすれば、登場人物たちがマスクをつけるのは、田園生活に無為が〈蔓延〉していることを表わす象徴的表現にもなっているのだ。

『ワーニャ伯父さん』は失われた人生や恋への悔恨の物語だ。ワーニャは教授を神と崇め、姪のソーニャと共に身を粉にして働き、仕送りをして教授の生活を支えてきた。しかし、その教授が才能もない傲慢な俗物であることを知り、ワーニャは無駄に費やされてしまった自分の人生を悔やんでいる。ワーニャにとって教授はもはや嫌悪の対象であり、〈ディスタンス〉をとって話すだけでなく、時にはガスマスクをつけることさえある。その上、教授の妻エレーナへの想いがワーニャにさらなる悔恨の念を抱かせる。ワーニャは一〇年前にエレーナに恋をしてプロポーズする機会があった。それをせずに、今になって〈ストーカー〉のようにエレーナを追い回し、彼女の姿を写真に撮り、ポートレートにして舞台のあちこちに置く。ワーニャはそれらのポートレートを抱き、情熱的に引き寄せ、愛を告白するのである。ベズルーコフはこの〈恋のテーマ〉を強調する。「ここには、チェーホフのどの作品にもあるように、〈五プードの恋〉があるが、これは救いではなく、破滅をもたらす、片想いの不幸な禁じられた恋だ」[24]。

「本当の生活がないと、人は幻想に生きるものだ」とワーニャは言う。フィナーレにおいて、セレブリャコフ教授夫妻は去り、田園生活に一時燃え上がった情熱は消え、ワーニャは人生と恋をあきらめ、これから生きて行かなければならない年月を数えて恐怖する。彼にはカメラで写し撮った映像を思い出に生きていくしかないのである。

オフラインとオンラインの二つの形式による上演／入場制限を逆手に取った客席の空きスペースの活用／コロナ時代の必須アイテムの利用——これらはパンデミックに対する対症療法的アプローチであり、コロナ禍が世界や人間精神に及ぼす影響を表現したものではない。もっとも、パンデミックの経験を反映した秀作が生まれるのは、この現象が最終的形をとった後のことだろう。ベズルーコフ演出の『ワーニャ伯父さん』は、表面的であるにしろ、パンデミックに対応しようとする一つの試みといえるだろう。

プーシキン『ペスト流行時の宴』——パンデミックを描いたロシアの古典

疫病の流行が世界や人間精神に及ぼす影響を描いた秀作といえば、プーシキンの『ペスト流行時の宴』を挙げることができる。プーシキンの劇詩集『小悲劇』の一篇としてロシア文学の古典となっている。『ペスト流行時の宴』は、一六六五年にペストに襲われたロンドンを描いたイギリスの詩人ジョン・ウィルソンの『ペストの市〔The City of the Plague〕』（三幕一二場、一八一六年作）の一場面の翻案である。ウィルソンの『ペストの市』ではペストのもたらす死に超然と立ち向かう二人の人物、老司祭とマグダレーヌが作者の理念の代弁者として登場する。二人は信仰によって死の恐怖に打ち勝ち、恐怖に打ちひしがれている人々に献身的に奉仕する。マグダレーヌは死に捕らえられるが、その死は穏やかで喜びに満ちている。プーシキンは、『ペストの市』の一場面――死の恐怖を忘れるため若者たちが娼婦らとともに狂乱の酒宴を催している街頭の場面を採り上げる。プーシキンにはウィルソンの宗教的理念は無縁だ。彼は極限状態における人間の心理を描き出す。

路上で死の恐怖を酒と恋のうちに忘れようとする男女の宴席が開かれている。宴会座長のワルシンガムは「ペストに捧げた讃歌」をうたう（この詩はプーシキンの創作で、これによって『ペスト流行時の宴』は新し思想的意味をもつ独自の作品になった）。「恍惚は戦闘のさなかにあり、／暗黒の深淵の際にも、／荒れ狂う大洋のなか／恐ろしい怒涛と嵐の闇のただ中にも、／アラビアの砂嵐のなかにも、／ペストの息吹きのなかにもある。／／死の怖れのあるものはすべてみな、／死を免れない存在である人の心にひそむ／名状しがたい愉悦を秘めている。／これは、おそらく、不死のしるしなのだ！／幸いなるかな、不安のさなかに／愉悦を見出しえた人は」。ワルシンガムは、ペストの死への招きに心騒ぐことなく、むつまじく杯を交わそう、とペスト讃歌を結ぶ。そこへ老司祭が現われ、「神を畏れぬ酒盛り」を解散し、信仰に立ち返り、全能の神の意志に従うべしと説き、愛する人の御霊に天国で会いたいと思うなら、酒盛りを止め、家に帰るようにと人々を諭す。母を失い妻マチルダまでも失ったワルシンガムだが、老司祭の宗教による魂の平安への誘いを拒否し、現実を直視して運命を主体的に受け止める決意をする。「私はあなたについて行くことはできない、／行ってはならないのだ。私をここに繋ぎ留めているのは、／絶望と、恐ろしい思い出と、／私の背徳の自覚と、／私の家で出くわす／死の空虚の恐怖と、／この狂おしい悦楽の新奇さと、／この酒杯の恵み深い毒と、／堕落した、しかし愛らしい女の／愛撫なのだ……」。老司祭は去り、ワルシンガムは「深い物思いに沈んだままその場に留まる」。プーシキンは、宗教的解決を与えず、ワルシンガムが「背徳の自覚」を抱きながら、救いを拒否するところで劇詩を終わらせる。

プーシキンは、一八三〇年秋、父から譲られた領地ボルジノを検分のため訪れていた。そのときモスクワでコレラが猛威を振るっていた。ガンジス河岸で発生し、イギリス兵によってヨーロッパに持ち込まれたこの伝染病によって、当時、およそ二〇万の人々が亡くなったとされる。モスクワは検疫のため封鎖され、プーシキンはボルジノに三カ月の蟄居を余儀なくされた。このとき書かれたのが『ペスト流行時の宴』であった（コレラはペストほど感染力はなく、治癒が可能であることが明らかになったのは後のことで、当時は、コレラとペストの違いはあまり意識されなかった）。

プーシキンの『小悲劇』（『吝嗇の騎士』、『モーツァルトとサリエリ』、『石の客』、『ペスト流行時の宴』）は、作者の存命中から今日に至るまで、『小悲劇』として纏めて、あるいはそれぞれの詩劇が単独に、多くの舞台で上演されてきた。コロナ禍の二〇二〇／二〇二一年シーズンにもいくつかの舞台が創られている。たとえば、エルモーロワ劇場が、二〇二一年五月二九日、シーズンを締めくくる作品としてプーシキンの『小悲劇』を初演した。演出家ナタリヤ・ヴォローシナと作曲家ヴァシーリイ・ブトケーヴィチはプーシキンのテクストを削ったり書き足したりしながら、より短くし現代化した。俳優たちはテクストを時には祈りのように、時にはラップのように語り、造形的で律動的な身体動作で演じ、モダンダンスで彩った。劇場の公式ホームページによると、「プーシキンが描き出した人間の欠点――傲慢、欲望、肉欲、無分別――は、現代世界のパラダイムにおいてはロマンティックに響く。プーシキンの文体の美しさに浸りながら、われわれは、語られているのは人間の醜い、全く美しくない本性を明らかにする忌まわしい現象である、ということを思わず忘れてしまう」。演出家の課題は、こうした〈悪の魅力〉を美的に魅力的に示しながらも、その正体を暴露することである、という。

プーシキンの誕生日、六月六日（二〇二一年）にはプーシキン記念民衆の館（プスコフ・ドラマ劇場）とロシア第一ナショナル・ドラマ劇場（アレクサンドリンスキイ劇場）の共同プロジェクトとして『宴』が初演された。演出にはロシア第一ナショナル・ドラマ劇場のアレクセイ・デミッチクが当たった。この作品は老舗の劇場の名優たちによるプーシキンのテクストの朗読を中心にした芝居であり、プーシキン記念民衆の館芸術監督ドミトリイ・メスヒエフの言葉によれば、「本物の古典の文学的上演である」[25]。『宴』は両劇場の共同作業の出発点となるプロジェクトであり、この後ロシア第一ナショナル・ドラマ劇場での上演が計画されている。

Ⅲ　二〇二〇／二〇二一年シーズンの総括

ドストエフスキイと演劇――ドストエフスキイ生誕二〇〇年

パンデミックのさなかのシーズンが終わった。劇場の閉鎖、劇団員の感染、入場者数の制限など、様々な制約を受けながらも、多くの初演作品が発表され、優れた芝居も少なくなかった。マーラヤ・ブロンナヤ劇場の芸術監督コンスタンチン・ボゴモーロフは、「明日、六月三〇日、僕たちはシーズンを終える。今シーズンは僕たちの劇場にとって大成功だった、と僕は考えている。パンデミックにも関わらず、僕たちは一連の芝居を制作した。〔……〕そのすべてが上演され、観客を集めている」[26]と語った。マーラヤ・ブロンナヤ劇場はボゴモーロフ演出『ドストエフスキイの悪霊』を初めとし五本の初演作品を舞台にかけた。『ドストエフスキイの悪霊』はボゴモーロフの芸術監督としての初めての演出作品である。(11)このところボゴモーロフはドストエフスキイを舞台化し続けている。二〇一八／一九年シーズンには『罪と罰』（役者の隠れ家劇場）を演出しており、来シーズンは『白痴』の上演を計画しているという。広く社会に論争を引き起こしたボゴモーロフのマニフェスト『エウロペの誘拐2・0』（二〇二一年二月発表。前出）にもドストエフスキイの思想の影響が色濃く現れている。「ドストエフスキイは僕にとって、おそらく、現時点において演劇的見地からみて最も興味ある作家だ。演劇において彼に戻るのは無条件に面白い。人は誰でも人生において最も重要な瞬間に彼に戻るものだ」〔27〕とボゴモーロフは語っている。

ドストエフスキイと言えば、二〇二一年はドストエフスキイ生誕二〇〇年にあたる。ロシア演劇界では、黄金の仮面演劇祭が特別プログラム「ドストエフスキイと演劇」を企画し、諸民族劇場がプロジェクト「ドストエフスキイ二〇〇」を実施するなど、ドストエフスキイ関連のプロジェクトが数多く催されている。マールイ・ドラマ劇場のレフ・ドージン演出『カラマーゾフの兄弟』、諸民族劇場のエヴゲニイ・マルチェッリ演出『ステパンチコヴォ村とその住人』とエレーナ・ネヴェージナ演出『冬に記す夏の印象』、レンソヴェート劇場のアレクセイ・スリュサルチュク演出『悪霊』などの芝居の他、諸民族劇場ではドストエフスキイのテクストを基にした若手の作曲家と演出家による実験的な四本の室内オペラ――『マリヤ・スタヴローギナ』、『地下室の手記』、『星は火からつくられた』、〈D-limb opera〉が上演された。

なかでも注目されるのは、ネヴェージナ演出の『冬に記す夏の印象』だろう。これはドストエフスキイの同名の紀行文の初めての舞台化である。ドストエフスキイは、一八六二年六月から九月までの二カ月半、初めてヨーロッパ旅行に出かけ、紀行というより文明論のようなフェリエトン（諷刺的時評）を書いた。ドストエフスキイのヨーロッパを語る言葉は辛辣だ。旅の列車のなかでは考える時間がたっぷりある。ドストエフスキイは、上からの命令で押し付けられた「ヨーロッパのために捨ててきたわが祖国のあ

ネヴェージナ演出『冬に記す夏の印象』（諸民族劇場, 2021 年初演）

りとあらゆることが、とりわけ深く考えられた。〔……〕どのようにして様々な時代にヨーロッパが私たちに影響を与え、ヨーロッパ文明が徐々に私たちの許に押し入ってきたか、どの程度私たちは文明化したか」を考える。ロシア人は西欧の影響を受けてヨーロッパ式の外見を身につけたが、内面的にはヨーロッパ人に生まれ変わらなかった。進歩、科学、芸術、文化をロシアにもたらした〈神聖なる奇跡の国〉としてロシアが憧れ、熱烈に信仰するヨーロッパに、ドストエフスキイは幻滅を覚える。人類の進歩の〈現在〉の到達点であるロンドンの万国博覧会、〈水晶宮〉について「あなたたちは世界中からやって来たこれら無数の人々を一つの群れに結合した恐ろしい力を感じるだろう。巨大な思想を認識し、ここではすでに何かが成し遂げられている、ここには勝利があり、凱歌があると感じるだろう」と人間の〈理想的な〉共同社会の象徴として示しながら、そこにいるのは「一つに結合された群れ」であり、これは「まのあたり成就された黙示録の予言」のようだとし、こうした合理的に構成された世界を理想扱いしないために、抵抗と否定の精神が必要だと訴える。彼にとって、理想的な共同社会よりも自らの完全な自由意志のほうが重要なのだ。たとえ〈蟻塚〉を合理的につくる蟻にも劣ると罵られても、人間の〈本性〉にとって自由意思を縛られた世界は牢獄なのである。演出のネヴェージナは、「フョードル・ミハイロヴィチ〔ドストエフスキイ」その人と一緒に旅に出掛けたら、現代世界を悩ませている多くの問題――ロシアと西欧の相互理解と発展の道、文化の相違――がすでに何百年も問われ続けていることを理解するだろう。私たちが初めてではないし、最後でもないのだ」[28]として、ドストエフスキイが旅をした一八六二年と今日を結び付ける。舞台は一等車のコンパートメント。ドストエフスキイのテクストは二人の登場人物――「彼」と「彼女」に分担され、ヨーロッパをめぐる論争が繰り広げられる。「彼女」はドストエフスキイの時代の服装と思われるドレスに、編み上げブーツを履いているのに対し、「彼」はジッパー・ファスナーのついたブルゾンのような服の上に長いコートを羽織り、黒いズボンの下から黄色い靴下がのぞいている。舞台の奥には三つの大きな車窓があり、流れていく外の景色を映し出しているが、中央の車窓にはときどき主人公たちの生活からのモノクロのスケッチ、ファッションショー、ハンバーガーを食べる人々などの現代のエピソードが映し出される。こうして二つの時代の境界は消し去られる。

ネヴェージナ演出の『冬に記す夏の印象』が初演されたのは二〇一一年三月三日であり、ボゴモーロフのマニフェスト『エウロペの誘拐2・0』(二〇一二年二月一〇日発表)がスキャンダラスな騒動を起こしていたときだった。ネヴェージナはあるインタビューで、「ボゴモーロフのマニフェストと私たちの芝居のテーマが交差するのは、もちろん、全くの偶然の一致だ」と影響関係を否定しているが、同時に「〈ロシアの進むべき道〉に関する議論が行なわれるのは、私たちの芝居から明らかなように、初めてではない。[……]どの国にでもその国の特徴というものがある。一般化するのはおかしいし、私には必要だとは思えない。自分の国がどこに向かっているのかあまりよく分からないというのであれば、時にはどこかと比べてみる方が分かり易いこともある。それよりも、問題はむしろ、ロシアはどこへ向かっているのか、私たちの国の使命はどこにあるのか、そして私たち自身がロシア人として……ロシア市民として自分をどのように認識しているか、グローバルな理解がないというところにあるのだ」〔29〕と語っている。一九世紀の西欧派とスラヴ派の論争が投げかけた問題は彼女にとっても遺伝子に組み込まれた永遠の問題なである。

ボゴモーロフは「人は誰でも人生において最も重要な瞬間に彼〔ドストエフスキイ〕に戻る」と語っているが、たとえば一九八〇年代半ばから一九九〇年代半ばまで、ロシアがペレストロイカとソ連邦崩壊という大変動を経験した時代、ロシア人にとってこの「最も重要な瞬間に」ドストエフスキイが盛んに上演され、優れた舞台が多く生まれた。ペレストロイカ期には社会主義社会の恐怖と破綻を予言した作家として採り上げる舞台が主流だったのに対し、ソ連邦崩壊後は政治離れのなかで多様なアプローチの舞台が現われるようになった（第二部・第一章参照）。二〇一〇年代になると、ロシア社会は政治化し、その傾向に呼応する舞台が現われるようになる。二〇一四年三月のクリミア併合後、ロシアと西欧の関係が悪化するなかで、一九世紀の人々を捉えていた論争――西欧とロシアの文化的差異、人類文化におけるロシアの役割、ロシアの進むべき道などの問題に関する論争が再びアクチュアリティーを帯びてきた。ドストエフスキイ作品が盛んに舞台化されているのは、生誕二〇〇年を記念するというだけでなく、そこに〈現代性〉をみているからだろう。

新しい世代の巨匠たちの仕事

二〇一〇年代にロシア演劇を牽引してきた巨匠たちが相次いで世を去り、二〇二〇年一一月には俳優の身体性や音楽を前面に押し出す独自の美学で一時代を築いたロマン・ヴィクチュクがコロナウイルスによって亡くなった（享年八四歳）。ロシア演劇の世代交代は加速している。その上、パンデミックが演劇活動に様々な制約を負わせた。しかし、こうした困難な状況にありながら、二〇二〇／二〇二一年シーズンは実り豊かだったという評価が多い。ボゴモーロフは「大成功」のシーズンだったと語り、国立演劇大学学長で演劇評論家のグリゴリイ・ザスラフスキイは「制限にも関わらず、これまでの数シーズンより良い芝居に乏しかったという感じはない。最も重要なのは、すべての劇場と俳優たちが皆に――当局にも、社会にも、自分たちが必要な存在であることをはっきりと納得させたということだ。〔……〕ロシアの納税者がこれほど多くの劇場を維持しているのは無駄ではないことが明らかになったのだ」[30]と総括し、演劇批評家マリーナ・ライキナは「パンデミックのシーズンは、予想に反して、爆発的なシーズンになった。これほどの事件と言える初演作品や優れた演技が観られたのはわが国の演劇には久しくなかった」[31]と評価した。

多くの劇評が書かれ、高い評価を得た作品としては、ドミトリイ・クルィーモフ演出『モーツァルト『ドン・ジョヴァンニ』・ゲネプロ』（フォメンコ工房）、セルゲイ・ジェノヴァチ演出『スターリングラードの塹壕にて』（ヴィクトル・ネクラーソフ作）と『感情の陰謀』（ユーリイ・オレーシャ作、共にチェーホフ記念モスクワ芸術座）、ユーリイ・ブトゥーソフ演出『息子』（フローリアン・ゼレール作、ロシア青年劇場）と『リア王』（シェイクスピア作、ワフタンゴフ劇場）、ミンダウガス・カルバウスキス演出『女房学校』（モリエール作、マヤコフスキイ劇場）、エゴール・ペレグードフ演出『村の一月』（イワン・トゥルゲーネフ作、チェーホフ記念モスクワ芸術座）……などが挙げられる。新しい世代の〈巨匠〉たちはパンデミックのなかでも着実に仕事を続け、優れた舞台を生み出しているようだ。

クルィーモフの『モーツァルト『ドン・ジョヴァンニ』・ゲネプロ』はモーツァルトのオペラ『ドン・ジョヴァンニ』の制作現場を舞台にした芝居だ。芝居を創る芝居――舞台美術家の演出家クルィーモフらしい芝居である。主人公は世界的名声を誇る演出家。世界中を忙しく飛び回っている彼が、三〇年振りに自分の劇場に戻ってくる。かつてあまりにも実験的であるとして上演を禁止されたオペラ『ドン・ジョヴ

クルィーモフ演出『モーツァルト『ドン・ジョヴァンニ』・ゲネプロ』(フォメンコ工房，2021 年初演)

ジェノヴァチ演出『感情の陰謀』(チェーホフ記念モスクワ芸術座，2021 年初演)

ァンニ』を上演するためである。そのスキャンダラスなオペラのことも、女性たちと浮名を流していた彼のことも皆の記憶に鮮明に残っている。こうして演出家はオペラの主人公ドン・ジョヴァンニと重なりあい、芝居は入れ子細工の構造をもって展開される。

ジェノヴァチの『スターリングラードの塹壕にて』と『感情の陰謀』は共にソビエトをテーマにした芝居だ。前者は、題名の通り、独ソ戦におけるスターリングラードの戦いを舞台にした作品であり、後者はオレーシャの長編小説『羨望』を作者自らが脚色した作品である。ジェノヴァチはソビエト初期の文学に関心を持ち続けている。ニコライ・エルドマンの『自殺者』、ミハイル・ブルガーコフの『逃亡』、ダニイル・ハルムスの『老婆』などの作品では、ソビエトという新しい時代から脱落し、過ぎ去ってしまった時代への哀惜の念を抱く主人公たちが描かれている。『感情の陰謀』では、革命前の価値とモラルを代表するニコライ・カヴァレーロフと社会主義建設に邁進する合理主義者アンドレイ・バービチェフとの対立が描かれる。『感情の陰謀』が書かれた一九二九年（『羨望』は一九二七年作）は、第一次五カ年計画による本格的な社会主義建設が始まったばかりの時代だった。この〈古い人間〉と〈新しい人間〉の対立は、言うまでもなく、〈新しい人間〉バービチェフの勝利に終わる。しかし、機械が人間に代わり、進歩への無条件の信頼が支配するなかで、人間は個性を失い、詩的世界や個人的生活が死滅しようとしている。そのような時代において人間はどう生きるべきか。今日上演されることで、バービチェフの勝利は無条件に肯定できるものではなくなる。ジェノヴァチの『感情の陰謀』は社会主義社会における〈古い人間〉の抵抗の物語なのだ。もっとも、オレーシャの原作においても、〈古い人間〉の形象は人間的に描かれるのに対し、〈新しい人間〉は人間性の欠けた功利主義者に描かれている。隠されていた真のテーマをジェノヴァチが前面に出したというべきか。

ブトゥーソフ演出『息子』（ロシア青年劇場，2020 年初演）

ブトゥーソフ演出『リア王』（ワフタンゴフ劇場，2021 年初演）

ブトゥーソフの『息子』は、両親が離婚したため深刻な鬱状態に陥り、引き籠り生活を送っている一七歳の少年の物語だ。少年は母親と暮らし、父親は若い女と再婚し、最近男の子が生まれている。両親の離婚は少年を抜け殻にし、エネルギーや若さを奪い取り、生への関心を失わせてしまった。ブトゥーソフはこの一七歳の少年を六二歳の俳優エヴィゲニイ・レーディコに演じさせた。父親を演じるのは三五歳のアレクサンドル・デヴャチヤロフである。少年は引き籠りの三カ月を何十年ものように感じて生きていて、父親は若い妻と生まれたばかりの赤ん坊との充実した生活で若返っている――こうした二人の内面を視覚的に表現しているのだろう。精神的には少年は父親よりもはるかに年取っているのだ。少年は父親の許に引っ越すが、生きる場を見つけられず、結局、元の生活に戻っていく。フィナーレでブトゥーソフは少年が経験した世界秩序の崩壊を舞台空間そのものに語らせる。暗い部屋の壁が開いて空の舞台が剝き出しになり、そこに惑星が現われ迫ってくる。世界の終末のイメージで少年の〈悲劇〉は幕を閉じるのである。

ブトゥーソフの『リア王』でも人間を支配するのは、舞台空間を占める巨大な〈月〉だ。「国を三つに分ける」というリアの無思慮な言葉によって生じた不幸を嘆いてグロスター伯爵が言う。「近ごろ続いてあらわれた日食月食は不吉な前兆であったのだ。〔……〕人間界はたしかにその結果たたりを受けておる。愛情はさめ、友情はこわれ、兄弟は背を向けあう。町には反乱、村には暴動、宮廷には謀反が起こる。親子の絆も断ち切られる」[32]。ブトゥーソフの芝居では、あたかも宇宙のパワーが人間の不幸の根本原因であるかのようだ。舞台を白い煙が覆い、巨大な満月が降りてきて、人々の上にのしかかってくる。その下で人々は右往左往し、突然激怒し、口論し、茫然自失に陥る。リアと道化は地上に近づいてくる月に向かって走っていく。国が分裂し家族の絆が引き裂かれ、自然と人間の均衡や調和が破壊され、嵐や闇に襲われるのも、まるで〈月〉の祟りでもあるかのようだ。

ペレグードフの『村の一月』では、豪雨が地上を覆う。舞台上には一面に干草が分厚く敷き詰められ、野原のような香りが漂っている。突然、雨が激しく降り出し、二幕の間ときどき止みながらもずっと降り続ける。トゥルゲーネフの『村の一月』は、地主屋敷を舞台に静かに淀みなく流れていく生活の裏で展開される恋模様を描いた作品だ。地主のイスラーエフは領地の経営に忙しく、妻ナターリヤは退屈を託っている。そんな生活のなかで息子の家庭教師として雇った学生ベリャーエフの存在が彼女の心をかき乱す。しかも、養い子のヴェーロチカもまたベリャーエフに恋をする。この三角関係に隣人のラキーチンのナターリヤに対する恋心が絡んで複雑な恋の多角関係が展開される。ペレグードフは登場人物たちをサロンから自然のなかに引き出し、雨を降り注ぐ。何のためか。トゥルゲーネフは『村の一月』を「五幕の喜劇」と定義しているが、舞台装置は喜劇的効果を挙げる手段として使われている。たとえば、登場人物たちは降り続ける雨のなかで「今日は素晴しい天気だ」と言ってピクニックに出掛け、ずぶ濡れになる。彼らの動きは干草に足を取られ無様で滑稽だ。着飾って登場すると、服や装飾が邪魔になり干草にはまってしまう……。しかし、「効果のために芸術座の舞台に何トンもの水を注いだと考えるべきではない。水は恋の三角関係に沸き立ち始める情熱の関係のメタファーであり、その三角関係にはそこに加わる他の人物たちも引き込まれることになる」[33]と捉える批評家もいれば、「雨は人々から建前や方便、礼儀や躾という仮面を洗い落とし、真の願望を明らかにする自然の力を象徴している」[34]と考える批評家もいる。舞台装置に対する見方はさまざまで、一義的解釈は下しにくい。ともあれ多くの批評家に筆を執らせた話題の舞台だった。

近年、地球は天変地異や異常気象に見舞われている。集中豪雨が世界中で洪水を引き起こし、気温の異常な上昇は各地に山火事を発生させ、パンデミックがグローバルな秩序を混乱に陥れている。これは人間の貪欲な利益追求のため破壊され続けている地球の免疫反応なのかもしれない。ブトゥーソフの『リア王』を観て、ある批評家は「客席にいる私たちのなかで、近年、国家や国民の運命に対する気候や磁気嵐、謎のウイルスの影響を現実に感じなかった者がいるだろうか」[35]とし、リア王を突き動かしているのもまた人知の及ばない宇宙の意志だとしている。それが人間に災いをもたらすとすれば、人間の傲慢や愚かしさに対する地球という惑星の怒り、あるいは自己防衛なのだろう。ペレグードフの〈雨〉もそのようなものなのかもしれない。

ところで、二〇二〇／二〇二一年シーズンのミンダウガス・カルバウスキスとキリール・セレブレンニコフの仕事はどうであったのか。カルバウスキスは『女房学校』で相変わらず知的で洗練されたプロフェッショナルの舞台を見せてくれたが、ゴーゴリ・センター芸術監督の職を解任されたキリール・セレブレンニコフはロシアの舞台で新作を発表しなかった。諸民族劇場の芸術監督エヴゲニイ・ミローノフはセレブレンニコフについて次のように語っている。「キリールのことは心配していない。なぜなら彼は非常に才能のある人で、彼が生み出す理念は必ず実現されるに違いないからだ。しかし、僕が思うに、残念ながら、僕たちの国においてではない。ロシア文化にとって有益なことをさらに多くできたであろう大演出家が外国で働くことになるのは残念だ」[36]。ちなみに、セレブレンニコフはウィーン国立歌劇場でワグナーのオペラ『パルジファル』を演出してセンセーショナルな成功を収め、二〇二一／二〇二二年シーズンにはバイエルン国立歌劇場でショスタコーヴィチのオペラ『鼻』を演出することになっている。

パンデミックのシーズンは終わったが、新しいシーズンもまたパンデミックのシーズンになりそうだ。パンデミックという状況下における演劇について、プーシキン劇場芸術監督のエヴゲニイ・ピーサレフは

ペレグードフ演出『村の一月』（チェーホフ記念モスクワ芸術座，2020 年初演）

カルバウスキス演出『女房学校』（マヤコフスキイ劇場，2021 年初演）

次のように語っている。「最も難しく興味深いことは始まったばかりだと思う。これは考慮すべき新しい現実だ。新しい問題、新しい観衆、新しい認識だ。今パンデミック以前に気に入っていた戯曲をいくつか読んでみて分かるのは、それらがどうしようもなく時代遅れになってしまったということだ」[37]。パンデミックは世界や現代人の精神に影響を与え、パラダイム・シフトが起こるかもしれない。セレブレンニコフは、演劇は「現代性をいかに表現すべきか考えないわけにはいかない」と言った。演劇はこの現状をどのように映し出すのだろうか。もっとも、パンデミックの経験を真に反映した芝居が舞台に登場するのは、この現象が最終的形を取った後のことになるだろう。

第五章　ウクライナ侵攻時のロシア演劇――経過報告

二度目のパンデミック・シーズン、二〇二一／二〇二二年シーズンも半ばに差し掛かった二〇二二年二月二四日、ロシア軍がウクライナに軍事侵攻を開始した。なぜプーチン大統領はこのような決定を下したのか、この侵攻にウクライナはどのように対峙したか、世界はどのように対峙したか、ウクライナ侵攻は世界の政治や経済にどのような影響を与えるのか、これから世界はどうなるのか――この悲劇的出来事から出てくる諸々の問題の分析と評価はそれぞれの分野の専門家に任せるとして、ここではウクライナ侵攻に対してロシアの演劇人たちはどのように向かい合ったか、この悲劇はロシア演劇にどのような影響を与えるかについてみていくことにしよう。

Ⅰ　ウクライナ侵攻に対する演劇界の反応――クロニクル

ロシア軍のウクライナ侵攻が始まった二〇二二年二月二四日から、テアトル誌が「軍事行動時の演劇」と題するオンライン・クロニクルを発信し続けている。まずは、これを基にウクライナ侵攻から一週間の演劇界の動向を時系列で追ってみることにしよう。

二月二四日

13時35分――ポーランドにおけるドミトリイ・クルィーモフ演出の『ボリス』の公演が中止された。

14時30分――メイエルホリド・センター支配人エレーナ・コヴァリスカヤがウクライナ侵攻に抗議して辞職した。コヴァリスカヤはフェイスブックに次のように書いた。「皆さん。ロシアのウクライナ侵攻に抗議して、国立劇場であるメイエルホリド・センター支配人の職を辞します。人殺しのために働いて、そこから給料を得ることはできません」。

15時01分――ミラノのスカラ座は指揮者ヴァレリイ・ゲールギエフに対し、ウクライナ情勢に対する立場を明確にするよう要求した。スカラ座は、「われわれは、彼は自らの立場を明確にし、ウクライナ侵攻に反対すべきだ、と考えており、さもなければ協力を停止せざるを得ない」と表明した。

15時10分――シアター・ドクが「私たちは、演劇とは人々を和解させることのできる芸術であり、ドキュメンタリー芸術は他者の中に人間を見ることができるものであると信じる」と戦争の停止を訴えた。

15時26分――テアトル誌の編集長である演劇評論家マリーナ・ダヴィドワが、「ロシア連邦首脳部とウラジーミル・プーチン大統領に対し隣国の領土における軍事行動を直ちに停止するよう」求めるアピールを出し、すべての演劇人に署名を訴えた。
15時49分――若手劇作家のフェスティバル「リュビーモフカ」が反戦を訴えた。「今日、ロシア軍がウクライナ諸都市の砲撃を開始した。私たちはこの出来事を無関心に眺めることはできないし、主権国家への軍事侵攻を断固批判することを表明するのが私たちの義務であり、これは両国市民に対する罪であると考える」。
18時51分――ジャーナリストのミハイル・ズィガリは、「これはわれわれの恥だ。しかし、この責任を負わなければならないのはわれわれの子供たち、若い世代やまだ生まれていないロシア人たちだ」と反戦を訴えた。この請願書に俳優のチュルパン・ハマートワやアナトリイ・ベールルイ、演出家ウラジーミル・ミルゾエフ、劇作家イワン・ヴィルィパエフ、その他の文化人たちが署名した。
19時53分――プリマ・バレリーナのディアナ・ヴィシニョーワはフェイスブックに「戦争や何であれ暴力行為は嫌だ。……今考え、願えるのは、平和が蘇ることだ」と書いた。
20時30分――演劇プロデューサーで演出家、劇作家のユーリイ・シェフヴァトフが単独で反戦ピケに出て、拘束されたことが明らかになった。
22時40分――劇作家で演出家、俳優のエヴゲニイ・グリシコヴェッツがブログで反戦書簡を発表した。「私たちの誰も、採択され実行された決定に影響を与える何らの可能性も持たなかった……。私にはせめて何かを変える何らの可能性もなかったし、今もない……。私はただこう言えるだけだ。私は戦争に反対だ！」
23時00分――ロシアのシェイクスピア学者たちがウクライナとの戦争に反対し、声明を発表した。「われわれシェイクスピア研究家は、われわれの研究の対象が戦争、それも同胞殺しの戦争によって恐ろしく破壊される人道的価値の総体を表現する芸術家の創造であることに立脚し、ウクライナとウクライナ・シェイクスピア・センターの同僚たちとの連帯を表わす。われわれは流血を直ちに停止し、交渉のプロセスに戻ることを支持する」。

二月二五日

1時36分――ニューヨークのカーネギー・ホールは指揮者ヴァレリイ・ゲールギエフとピアニスト、デニス・マツエフの出演を拒否し、代役を立てることを決定した。

10時30分――演劇批評家協会は、国際演劇批評家協会のウクライナ支部の同僚に宛てた公開書簡を発表した。「親愛なる同僚と友人のみなさん！　われわれは、ロシア政府がウクライナ国民に対して開始した軍事攻撃に恐怖を感じ、非難する。われわれはマニフェストや請願書において出来得る限り戦争反対の抗議を表わすつもりである。われわれは恥ずかしさと無力を感じている。皆さんの安全を願っている。演劇がつねに人間性の場であるように」。

12時10分――ラトヴィア国立オペラは、ウクライナにおけるロシアの軍事作戦を公に非難するアーチストとのみ協力する、と表明した。

13時00分――ボリショイ劇場とマリインスキイ劇場は、振付師のアレクセイ・ラトマンスキイがニューヨークに去ったため、バレエ『フーガの技法』（ボリショイ劇場）とバレエ『ファラオの娘』（マリインスキイ劇場）を上演日未定にした。「時が来たら、この芝居を完成するためモスクワに戻れることを期待している」とアレクセイ・ラトマンスキイはＳＮＳで語っている。

14時30分――マヤコフスキイ劇場の芸術監督ミンダウガス・カルバウスキスはフェイスブックで「僕も辞める！」と宣言した。カルバウスキスが書いたのはこれだけで（ロシア語で三単語）、コメントは加えていない。劇場管理部が職員に「ウクライナでの軍事行動に対するいかなるコメントも控えるように」と要求しているという。「僕も」とあるのは、昨日メイエルホリド・センター支配人の職を辞したエレーナ・コヴァリスカヤのことが念頭にあったのだろう。

16時00分――リトアニアの文化相シモナス・カイリスが、リマス・トゥミナスが創設したヴィリニュス・マールイ劇場の管理部にトゥミナスの解雇を求めた、というニュースが報じられると、マスメディアにトゥミナスが芸術監督を務めるワフタンゴフ劇場を辞めるという情報が流れた。トゥミナスはこの情報を否定している。

17時23分――ラトヴィアの文化相ナウリス・プントゥリスはロシア文化省との協力についての合意を一方的に破棄する旨を自らのフェイスブックで表明した。

20時30分――国際現代芸術フェスティバル「テリトリー」は戦争に反対し、文化関係の維持を求めた。メイエルホリド・センター芸術監督ドミトリイ・ヴォルコストレロフ、演劇評論家ロマン・ドルジャンスキイ、演出家チモフェイ・クリャービン等、フェスティバル関係者が声明を発表した。「国際現代芸術フェスティバル・テリトリーの主要課題は様々な文化の人々との間に関係を築き強化することだ。今日、これらすべての細いが、強固に思われていた関係が私たちの目の前で引きちぎられているのを、私たちは目の当たりにしている。〔……〕私たちがこの悲劇的状況においてなし得る唯一のことは、沈黙することなく、『戦争反対』と言うことだ」。

23時00分――モスクワのオレグ・タバコフ劇場芸術監督ウラジーミル・マシコーフはドネツクとルガン

スク両人民共和国の独立を承認したプーチン大統領の決定を支持した。「八年間、戦争が行なわれており、〈文明〉世界はそれを見ながら、見ぬ振りをしてきた。ドネックとルガンスク両共和国の独立を承認するわが国の大統領の決定を、現状において唯一可能なものとして私は支持する。三月四日に上演される芝居『マトロースカヤ・チシナー』のすべての収益は、ドネック人民共和国とルガンスク人民共和国の住民とロシア領土に移って来てわれわれの支援を必要とするウクライナ市民の支援に使われる」[1]。

23時28分――ロンドン王立劇場コベントガーデンは、ウクライナの状況を考慮して夏に予定しているボリショイ劇場の公演を中止する決定を下した。

二月二十六日

13時13分――タバコフ劇場芸術監督マシコーフのプーチン支持発言に対し、『マトロースカヤ・チシナー』の作者アレクサンドル・ガーリチの息子であり人権活動家のグリゴリイ・ミフノフ＝ヴァイテンコが異を唱え、「今後、『マトロースカヤ・チシナー』がこの劇場の舞台で上演されることに断固反対する。もしも私の要求を無視するなら、罰金を科せられることになるだろう」と語った。（実は、ミフノフ＝ヴァイテンコは戯曲の唯一の著作権者ではない。ガーリチには娘があり、娘のアリョーナ・ガーリチ＝アルハンゲリスカヤにも著作権がある。彼女は、戯曲は上演を禁止されるべきではない、と主張している[2]）。その後、タバコフ劇場の『マトロースカヤ・チシナー』は三月四日に上演され、チケット収入はロシア赤十字に寄付された。

20時45分――チェーホフ記念モスクワ芸術座、トフストノーゴフ記念ボリショイ・ドラマ劇場、ゴーゴリ・センター、アレクサンドリンスキイ劇場は平和を象徴する鳩の絵を劇場のロゴに添えた。

二月二七日

13時36分――スタニスラフスキイ及びネミロヴィチ＝ダンチェンコ記念モスクワ音楽劇場のバレエ団芸術監督ローラン・イレールが退団を表明した。

17時30分――演出家で劇作家のエカテリーナ・アヴグステニャクが逮捕された。

21時00分――エンジニアリング劇場ＡＸＥの創設者の一人である演出家マクシム・イサーエフは、タガンカ劇場で上演した芝居『金鶏の話』の終演後に、「われわれは、戦争は停止されるべきである、と考える」とウクライナにおける軍事行動の停止をロシア政府に訴えた。

二月二八日

5時09分――ニューヨーク・メトロポリタン・オペラ劇場は、ロシア政権と関係のあるアーチストや文化機関との活動を一時停止した。メトロポリタン・オペラ劇場によると、この措置は「ウクライナの軍事作戦が停止する」まで続けられる。

10時33分――イギリスのガーディアン紙は、クラスノヤルスク国立オペラ・バレエ劇場の英国公演は期限終了を待たずに中止される、と報じた。

15時24分――ゴーゴリ・センターは劇場の創立記念の祝賀を中止する、とＳＮＳで発表した。そのテクストには詩人ユーリイ・レヴィタンスキイに捧げた芝居『私は戦争に参加しない』の断片が添えられ、俳優のフィリップ・アヴデーエフが朗読している。

15時45分――芸術・文化教育施設協会は、ドネックとルガンスクの両人民共和国の承認を支持する声明を発表した。声明文には、国立演劇大学学長グリゴリイ・ザスラフスキイ、国立映画大学学長ウラジーミル・マルィシェフ、シチューキン演劇大学学長エヴゲニイ・クニャーゼフ、グネーシン音楽大学学長アレクサンドル・ルィジンスキイ、チャイコフスキイ記念モスクワ音楽院院長アレクサンドル・ソコロフが署名している。

17時30分――「黄金の仮面演劇祭二〇二二」の国際プログラムの枠組みにおけるモスクワ公演をヨーロッパの演出家――クリスチアン・リューパ、クシシトフ・ヴァルリコフスキイ、コルネリ・ムンドルツォが拒否した。

20時00分――劇作家組合はウクライナにおける軍事行動を中止するよう求める公開アピールを出した。書簡のテクストは署名した劇作家のそれぞれのSNSに発表されている。内容は次の通り。「われわれ劇作家組合は、ウクライナ領土で開始された軍事行動に抗議する。われわれはいかなる軍事介入にも、暴力や何らかの武器の使用にも反対する。流血を即座に停止し、交渉のテーブルに就くよう訴える。現状は全世界と人類に対する直接の脅威である。〔……〕世界の未来に無関心でないすべての人びとにこのアピールに参加するよう呼び掛ける」。

22時00分――マールイ・ドラマ劇場芸術監督レフ・ドージンが公開の反戦書簡を発表した。

23時30分――指揮者イワン・ヴェリカノフは、公に反戦の発言をしたため三月一日のモスクワにおける黄金の仮面演劇祭への出演を取り消された、とフェイスブックで公表した。「二五日のニジェゴロド・オペラにおける開演前の私の短い反戦スピーチとベートーヴェンの『歓喜の歌』の演奏のため、黄金の仮面演劇祭における明日の『フィガロの結婚』の指揮を外されたことを急ぎお伝えする」。ニジェゴロド・オペラ・バレエ劇場の芝居『フィガロの結婚』は、黄金の仮面演劇祭の七つの部門にノミネートされている。

三月一日

1時39分――イタル・タス通信が報じるところによると、ギリシャ文化・スポーツ相リナ・メンドニは、二月二八日、ロシアの文化組織とのプロジェクトの実行、協力、計画、協議を停止するよう命じた。

10時00分――演劇芸術スタジオは創立記念日を祝わない決定を下した。

12時00分――ヴァレリイ・ゲールギエフがミュンヘン交響楽団の首席指揮者と芸術監督の職を解任された。ゲールギエフは、ウクライナ領土における軍事行動に関して公式に発言するよう求められていた。ミュンヘン市長は、ゲールギエフがプーチン大統領への肯定的評価を見直すことを期待していたが、「それがなされなかったからには、残された唯一のことは、直ちに袂を分かつことだ」と市長は語った。

13時00分――ロシア連邦国家院議長ヴャチェスラフ・ヴォロディンは、ウクライナ情勢に関する自らの立場を公の場で「月曜まで明らかにしなかった」理由でミュンヘン交響楽団主席演出家の職を解任されたヴァレリイ・ゲールギエフを擁護した上で、ロシアで働いている芸術監督、演出家、俳優、アーチスト、ショー・ビジネスの人びとは、ミュンヘン市長がウクライナ情勢に関して言ったように、「月曜日までに明確な立場を明らかにする」べきであると語った。

16時00分――演出家ドミトリイ・ヴォルコストレロフがメイエルホリド・センター芸術監督の職を解任されたことが明らかになった。

16時30分――ロシア国防省はエミール・クストゥリツァのロシア軍劇場主席演出家就任を公表していたが、ロシア軍劇場広報部はこの情報を否定した。

17時00分――黄金の仮面演劇祭のプログラムにこの数日で変更が加えられた。二月二八日、カールソン・ハウスの芝居『金鶏の話』の二度目の上演が中止され、三月一日、ニジェゴロド・オペラ・バレエ劇場の『フィガロの結婚』の指揮者が交代した。
18時40分——マスメディアの情報によると、三月一日にバイエルン・オペラを解任された指揮者ヴァレリイ・ゲールギエフと歌手アンナ・ネトレプコが、七月一日から一〇日までクリンで行なわれる第七回国際チャイコフスキイ芸術祭に招待された。
19時00分——演劇批評家で演劇学者のアリョーナ・カラーシは、フェイスブックで、国立演劇大学を辞めると表明した。「私はかつて兄弟国だったウクライナに対するロシアの〈軍事行動〉を完全に認めない立場を公に宣言する。同様に、四半世紀にわたり教鞭を執らせていただいた国立演劇大学との関係の完全な断絶を宣言する」と書いた。
21時05分——「モスクワの木霊」の電波が遮断された。

三月二日

1時30分——アンナ・ネトレプコはスカラ座のオペラ『アドリエンナ・ルクヴルール』への出演を辞退した。「アンナ・ネトレプコは活動を一時停止することを宣言し、今後のすべてのプロジェクトを中止した」と劇場広報部は伝えた。これまでに、ウクライナ情勢の先鋭化によって、アンナ・ネトレプコのデンマーク・オーフス・コンサートホールの出演が中止されることが明らかになっていた。
2時00分——ワルシャワ・ナショナル・オペラは、マリウシ・テルリンスキイ演出のムソルグスキイのオペラ『ボリス・ゴドゥノフ』の四月の公演を中止した。
10時00分——指揮者ヴァシリイ・ペトレンコはスヴェトラノフ記念国立アカデミー交響楽団の芸術監督

のポストを去る。ペトレンコは自らの公式サイトにおいて、「ウクライナで繰り広げられている悲劇はすでに今世紀のもっとも大きなモラル崩壊と人道的破局のひとつになっている。〔……〕この恐ろしい出来事への応えとして、私は、平和が戻るまで、スヴェトラノフ記念国立アカデミー交響楽団の芸術監督の職務を含め、ロシアでの活動を停止する決心をした」と書いた。

11時00分——ラトヴィアの演出家アルヴィス・ヘルマニスは、三月四日の諸民族劇場における芝居『シュクシンの話』のポスターから自分の名前を取り除くよう求めた。

13時00分——メイエルホリド・センターのインスタグラムを管理しているソファ・クルゴリコワは自らのSNSに、新支配人オリガ・ソコロワの指示によって「ウクライナの〈特別作戦〉に抗議する私たちのポストを消去する」と投稿した。

14時30分——ロシアの主要な劇場の指導者たちのアピールに一〇〇〇名以上の署名が集まった。署名者のなかには次の人びとがいる——ソフィヤ・アプフェリバウム、アナトリイ・ベールイ、ドミトリイ・ヴォルコストレロフ、カマ・ギンカス、エヴゲニイ・グリシコヴェツ、エヴゲニイ・マルチェッリ、ウラジーミル・ミルゾエフ、ヴェニアミン・スメホーフ、ゲンリエッタ・ヤノーフスカヤ、その他。ウクライナ情勢の平和的解決への呼びかけの書簡は、二月二六日に発表され、署名は続いている。

18時30分——ラインのドイツ・オペラは、五月一四日に計画されていたドミトリイ・ベルトマン演出のウムベルト・ジョルダーノ作オペラ『アンドレア・シェニエ』の初演中止を発表した。

23時00分——ダンス・オープン・フェスティバルは、今シーズンの国際プログラムの中止を表明した。

ウクライナ侵攻開始後一週間のロシア演劇界の動向を時系列で追ってみると、いくつかの傾向が見えてくる。開戦から数カ月が経ったが、その傾向に変化はない。まとめてみることにしよう。

演劇人たちのアピール

人間はSNSという自己表現のツールを手に入れた。SNSは人々を隔てる距離をゼロにしたが、それが逆に人々を分断し孤立させる状況を生んでいた。しかし、今回はそのSNSが人々を一体化させる手段となっている。ロシア軍のウクライナ侵攻が始まるや否や、戦争反対のアピールや、いわゆる〈特別作戦〉を支持する主張などがSNSに投稿され、素早く一挙に拡散された。

たとえば、開戦当日の二月二四日、歌手であり俳優のセルゲイ・ラーザレフは次のような投稿を寄せた。「一週間前、息子が泣きながら目を覚ました！『どうした』と訊くと、七歳の息子が答えた。『パパ、ぼく戦争が怖い』。私は応じた。『何を言うんだ、心配ない、戦争なんて起こらないよ』。それが、今日、本当の戦争が始まってしまったのだ！……〔……〕止めてくれ！　直ちに！　ストップと言ってほしい！　交渉のテーブルに就いてくれ！……誰も戦争を支持しない！　子供たちには平和な時代を生きてほしい！　私は平和な時代に生きて創作したい！　戦争反対！」。

チェーホフ記念モスクワ芸術座の俳優であるアナトリイ・ベールイもまた、開戦当日、次のように投稿した。「僕はウクライナで生まれた。……あちらに僕の祖母と祖父が眠っている。ウクライナとロシアは僕にとって常に祖国だった。今日、一方の祖国がもう一方の祖国と戦争を始めた、僕の祖国の歴史における暗黒の日だ。これは破局だ。僕の脳はこれを信じるのを拒んでいる。この数年、事態はそこまでいかないだろう、と僕は期待していた。友よ、僕たちを許してくれ。これをどう止めてよいのか、僕には分からない。［……］僕にはウクライナ人の友人がいる。これを止めてくれ。ウクライナから手を引け!!　戦争反対!!」

二人の発言からも窺えるように、ロシアの人々は戦争が現実に起ころうとは考えていなかった。まして、ロシアにはウクライナに身内や友人を持つ人たちが大勢いるのだ。彼らの反戦の思いは切実だ。

世界的な演出家であるマールイ・ドラマ劇場芸術監督レフ・ドージンは、開戦直後、プーチン大統領に私的に書簡を送り、戦争の停止を訴えたという。さらに、二月二八日、ドージンは公開書簡を発表し、公に反戦を訴えた。「〈ショックだった〉と言うほかない。大祖国戦争の子である私には、キエフの人々を防空壕に追いやり、自分の国から逃げざるを得なくする、ウクライナの町や村に向けられたロシアのミサイルを思い描くことは、怖い夢の中でさえ不可能だった」。〈レニングラード防衛ごっこ〉や〈キエフ防衛ごっこ〉で遊んでいた少年だったドージンにとって、ロシアがキエフと戦っている光景を「脳が、目にしたり、耳にしたり、描き出したりすることを拒んでいる」。二一世紀は悲劇と恐怖に満ちた二〇世紀よりさらに恐ろしいものになってしまった。芸術の使命は「他人の痛みを自分の痛みとして知覚すること」を人間に教えることだ。芸術はその使命を果たしていない。今こそ「他人を愛し、自分自身を許すように他人を許し、悪を信ぜず、悪を善と見做さないことだ」と呼びかけ、ドージンは次のように書簡を結ぶ。「私も七七歳になり、これまでの生涯で愛した人たちを非常に多く失っている。私たちの頭上に平和の鳩でなく憎悪と死のミサイルが飛んでいる今日、言えることは一つしかない——止めてくれ！　［……］不可能事を成し遂げよう。二一世紀を私たちがつくり上げてしまったものでなく、夢見ていたようなものにしよう。私は自分ができる唯一のことをやる。私は懇願する。止めてくれ！　止めてくれ！　お願いだ！」〔3〕。

組織として反戦を訴えるアピールも出てくる。テアトル誌編集長マリーナ・ダヴィドワは、開戦当日、すべての演劇人に「軍事行動停止」を求めるアピールを出そうと提案した。それに応えるように、二月二六日、ロシアの演劇人たちが「ウクライナ情勢の平和解決」を訴えるアピールを出した。アピールの発起人には、ボリショイ・ドラマ劇場俳優オレグ・バシラシヴィリ、演出家ドミトリイ・クルィーモフ、諸民族劇場芸術監督エヴゲニイ・ミローノフ、ボリショイ・ドラマ劇場芸術監督アンドレイ・モグーチイ、プーシキン劇場芸術監督エヴゲニイ・ピーサレフ、サチリコン劇場芸術監督コンスタンチン・ライキン、ソヴレメンニク芸術監督ヴィクトル・ルィジャコフ、ボリショイ劇場総支配人ウラジーミル・ウーリン、アレクサンドリンスキイ劇場芸術監督ヴァレリイ・フォーキンを初めとする一七人が名を連ねている。アピールのテクストは次の通り。「私たちは今、文化人としてだけでなく、普通の人間、わが国の、わが祖国の市民として発言している。私たちのなかには、大祖国戦争で戦った人たちの子供や孫もいれば、その戦争の証人や参加者もいる。私たちの誰もが戦争の記憶を遺伝子に組み込まれている。私たちは新たな戦争を望まないし、人々が死ぬのを望まない。過ぎ去った二〇世紀は人類にあまりにも多くの悲しみや苦しみをもたらした。私たちは、二一世紀は希望の世紀、開かれた対話の世紀、人間と人間の会話の世紀、愛と思いやりと慈悲の世紀になると信じたい。私たちは対立する双方に、軍事行動を止め、交渉のテーブルに就くよう訴える。私たちは、人間の命という最高の価値を守るよう訴える」〔4〕。三月二日の段階で、チェーホフ記念モスクワ芸術座俳優アナトリイ・ベールイ、前メイエルホリド・センター芸術監督ドミトリイ・ヴォルコストレロフ、モスクワ青少年劇場演出家カマ・ギンカス、劇作家・俳優エヴゲニイ・グリシコヴェツ、モスソヴェート劇場芸術監督エヴゲニイ・マルチェッリ、演出家ウラジーミル・ミルゾエフ、俳優ヴェニアミン・スメホーフ、モスクワ青少年劇場芸術監督ゲンリエッタ・ヤノーフスカヤ等、一〇〇〇名を超える署名が集まっている。

他にも、演劇批評家協会が国際演劇批評家協会のウクライナ支部の同僚に宛てた公開書簡を発表し、ロシアのウクライナに対する軍事行動を非難し、国際現代芸術フェスティバル「テリトリー」の主催者たちが反戦を訴え、文化交流の維持を求めている（共に二月二五日）。

演劇人の訴えは、その圧倒的多数が軍事行動の即時停止を求めるものだが、プーチン大統領の決定を支持する発言や宣言もないわけではない。

ロシア映画人同盟議長であり、二〇一七年からは自ら創設したミハルコフ演劇・映画センター芸術監督を務めるニキータ・ミハルコフは、二月二四日、ロシアによるルガンスクとドネツクの両人民共和国の独立承認は唯一の解決策だったと述べた。ミハルコフによれば、「これが行き詰まった状況からの唯一可能な出口だった、と私は考えている。ウクライナとわれわれの西側〈パートナー〉からの度重なる裏切りが許容限度を超えたのだ。八年にわたって、罪のない市民がクーデターによって生まれたナチの体制を認めたがらないという理由だけで殺害され、殺害者が罰せられないのを、世界は黙って見てきたのだ」。さらにミハルコフは、軍事作戦の停止を要求している文化人たちはウクライナ領土における平和な住民への攻撃からドンバスを救うためにこれまで発言しようとしなかった、と批判し、「彼らは起こっていることをすべて平然と眺めながら、国家の手で養われ、危機が生じるまで黙っていた。なぜなら、彼らの大多数の子供たちは外国で学び、彼らは外国で投資をし、外国で不動産を買い、外国で自分の満足に金を費やしていながら、稼ぐのはここだからだ」[5]と語った。

ミハルコフの「ウクライナに対する特殊作戦」支持に対し、ウクライナの検事総長は「ウクライナの領土の保全に対する侵害」の容疑でミハルコフに逮捕状を出し、国際手配した。これに対しミハルコフは、「誰かの望むように考えていないというだけで他国の芸術家を国際手配するという決定に署名できたのは、一九三九年、ファシスト・ドイツの検事総長エルンスト・ラウツだけだった」[6]と皮肉たっぷりに応じた。

芸術・文化教育施設協会は、二月二八日、アピールを出し、「ドネツク人民共和国とルガンスク人民共和国の承認の決定を理解する。両共和国の人々の生活における悲劇や曖昧な状況に終止符を打たねばならないことは疑いない」とプーチン大統領の決定を支持した。アピールは、「ロシア社会を分断し、パニックを広め、出来事の意味を歪めようという活発な試みが国外からなされている」と指摘し、ロシアに対して情報戦争が繰り広げられている現在、学生たちに出来事を正しく解説し導く教授や講師たちの責任は重い、と教育の役割を強調している。このアピールにはロシアの主要な芸術・文化教育施設の学長が署名している[7]。

三月四日、人民芸術家や功労芸術家、画家、作家、ジャーナリストたちがロシア大統領宛てに書簡を書き、ウクライナにおける軍事作戦の遂行を支持した。彼らの主張はプーチン大統領を熱狂的に支持する国粋主義者の考えをよく表している。その内容をみておこう。「敬愛するウラジーミル・ウラジーミロヴィチ！ 一九九一年、ベロヴェーシスカヤ・プーシチャにおいて、ママイ・ハンも、ナポレオンも、三国協商も、ヒトラーもなし得なかったことが行なわれました。われわれの祖先によって千年間にわたって纏められてきた聖なるルーシの統一が破られたのです。その後三〇年にわたって続いた混乱と流血はすべて、偉大なる国の分割の宣言に署名した三人の人物の責任です」と、書簡はまずソ連邦の解体を批判する。書簡によると、ルガンスクとドネツクの両人民共和国の独立宣言以来、八年間にわたり、ナショナリストやファシストが兄弟国であるウクライナの国民を人質に取り、ロシア世界に入り込んできて、アメリカ合衆国やヨーロッパの傀儡政権を認めない人々を殺害している。ルーシは不可分であり、共通の歴史、文化、価値、言語をもっている。この統一を未来にわたって守らなければならない。祖先によって約束された土地の周りに基地が配置されるのを手をこまねいて見ていることはできない。ロシア連邦大統領は唯一の正しい決定を下した。そして、書簡は次のように結ばれる。「子孫に『愛と団結によって救われる』と遺言を残したラドネジの聖セルギイは、クリコヴォ平原でドミトリイ・ドンスコイを祝福し、『行け、汝は勝利するであろう！』と言った。平和を愛するロシアは常に戦争に反対し、決して戦争を始めることなく、常に戦争を終わらせてきた。われわれ文化人はわが国大統領の立場に支持を表明する。主があなたを強くしますように、小ルーシの兄弟国民を守りますように」[8]。ロシアがモンゴルに支配された一二四〇年から一四八〇年までの、いわゆる「タタールのくびき」の時代、中世ロシアのもっとも偉大な宗教的指導者ラドネジのセルギイは、ロシアの諸侯にキプチャク・ハンのママイに率いられたモンゴルの遠征軍を迎え撃つべくモスクワ大公国のドミトリイの下に結集するよう訴えた。一三八〇年、ドン川流域のクリコヴォでロシア軍はモンゴルの大軍に勝利し、タタールの支配に一撃を加えることになる。書簡は、この歴史に倣って、プーチン大統領の下、ドンバスの戦争を終わらせ、兄弟国民を守ろうと訴えているのだ。ひどく時代錯誤の訴えだ。

この書簡には一五五名の署名が添えられている。演劇人の反戦のアピールには一〇〇〇名を超える署名が集まっていた。二〇一四年のクリミア併合を支持していた人たち、たとえばアレクサンドリンスキイ劇場の芸術監督フォーキンなども反戦アピールの発起人に名を連ねている。クリミア併合の場合、多くのロシア人には、一九五四年にソ連邦の最高指導者だったニキータ・フルシチョフによってウクライナに不当に移管されてしまった領地を取り戻した、という意識があった。今回のウクライナ侵攻には納得できる〈大義名分〉がない。

抗議の辞任

ロシアの主要な劇場はほとんどが国公立劇場であり、その所有者は国や州、市などである。劇場の運営は国の予算で行なわれており、演劇人たちは国から給料をもらっている。ミハルコフに言わせれば、「国家の手で養われている」のである。しかも、ソ連邦崩壊後のロシアの文化政策を初めて明文化した「国の文化政策の基本原則」（二〇一四年一二月発布）には「国の文化政策はロシア連邦の国家安全保障戦略の不可分の一部と認められる」と明記されている。

国家の「安全保障戦略」に基づくウクライナ侵攻が起こると、抗議として職を辞す演劇人が次々に出てきた。その先鞭をつけたのは、メイエルホリド・センター支配人エレーナ・コヴァリスカヤだった。侵攻が始まった二月二四日、彼女は自らのフェイスブックに次のように書いた。「ロシアのウクライナ侵攻に抗議して、国立劇場であるメイエルホリド・センター支配人の職を辞します。人殺しのために働いて、そこから給料を得ることはできません」。

翌二月二五日には、マヤコフスキイ劇場の芸術監督であるリトアニア人のミンダウガス・カルバウスキスが、自らのフェイスブックで「僕も辞める！」と宣言した。「僕も」と書いたのはコヴァリスカヤを念頭に置いていたのだろう。劇場広報部によると、二月二五日にカルバウスキスは、実際、退職願をモスクワ文化局に提出しているという。ロシア連邦の労働法では、文化局は二週間後に彼との契約を解除しなければならないことになっている。

さらに、二月二七日にはモスクワ音楽劇場バレエ団芸術監督を二〇一七年から務めてきたローラン・イレールが退団を表明し、三月二日にはスヴェトラノフ記念国立アカデミー交響楽団の芸術監督ヴァシリイ・ペトレンコが職を去り、ロシアでの活動を停止すると表明した。

国家の対応1――フェイク拡散禁止法

文化人たちの反戦のアピールや抗議の退団表明が続くなか、三月三日、国家院（下院）議長ヴャチェスラフ・ヴォロディンは、ウクライナにおけるロシアの軍事作戦を支持しない文化人は「自らの職を去るべきだ。彼らは、通例、国家の予算で運営される組織でその職に就いているのだから。そして、彼らが受け取っている助成金を辞退すべきだ」とテレビ番組で恫喝した[9]。

その翌日、三月四日、ロシア大統領報道官ドミトリイ・ペスコフが、ロシアの文化人たちに「大統領を中心に団結しよう」と訴えた。「実際、文化人の間では激しい議論が闘わされている。大統領を支持する人々、心から支持する人々は非常に多い。事態の本質を最後まで理解できない人々もいる。だからと言って、そういう人々を敵視すべきではない。ただ根気よく説明すべきなのだ。今は、多分、分断のときではない。今は、われわれ全員が団結し、共にいる時なのだ。言うまでもなく、われらが大統領を中心に団結する時なのである」[10]。

その三月四日、プーチン大統領は、「ロシア軍の活動についての虚偽情報、ならびに国家の防衛及び平和維持に関する軍の行動の信用失墜に対する刑事責任についての法律」に署名した。これに違反した者には七〇万ルーブルから一五〇〇万ルーブルの罰金、あるいは三年以下の自由剥奪の刑が科せられることになった。それが職業上の立場を利用したり、利益目的であった場合には五〇〇万ルーブル以下の罰金、あるいは五年から一〇年の自由剝奪の刑が科せられ、フェイクの拡散が甚大な結果をもたらした場合には一〇年から一五年の禁固刑が科せられる[11]。

こうした国の対応にもかかわらず――むしろ、だからこそと言うべきか――その後も〈抗議の辞任〉は続いた。三月六日には国際プラトーノフ芸術祭の創設者で芸術監督のミハイル・ブィチコフが十二年務めてきた芸術監督の職を辞めると宣言した。同じ三月六日、ボリショイ劇場の首席指揮者トゥガン・ソヒエフが辞意を表明した。ソヒエフが辞任した翌日、ボリショイ劇場の主役級のダンサー、ヤコポ・ティッシとダヴィッド・モッタ・ソアレスがSNSで退団を表明した。また、三月九日には指揮者のトマス・ザンデルリングがノヴォシビルスク交響楽団の首席指揮者と芸術監督の職を辞した。三月一六日にはボリショイ劇場のプリマ・バレリーナ、オリガ・スミルノワが退団した。翌一七日にはマリインスキイ劇場のダンサー、ヴィクトル・カイシェタが退団した。スミルノワとカイシェタは共にオランダ国立バレエに入団すると報じられている。

国外に出たまま帰らない俳優や歌手たちも多い。たとえば、ソヴレメンニク劇場の看板女優チュルパン・ハマートワはラトヴィアにいる。ハマートワは、「良心と自分自身を失わないため」ロシアに戻るつもりはないと亡命の意志を表明しているが、「私は戻るのが怖い」と新法による処罰への怖れを率直に語っている。国外に出たアーチストたちの多くは亡命の意志を表しているわけではないが、今後の状況によっては〈亡命の波〉が起こるかもしれない。

メディアへの締付はウクライナとの戦闘が長引くに伴って強まっている。三月二五日、テアトル誌の活動が一時停止されるという報道が出た。その理由や停止の期日は明らかにされていない。もっとも、テアトル誌のオンライン版は相変わらず新しい情報を伝え続けているが……。テアトル誌は、ウクライナ侵攻が始まった二月二四日から戦時下における演劇界の動向を報告し続け、編集長ダヴィドワがすべての演劇人に反戦のアピールを出そうと提案していた。

三月二八日、保守化傾向にあるロシアのメディアのなかでリベラルな姿勢を保ち、ウクライナ侵攻においても現地から生々しいレポートを伝え続けていたノーヴァヤ・ガゼータ紙が活動の一時停止を余儀なくされた。編集部は読者に次のように告知した。「私たちは〈通信、情報テクノロジー及びマスコミュニケーション監督局〉の警告を再び受けました。今後、私たちはサイト、ネット及び紙での新聞の発行を――〈ウクライナ領土での特別作戦〉終了まで――一時停止します」[12]。

国家の対応2――劇場最適化の加速

メイエルホリド・センター支配人コヴァリスカヤの〈抗議の辞任〉が影響したのだろう、三月一日、ドミトリイ・ヴォルコストレロフがメイエルホリド・センター芸術監督の職を解任された。解任理由は本人にも告げられなかったようだ。ヴォルコストレロフはテアトル誌に次のように語っている。「僕は文化局に解雇された。この仕事を辞めたくなかった。なぜなら、何が何でも頑張って文化を創り続ける必要がある、と考えているからだ。特に、人間性の喪失が恐ろしい速度で進んでいる今は。僕は文化局に尋ねてみたが、結局、答えてもらえなかった」[13]。

ヴォルコストレロフが解任された日の夜、モスクワ市長の公式サイトでメイエルホリド・センターとドラマ芸術学校の統合が発表された。「文化局は、メイエルホリド・センターとドラマ芸術学校の統合を通告する……。この決定がなされたのは、センターの特殊性（劇団をもたず、プロジェクトによって活動していること）を考慮すると共に、センター首脳部との労働関係が打ち切られたことによる」[14]と通告には述べられている。この統合の決定は予期せぬ突然のものだった。コヴァリスカヤ支配人の〈抗議の辞任〉の翌日、二月二五日、ヴォルコストレロフも国際現代芸術フェスティバル「テリトリー」の主催者として〈戦争反対〉のアピールを出していた。メイエルホリド・センターとドラマ芸術学校の統合は、まるで懲罰措置のように見える。

さらに、三月三日、メイエルホリド記念館の管理者ナタリヤ・マケロワが何の説明もなく解雇され、三月一〇日にメイエルホリド記念館は閉鎖された。閉館の理由は「技術的理由により」と説明されている。これは何らかの行事や催しが中止されるときの決まり文句だ。

同じ三月一〇日、モスクワのアプ・アルテ劇場のサイトに次のような告知が出た。「親愛なる皆さん！モスクワ文化局の命令によりアプ・アルテ劇場は閉鎖され、タガンカ劇場に合流します。再建することは禁止されました。直ぐにも統合は完了し、アプ・アルテ劇場はモスクワの地図から消滅します」[15]。アプ・アルテ劇場は、一九九八年、俳優で演出家のアンドレイ・リュビーモフによって創設されたモスクワ市の文化施設で、国家予算によって運営されている国立劇場である。タガンカ劇場の支配人イリーナ・アレクシモワは、「劇場の建物やレパートリー、劇団員に関する問題を語るのは時期尚早だ。私はレパートリーを知らない、劇団も知らない。統合が済んでから話すことになるだろう」[16]と語っている。この統合は当事者にとっても唐突な話だったようだ。

タガンカ劇場は、二〇二〇年一二月、モスクワ文化局の決定によりタガンカ俳優仲間劇場を吸収合併しているが、これは創設当初は一つであった劇場の再編成であり、両劇場の話し合いの上での統合だった。

タガンカ俳優仲間劇場の創設者であり芸術監督のニコライ・グベンコの死（二〇二〇年八月一七日）もそのプロセスを加速した。しかし、アプ・アルテ劇場の吸収合併には、政治的・経済的意味しか見いだせない。

三月二五日、文化・芸術分野の大統領賞受賞者とプーチン大統領との会見が行われ、その席で大統領はマリインスキイ劇場の芸術監督であり総支配人のヴァレリイ・ゲールギエフに、マリインスキイ劇場とボリショイ劇場の統合を提案した。帝政時代にあった「帝室劇場管理部」のような機関をつくり、両劇場の管理部をそこに統合しようというのである。

すでに指摘したように、ロシア文化界では〈最適化〉という言葉をしばしば耳にするようになっている。国家の文化予算の運用を効率化するため、集客能力のある劇場を核に弱小劇場を統合したり、あるいは地域間の共通の管理機関を組織して、これまで各劇場に任されていた管理を統合することで〈最適化〉しようというのだ。この〈最適化〉政策に対して演劇人たちは「劇場の独立を犯し、文化の中央集権化に通じる」として反対していた。しかし、こうした傾向はパンデミックにウクライナ侵攻が加わった状況のなかで強まっていくかもしれない。

外国との文化交流の断絶

ウクライナ侵攻が開始された二月二四日、ミラノのスカラ座は指揮者ヴァレリイ・ゲールギエフに対し、ウクライナ情勢に対する立場を明確にするよう要求した。「わがスカラ座ではヴァレリイ・ゲールギエフが指揮する『スペードの女王』が上演される。彼はロシア連邦大統領ウラジーミル・プーチンとの親密な関係を隠さない。われわれは、彼は自らの立場を明確にし、ウクライナ侵攻に反対すべきだ、と考えており、さもなければ協力を停止せざるを得ない」。ゲールギエフがこの求めに応じなかったため、スカラ座は、三月三日、ゲールギエフの代役にモスクワ音楽劇場のチムール・ザンギエフを立てる決定を下した。

ゲールギエフに対しては、世界各地の劇場で契約解除の措置が採られている。二月二五日にはニューヨークのカーネギー・ホールでの公演がキャンセルされた。「カーネギー・ホールとウィーン交響楽団は、今日、二月二五日、二六日、二七日の三日間にわたるウィーン交響楽団の指揮をヴァレリイ・ゲールギエフからヤンニク・ネゼ゠セゲンに交代する、との共同声明を出した」と、コンサート・ホールのサイトで述べられている。三月一日には、ミュンヘン交響楽団主席演出家兼芸術監督の職を解任された。

ゲールギエフと同様、世界を舞台に活躍する歌手のアンナ・ネトレプコも国外での活動ができない状況になっている。二月二八日、ニューヨーク・メトロポリタン・オペラ劇場がロシア政権と関係のあるアーチストや文化施設との活動停止を表明した。メトロポリタン・オペラ劇場総支配人によると、この〈制裁〉は「ウクライナの軍事作戦が停止するまで」続けられる。ネトレプコ主演のプッチーニのオペラ『トゥーランドット』はウクライナのリュドミラ・モナストゥイルスカヤの代役で上演される。三月一日にはバイエルン国立歌劇場がネトレプコとの関係を断つと表明し、その翌日三月二日、ネトレプコは活動の休止を宣言した。

ネトレプコはインスタグラムに自らの立場を次のように表明している。「私はこの戦争に反対です。でも、私はロシア人であり、ロシアを愛しています。私にはウクライナに多くの友人がいるので、私の心は痛みと苦しみに襲われています。この戦争が終わり、人々が平和に生きられるよう願っています」[17]。

国外のオペラ・バレエ劇場は次々にロシアのアーチストや劇場との関係を断つと宣言した。二月二五日、ラトヴィア国立オペラはウクライナ侵攻を非難するアーチストとのみ協力すると表明し、ロンドン王立劇場コベントガーデンはボリショイ劇場の夏の公演を中止した。二月二八日、クラスノヤルスク国立オペラ・バレエ劇場のイギリス公演は中止された。三月二日、ワルシャワ国立オペラはマリウシ・テルリンスキイ演出のムソルグスキイのオペラ『ボリス・ゴドゥノフ』の四月の公演を中止し、ラインのドイツ・オペラはドミトリイ・ベルトマン演出のウムベルト・ジョルダーノ作オペラ『アンドレ・シェニエ』の初演を中止した。三月四日、パリ国立オペラは「公に体制支持を表明する」ロシアの文化施設やアーチストとの協力を停止した……等々。

音楽やバレエ、ダンスなど世界共通の〈言語〉を使うジャンルでは、ロシアと世界との文化交流が盛んにおこなわれていたため、その断絶は際立って見えるが、ドラマのジャンルでも同様のことが起こっている。

ワフタンゴフ劇場芸術監督リマス・トゥミナスはリトアニア人で、ヴィリニュスに自らが創設したマールイ・ドラマ劇場の芸術監督も務める。二月二四日、リトアニア文化相がヴィリニュス・マールイ・ドラマ劇場首脳部に対して、トゥミナスとの契約解除を勧告した。リトアニア文化相は自らのフェイスブックに「ロシアからは何人たりともリトアニアには足を踏み入れさせない」としてトゥミナスの解任を求め、「失礼ながら、尊敬すべき演出家といえども、私にとっては酔っ払いのロシア兵と何ら変わらない」と書いた[18]。三月四日、契約の解除が正式に決まった。トゥミナスは、ワフタンゴフ劇場の芸術監督の職務は続けるという。

二月二八日、黄金の仮面演劇祭二〇二二の国際プログラムへの参加をヨーロッパの演出家――クリスチアン・リューパ、クシシトフ・ヴァルリコフスキイ、コルネリ・ムンドルツォ等が拒否した。

三月一日、ワフタンゴフ劇場のエストニアとラトヴィアへの出張公演の中止が決定し、三月一一日にはワフタンゴフ劇場の四月のイスラエル公演の中止が発表された。

三月八日、ポーランドのマスメディアは、ポーランドの劇場やコンサート・ホールがチェーホフの戯曲による芝居、チャイコフスキイやショスタコーヴィチ、スクリャービン、プロコーフィエフ、ストラヴィンスキイの作品をレパートリーから外した、と報じた。禁止リストはまだ拡大する可能性があるという。実際、クラクフのスタールイ劇場では、七年にわたり好評のうちに上演されていたコンスタンチン・ボゴモーロフ演出のチェーホフ作『プラトーノフ』がレパートリーから外された。もっとも、ポーランド人のロシア文学翻訳家リュボミラ・ピオトロフスカによると、これはマスメディアの過剰反応で、実際には幾つかの劇場がウクライナ侵攻に対する立場を明確にしない演出家の芝居を差し当たり演じないという決定をしたということのようだ[19]。

開戦直後、ウクライナ文化省はポーランド、スロヴァキア、バルト三国の文化省に対し、ロシアの公式の文化機関との協力を停止するよう求めた。開戦後しばらくはヨーロッパやアメリカにおいてロシアでの公演やロシアからの客演を中止する措置が採られた。このような状況は侵攻を受けたウクライナに対する連帯や共感を表わしたいという感情的反応によるところも多分にあるだろう。しかし、ロシア文化を全否定して、チェーホフ劇の上演を禁止することに何の意味があるのか。多くの芸術家たちは理性的対応を示している。ポーランドでもチェーホフは演じ続けられ、ヤヴォジノではチェーホフの『桜の園』が初演され、ワルシャワではタガンカ劇場主席演出家ユーリイ・ムラヴィツキイ演出のゴーゴリ作『査察官』が上演されている。バルト三国でもロシア語の芝居を上演する「ロシア劇場」は活動を続けている。テアトル誌の編集長マリーナ・ダヴィドワはリトアニアから次のようにレポートしている。「ロシア文化そのものの禁止は何ら目にすることはない。チェーホフも、ドストエフスキイも、誰も排斥したりはしない。〔……〕排斥されているのはロシア文化ではなく、第一に対敵協力者であり、ロシア文化の活動家のなかの沈黙する協調主義者たちである」[20]。

ロシア文化を排除しようという国の政策に同調しない芸術家たちは他の国々にも広がってきている。三月一三日、英国オーケストラ協会は、音楽家は政治状況の先鋭化を理由に自分のレパートリーを変えることはないとし、英国のオーケストラはロシアの作曲家の音楽を演奏し続けると宣言した。三月一四日にはイタリアにおいて、ロシアの文化的隔離に反対する請願が出された。ロシアのウクライナ侵攻後、イタリアではロシアの学者や文化人が多数解雇されている。請願書には、「われわれは民族差別が長期的にみれば取り返しのつかない結果になるのではないかと懸念している。民族に対する非人道的扱いは、歴史を振りかえれば絶対主義体制の特徴であったし、制御できない暴力をまねいてきた」[21]と書かれている。三月一八日、ザルツブルグ復活祭フェスティバルの主催者は、オーストリアのクリエール紙のインタビューにおいて、「フェスティバルはアンナ・ネトレプコを待っている」と出演を期待し、「一人一人に政治的見解の表明を求めるとしたら、それは異端審問になってしまう。そんなことが可能だとは思えない！」[22]と語った。三月二一日、ウィーン国立歌劇場は、ロシアのアーチストを支援し、彼らとの協力を続けるつもりであると表明した。劇場は公式ページに「今日の事件が才能ある人々をその国籍のためだけに世界の文化のコンテクストから消し去ることになってはならない」[23]と書いた。

三月二四日、南フランスのアヴィニョンで七月七日から二六日まで開催される第七六回アヴィニョン演劇祭のプログラムが発表され、キリール・セレブレンニコフ演出のチェーホフ作『黒衣の僧』(ゴーゴリ・

センターとハンブルクのタリア劇場の共同制作）が開幕を飾る作品として招待された。

このように、国際的な文化交流の断絶を防ごうという理性的試みも現れてきているとはいえ、ウクライナ侵攻後、ロシアと世界の文化交流は混乱し、著しく歪められている。この歪みを正すには戦争を終える以外にないだろう。

III　もう一つの総括——ソ連邦崩壊からウクライナ侵攻まで

古いシステムは壊れなかった

ロシア国立演劇大学マネージメント講座を担当するゲンナジイ・ダダミャン教授によると、文化システムとして人類はたった二つのシステムしか考え出していない。第一のシステムは個人や社会のイニシアティブによる「自己組織システム」である。国家は環境を保証するが、文化活動には干渉しない。文化活動に必要な資金には自らの活動で得た金をあてるが、多くの場合それだけで賄うことは難しく、たとえばアメリカでは国家や州などの文化支援基金、会社や個人などの基金が援助している。帝政ロシアにおいても、モスクワ芸術座の誕生と活動にサッワ・モローゾフの支援が欠かせなかったように、文化活動にはメセナによる資金援助が必要だった。第二のシステムは「国家による組織・管理システム」である。このシステムを初めて実現しようとしたのはレーニンだった。その後スターリンによって整備され、社会主義国家における文化システムとなった。文化はイデオロギー教育の強力な手段とみなされ、国家予算が投入されるようになる。

ロシアは人類史上初めて社会主義国家になり、その社会主義体制の文化システムのなかでロシア演劇は七〇年余に及ぶ活動を続け、独自の伝統を築いてきた。一九九一年、ソビエト連邦は崩壊し、ロシア演劇は社会主義体制の文化システムから外れ、資本主義体制の文化システムに移行するはずだった。ソ連邦崩壊前夜、演劇人同盟議長のミハイル・ウリヤーノフは、〈古いシステム〉、つまり社会主義体制の文化システムは壊れ、国家による管理から解放されたロシア演劇は真の自由という環境において生じる諸問題に立ち向かっていくことになるだろうと語った。ところが、ウリヤーノフの予想に反し、ロシア演劇の〈古いシステム〉は壊れなかったのである。

ソ連邦の崩壊により新生国家として独立したロシアは、資本主義経済システムへの体制変換を計り、国有企業の私有化を進めたが、文化施設には触れなかった。私立劇場はいくつか生まれたが、かつての国立劇場が私有化されることはなかった。一九九〇年代から二〇〇〇年代にかけてロシア演劇は、あたかも資本主義体制の文化システムにおいて文化基金から融資を受けるかのように、国家予算の配分を受けながら、〈自由〉を主張し、その金のなかに国家の意志が少しでも現れると、「検閲の復活」と非難した。ソ連邦崩壊後の二〇年間は、社会共通の価値観を喪失し、カオスともいうべき〈自由〉を享受していた時代だった。

国家安全保障戦略の不可分の一部としての文化

しかし、二〇一〇年代になると、国家は文化関連の法律を整備し、文化機関への予算拠出規則を定め、文化を管理するようになる。

二〇一四年一二月、「国の文化政策の基本原則」が発布され、ソ連邦崩壊後初めて国家の文化政策が明文化された。同年三月のロシアによるクリミア併合により、世界情勢が緊迫していた時だった。この文書には「国の文化政策はロシア連邦の国家安全保障戦略の不可分の一部と認められる」と明記されている。

二〇一二年から二〇二〇年にかけてロシア連邦文化相を務め、二〇二二年二月二七日から始まったロシアとウクライナの停戦交渉のロシア側代表団を率いるウラジーミル・メディンスキイは、国家と文化の関係を「芸術家、権力、社会は、共通の価値に従って、一致して行動するようにしなければならない」と規定し、「もし国家が自国の文化を育てず、創り出さなければ、どこか他国が育て、創り出すことになるだろう。そうなれば、結局、他国の軍隊を抱えているのと変わらないことになってしまう」として、芸術に「国家安全保障戦略の不可分の一部」を担うことを求めた。

二〇二一年七月には「国家安全保障戦略」が改訂され、「伝統的なロシアの精神的・道徳的価値、文化、歴史的記憶の保護」と題される章が設けられ、アメリカやその同盟国からの攻撃にさらされているロシアの伝統的価値を守るため、〈文化〉には「国家安全保障戦略」の一翼を担い、伝統的な価値の役割を認識させる作品を創造し、愛国的な市民の育成を目指すことが求められた。

さらに、二〇二二年一月二四日には「伝統的なロシアの精神的・道徳的価値の保護と強化に関する国家政策の基本原則」についての大統領令の草案が公表された。法案には国家として守るべき伝統的なロシアの精神的価値として次のものがリストアップされている。「人間の生命・尊厳・権利と自由、愛国主義、公民的自覚、祖国への奉仕と祖国の運命に対する責任、高い道徳的理想、固く結ばれた家族、創造的労働、物質的なものに対する精神的なものの優位、ヒューマニズム、慈悲、公正、共同精神、相互援助、相互尊敬、歴史的記憶と世代の継承性、ロシア民族の団結」。これらを「破壊する他国の思想や価値」として「祖国への奉仕の否定と愛国主義の思想の否定、エゴイズムの崇拝と宣伝」などが挙げられ、そうした脅威の源はアメリカ合衆国とその同盟国や多国籍企業の行動、伝統を考慮せずに行われる文化の分野の改革などとされている[24]。

この法案の題名は「国家安全保障戦略」の文化部門を扱った章の題名とほぼ同じであり、その内容も繰り返しにすぎない。さらに言えば、二〇一四年一二月に発布された「国の文化政策に基本原則」の焼直しである。ただし、監視の網の目がより細かくなっており、〈検閲の復活〉を思わせる。ロシア連邦演劇人同盟議長アレクサンドル・カリャーギンは演劇人同盟のホームページに声明を発表し、「法案のテクストから明らかなように、伝統的価値の保護と関りのないものはすべて不必要とされているどころか、禁止されている。そうなったら、文化はどうして発展すればよいのか。〔……〕このような統制、はっきり言って検閲（わが国の憲法では禁止されている）の下で、創造的実験が行なえるだろうか」として、この法案はロシア文化の発展の障害になると批判した[25]。多くの演劇人がカリャーギンの声明に賛同を示した。結局、文化省は、二〇二二年二月一四日、「伝統的なロシアの精神的・道徳的価値の保護と強化に関する国家政策の基本原則」についての大統領令の見直しを表明した。もっとも、二〇一四年一二月に施行された「国の文化政策の基本原則」があれば、この法案を可決しなくとも、国は文化の管理・統制を充分に行なうことができるはずだ。

「国の文化政策の基本原則」は〈国家と文化〉の関係に変化をもたらした。ソ連邦の崩壊によって、ソビエト時代の文化を支配していた〈国家と文化〉の対立構造は消滅したかに見えたが、「国の文化政策の基本原則」の発布以降、この構造が再び前面に現れてきたのである。二〇一六年の演劇人同盟大会で、サチリコン劇場芸術監督コンスタンチン・ライキンが「一九三七年型のイデオロギー・テロと検閲の脅威への不安」を語り、教会を初め様々な社会組織が〈検閲官〉になって文化活動に介入するという出来事がたびたび起こった。政治劇から離れていたロシア演劇が、ソビエト時代に果たしていた〈言論の自由の演壇〉という役割を思い出したかのように政治劇を盛んに上演するようになり、社会の現実を反映するようにソビエト時代の〈現代劇〉がレパートリーを賑わすようになった。これはソビエト回帰の傾向が色濃く現れるようになった現実に対する演劇人の反応だろう。

国家は何のために金を支払うか

ロシアの主要な劇場はほとんどが国公立劇場で、国の文化予算によって運営されている。二〇〇〇年から二〇〇四年までロシア連邦文化相を務めた演劇研究家ミハイル・シヴィドコイは、ソビエト時代には「国家は文化にイデオロギー代を支払っていた」と表現した。しかし、ソ連邦の崩壊により社会主義建設というイデオロギーが失墜し、国家は何のために文化に金を支払うのか分からなくなった。

「国の文化政策の基本原則」が施行され、「国の文化政策はロシア連邦の国家安全保障戦略の不可分の一部と認められる」とする方針が決まると、文化に国から助成される金のなかに「国家の意志」が現われるようになってきた。大統領報道官ドミトリイ・ペスコフは、「もし国家が何らかの公演に金を出しているのなら、国家には何らかのテーマを示す権利がある、国家は何らかのテーマの芸術作品を発注しているのだ」[26]と国家発注に対する国の権利を主張した。どのようなテーマに国家発注を行なうかは、二〇二一年七月の「国家安全保障戦略」に次のように書かれている。「伝統的なロシアの精神的・道徳的価値と文化の維持、歴史の真実の擁護、歴史的記憶の維持を目指す文学、芸術、映画、演劇、テレビ、インターネットなどの作品を創造するために国家発注を行なう」[27]。演劇に支給されるのは国家発注の金だけではないが、ともあれ、国家には文化に金を支払うための、失われていた〈大義名分〉が見つかったのである。

これは、もちろん、「国家による組織・管理システム」であり、社会主義国家における文化システムである。

ソビエト回帰

ロシア演劇界のイデオローグとして演劇の改革のために積極的に発言していた演出家マルク・ザハーロフの白鳥の歌となった『罠』（ウラジーミル・ソローキンの小説を基にザハーロフが脚本を執筆。レンコム劇場、二〇一九年初演）は、一九三〇年代と現代をパラレルな世界として捉え、変わらぬ権力の本質と、その権力に抵抗する人々を描いた芝居だった。

ソビエト時代の文化を規制していた理念は、一九三四年八月に開催された第一回全ソ作家同盟大会において「ソビエト文学および文芸批評の基本的方法」として承認された「社会主義リアリズム」である。〈社会主義リアリズム〉は創作方法としては何の実効性も持たない杜撰な理論であり、現在では実在していないキメラのような妄想だったという考えもあるが、演劇評論家アナトリイ・スメリャンスキイによれば、当時、社会主義リアリズムは「世界の文化を継承するメソードであると宣言され、ロシア演劇のリアリズムの伝統が規範化された（その伝統の敵とされたのが〈形式主義〉であり、粉砕され一掃されていった）。〔……〕第一回全ソ作家同盟大会で演劇人を代表して演説したのは、アレクサンドル・タイーロフ、あるいはユーリイ・オレーシャのような第一級の芸術家であり、彼らはそれを〈歴史的使命〉と受け取っていたのである」[28]。

一九三〇年代に社会主義リアリズムによる演劇の画一化が進行し、その「敵」である〈形式主義〉としてロシア・アヴァンギャルド演劇は血の粛清を伴う政治の暴力によって「粉砕され一掃されていった」。この形式主義批判、ライキンの言うところの「イデオロギー・テロ」の矢面に立たされたのが、ロシア・アヴァンギャルド演劇のリーダー、フセヴォロド・メイエルホリドだった。一九三九年六月、メイエルホリドは逮捕され、ソビエト政権に反対する陰謀組織への参加、スパイ活動などの罪を被せられ、一九四〇年二月二日、「人民の敵」として銃殺された。

一方、ソ連邦崩壊後の現代のロシア文化を規制するのは、「国の文化政策の基本原則」である。二〇二二年二月二四日、国家の安全保障戦略に基づくウクライナ侵攻が起こると、「国の文化政策の基本原則」によって求められている「国家安全保障戦略の一翼を担うこと」を望まない演劇人たちは、ある者は抗議の辞職をし、ある者は反戦の声をあげた。それに対して、国家院（下院）議長ヴォロディンは、国の政策を支持しない文化人は「自ら職を去るべきであり、助成金を辞退すべきだ」と恫喝した。反戦の声を上げた者のなかには解雇された者も多い。

演劇人のなかでまず初めに抗議の声を上げたのは、メイエルホリドを記念して創設された劇場、メイエルホリド・センターの支配人エレーナ・コヴァリスカヤだった。二月二四日にコヴァリスカヤが辞職すると、その五日後の三月一日、メイエルホリド・センター芸術監督ドミトリイ・ヴォルコストレロフが理由を告げられないまま解任され、その日の夜にメイエルホリド・センターとドラマ芸術学校の統合が発表された。この決定を下したモスクワの文化局は統合の理由を「センター首脳部との労働関係が打ち切られたことによる」としている。さらに、三月三日にメイエルホリド記念館の管理者ナタリヤ・マケロワが何の説明もなく解雇され、三月一〇日にメイエルホリド記念館は閉鎖された。

メイエルホリドは、「社会主義リアリズム」と「国の文化政策の基本原則」によって、まるでパラレルワールドの双方で粛清されたかのようである。

パンデミックの最中、演出家エヴゲニイ・ピーサレフは、「最も難しく興味深いことは始まったばかりだと思う。〔……〕今パンデミック以前に気に入っていた戯曲をいくつか読んでみて分かるのは、それらがどうしようもなく時代遅れになってしまったということだ」と語った。ロシアによるウクライナ侵攻の報に接して、俳優アナトリイ・ベールイは「僕の脳はこれを信じるのを拒んでいる」と書き、演出家レフ・ドージンはロシアがキエフと戦っている光景を「脳が、目にしたり、耳にしたり、描き出したりすることを拒んでいる」と書いた。俳優で演出家のユリヤ・アウグは「これから何を拠り所にしたらよいのか。どんな知識に縋ったらよいのだろうか」と書いた。

〈パンデミック〉+〈ウクライナ侵攻〉――世界を震撼させる二つの悲劇が同時に起こっている〈今〉は、間違いなく歴史の転換点だろう。こうした時代状況や生活世界の大変動は、文化の創り手ばかりでなく受け手にも影響を及ぼす。この二つの悲劇の後のロシア世界は、過去のソビエト時代、あるいはさらに昔の帝政時代に戻るのか、〈脳〉が知覚したことのない未知の世界に放り込まれるのか――いずれにせよ、〈現代性〉を表現することを本分とする演劇は、これからロシア演劇史の新しい時代を歩みはじめることになるだろう。

【付録】

現代ロシア演劇を牽引する演出家たち

ロシア演劇の伝統とされるのはレパートリー劇場であり、それを率いるのは芸術監督である。芸術監督が劇場のレパートリー政策を統括し、劇団に思想的・美学的統一を与え、劇団員を家族とする一つの〈家〉をつくり上げる。これがロシアのレパートリー劇場のスタンダードだった。芸術監督には、通例、演出家が任命された。ロシアの劇場の規範とされたスタニスラフスキイのモスクワ芸術座が〈演出家の劇場〉だったことに倣ったようだ。モスクワ芸術座が創設された帝政末期からソビエト時代を通じてロシア演劇を牽引してきたのは、劇場を率いる芸術監督、つまりスタニスラフスキイ、メイエルホリド、ワフタンゴフ、トフストノーゴフ、エーフロス……といった演出家たちだったのである。

ソ連邦が崩壊し、価値観が多様化するなかで一元的な管理体制から脱却して演劇センターやプロデューサー・システムの私立劇場など様々なタイプの劇場が生まれ、伝統のレパートリー劇場の在り方も多様になってきた。俳優が芸術監督に就任するケースも増えてきている。こうした傾向を、ロシア演劇の伝統の破壊に通じると否定的に捉える者もいれば、「演出家の専横の時代の終焉」と歓迎する者もいる。演出家と俳優のどちらが劇場を率いるべきか――ロシアの演劇人はこれを〈呪われた問い〉と言っている――、これは演劇観の違いによって答えが異なる正解のない問いだろう。ただ、ひとつ言えるのは、いずれにせよ実際の芝居の制作を統括するのは演出家であることに変わりはない、ということだ。俳優が芸術監督を務める劇場でも、所属の演出家や他から招聘した演出家が創った芝居によってレパートリーを構成する。芝居については演出家を抜きに論じることはできない。

今でもロシア演劇においては演出家が重要な位置を占めている。ここで、ソ連邦崩壊後のロシア演劇を牽引する／牽引することになるだろう演出家とその芝居を紹介することにしよう。

I　古い世代――二〇世紀のロシア演劇を牽引した演出家たち

演出家の高齢化が言われて久しいが、ソ連邦が崩壊して新しい時代に入ってもロシア演劇を牽引しているのは相変わらずソビエト時代を生き抜いてきた〈巨匠〉たちである。巨匠たちは、二一世紀に入っても、エネルギッシュに仕事を続け、その健在ぶりを示している。

ピョートル・フォメンコ（一九三二〜二〇一二）

ピョートル・フォメンコは、一九九三年、ワフタンゴフ劇場で初演した『罪なき罪人』によって、観客だけでなく、演劇評論家たちをも歓喜させ、一躍ロシア演劇界の舞台中央に躍り出た（「フォメンコ演出『罪なき罪人』――演劇の解放」参照）。ソ連邦崩壊後のロシア演劇はフォメンコを中心に展開されるようになった、といっても過言ではない。

その一九九三年、フォメンコは初めて自分の劇場「フォメンコ工房」を持った。すでに六〇歳になっていた。一九六一年に国立演劇大学を卒業した後、フォメンコは、モスクワの中央児童劇場（現・ロシア青年劇場）を皮切りに、マーラヤ・ブロンナヤ劇場、タガンカ劇場、レニングラードのコメディー劇場など多くの劇場を渡り歩いた。ソビエト時代には、〈ソビエト〉演劇の基準と相容れない演劇理念をもつ演出家が自分の劇場をもつことは難しかった。当時のフォメンコの演劇について、演劇評論家アナトリイ・スメリャンスキイは次のように書いている。「現実の空間全体に蔓延した悪への飽くなき関心、極限状態で捉えられた人間の基本的感情――愛の歓喜から性欲という無意識の情動まで――のエキセントリックな発現、神秘的なギニョールと結びついた悪戯っぽい政治道化芝居など、ソビエト演劇のスタイルとの不一致が多く、それだけで彼をはみだし者、より正確には、風来坊とするのに充分だった」[1]。フォメンコの名を演劇界に知らしめたのは、一九六六年にマヤコフスキイ劇場で演出したアレクサンドル・スホヴォ＝コブィリン作『タレールキンの死』（一八六八年作）だった。借金取りの追及を逃れるため

死を装う司法機関の小役人タレールキンの物語を軸に、警察の野蛮で恐るべき専横を暴き出した悲劇的ファルスである。フォメンコは、警察国家ロシアの醜悪な現実をグロテスクなタッチで描きだした。〈雪どけ〉は終わりを告げていたが、『タレールキンの死』はどうにか検閲を通過した。翌一九六七年、十月革命五〇周年にフォメンコはレンソヴェート劇場で『新ミステリヤ・ブッフ』の上演を計画した。ウラジーミル・マヤコフスキイの戯曲『ミステリヤ・ブッフ』は、十月革命一周年記念日にメイエルホリドの演出によって上演された初の革命劇である。フォメンコは政治道化芝居と神秘劇の統合を目指し、革命のアジプロ劇を聖書によって異化しようとした。芝居は上演禁止処分を受けた。[12] その後もフォメンコはあちらこちらの劇場を渡り歩くが、レニングラード・コメディー劇場を最後にレパートリー劇場と決別し、一九八一年から国立演劇大学で教育活動に専念するようになる。一九八八年、フォメンコは国立演劇大学に実習のための〈工房〉を組織し、フォメンコ自身や教え子だったセルゲイ・ジェノヴァチ、イワン・ポポフスキなどの演出で学生たちと芝居を創作し始めた。〈工房〉は『ウラジーミル三等勲章』(ゴーゴリ作、ジェノヴァチ演出、一九九一年初演)や『予期せぬ出来事』(マリーナ・ツヴェターエワ作、ポポフスキ演出、一九九一年初演)、『狼と羊』(オストロフスキイ作、フォメンコ演出、一九九二年初演)など優れた作品を生み出し、その芝居は国内外の演劇賞を獲得した。一九九三年、フォメンコ工房はモスクワ市長令によって正式の劇場として公認されることになる。

フォメンコほど演出スタイルが変化した演出家はいない、と言われている。〈工房〉におけるフォメンコの演出では、『タレールキンの死』の社会的・政治的パトスは重要ではなく、むしろ可能な限り排除される。彼の芝居全体を貫くのは、演じる俳優の感情の真実性、自在で美しい身体動作、俳優の演じるという創造行為、見世物やパロディー、アイロニーなど演劇に固有の遊戯性なのである。

二〇〇〇年代に入ると、フォメンコはレフ・トルストイの作品を続けて舞台化した。初期のほとんど知られていない長編小説『家庭の幸せ』と代表作『戦争と平和』だ。ともに小説である。小説を舞台化するには、一般には散文を脚色する方法が採られるが、作者のテクスト＝声をそのまま舞台上で響かせる方法もある。『家庭の幸せ』（二〇〇〇年初演）では前者の方法が採られているが、『戦争と平和』（二〇〇一年初演）では後者の方法が採られている。作者のテクストはナレーションによってではなく、舞台上で俳優によって〈朗読〉される。冒頭の場面からすでに登場人物たちは本を手に演じているが、芝居の後半になると俳優たちは、あたかも役から離れるように、本を見ながらトルストイのテクストを読み上げ、再び役の人物として演じ始める。しかも、俳優たちはそれぞれがいくつかの役を演じる。それも、しばしば対蹠的な役を演じるのである。たとえば、芝居の冒頭でサロンの女主人アンナ・シェーレルを演じていたガリーナ・チューニナが、家計のやりくりや子供の結婚に頭を悩ます平凡なロストワ伯爵夫人と、禁欲的な生活を送る敬虔なキリスト教徒アンナ・ボルコンスカヤをも演じる。巨万の富を相続したピエール・ベズーホフを誘惑して結婚するエレン・クラーギナを演じていたポリーナ・アグレエワが、次の場面ではトルストイが典型的なロシアの女性像として創造したナターシャ・ロストワを演じるのである。観客は、俳優たちによってそれぞれの役が実在感ある形象に創り上げられていくのを目の当たりにする。こうした手法から浮かび上がってくるのは、演劇が演技する俳優によってなされる虚構であるという演劇創造の実体である。作者の声が登場人物たちの声よりも大きなウエートを占める文学の本質を逆手にとって、フォメンコは、その二つの声を俳優に語らせることで舞台上の世界を異化し、演劇の実体、つまり俳優の演じるという行為の本質を明らかにしているのである。

マルク・ザハーロフ（一九三三～二〇一九）

マルク・ザハーロフは、一九七三年、レーニン・コムソモール記念モスクワ・ドラマ劇場、通称レンコム劇場の主席演出家に就任する。時代はブレジネフの〈停滞の時代〉の真っただ中だった。演劇研究家ミハイル・シヴィドコイはペレストロイカ期の一九八八年、〈停滞の時代〉のロシア演劇を振り返って次のように語っている。「六、七〇年代にトフストノーゴフ、エフレーモフ、リュビーモフ、エーフロスが生み出した芝居はいま解禁になっている文学作品よりもその社会的意味においてははるかに重いものだった。彼らの芝居は真のヒューマニズム、民主主義、自由な思考という理想のための闘いであり、二〇回党大会の理想を守る戦いだった。彼らがそれらを芝居で表現し得たのは、まさにその時代のおかげではなく、その時代に抗したからであり、それは他の芸術ではなし得なかったことだ」[2]。雪どけ期に第一線に躍り出たトフストノーゴフ、エフレーモフ、リュビーモフ、エーフロス等は、自由への締付が強まった〈停滞の時代〉に「時代に抗して」優れた芝居を生み出していった。たとえば、一九六三年から一九六七年までレンコム劇場の主席演出家を務めたアナトリイ・エーフロスは、専制的な国家における芸術家の立場や葛藤を描き出した。『映画の撮影中』（エドゥアルド・ラジンスキイ作、一九六五年初演）において、「この国〔ソビエト〕の芸術家、才能があり自己を実現しようとするすべての芸術家が置かれている地獄――絶えざる妥協への恐怖、低俗さへの慣れ、良心の苦悩、自己への裏切り」[3]を明らかにし、『モリエール』（ブルガーコフ作、一九六六年初演）では、自作の戯曲を守るため奴隷になり、主人の機嫌を取り、自らを貶める覚悟をする芸術家の姿を描いた。一九六七年、『モリエール』を上演した後、エーフロスはレンコム劇場を追放された。

ザハーロフもまた、一九六七年、贈収賄が常識となっている役人の世界で人間の義務と理想を信じながらもその常識に取り込まれていく主人公の良心の苦悩を描いた『実入りのよい地位』（オストロフスキイ作、諷刺劇場）で上演禁止処分を受けていた。レンコム劇場を率いることになったザハーロフは、主席演出家就任当時を回想して次のように語っている。「一九七三年、全ソ連邦レーニン共産主義青年同盟記念モスクワ劇場の主席演出家に任命された私は、この恐ろしい名称を思い起こさせないような戯曲を懸命に探していた。何か非常に陽気で、ほとんど軽薄で、必ず生の音楽が付き、しかも必ず深い思想を根底にもったものを創りたかった」［4］。ザハーロフは、二幕の道化喜劇『ティーリ』（グリゴリイ・ゴーリン作、ゲンナディイ・グラトコフ作曲、一九七四年初演）、ロック・オペラ『星とホアキン・ムリエタの死』（パーヴェル・グルシコ作、アレクセイ・ルィブニコフ作曲、一九七六年初演）、ロック・オペラ『ユノナ号とアヴォシ号』（アンドレイ・ヴォズネセンスキイ・リブレット、アレクセイ・ルィブニコフ作曲、一九八一年初演）といった〈ソビエト・ミュージカル〉によってレパートリーを構成した。彼は〈停滞の時代〉という状況のなかで、エーフロスの轍を踏むのを避け、「真のヒューマニズム、民主主義、自由な思考という理想」のために闘う〈神殿〉ではなく、演劇における若者のサブカルチャーを創造したのである。これらの芝居は演劇評論家にはあまり評価されなかったが、音楽と律動的な身体表現、色彩溢れる舞台と音響効果など、派手でショッキングな表現手法が若者を惹きつけ、レンコム劇場はモスクワで一、二の人気を誇る劇場になっていった。

　ペレストロイカ期になると、ザハーロフは〈グラースノスチ〉を率先して実現するようになる。彼はソビエトの演劇システムを批判し、演劇事業の改革を主張する一連の論文を新聞・雑誌に発表し、創設さ

れたばかりのソ連邦演劇人同盟の書記になり、国会が召集されると、演劇人同盟の代表として代議員になった。創作の面でも〈グラースノスチ〉を舞台化したような芝居『良心の独裁』（ミハイル・シャトロフ作、一九八六年初演）を発表した。これは歴史上の人物や小説の登場人物を証人にレーニンを裁くという〈裁判〉の形式を借りて、レーニンの原点に立ち返った視点から共産主義とソ連の現状を見直そうとする作品で、演劇界のペレストロイカのハイライトとなった。

一九八九年、このペレストロイカ期に表に出てきた政治性にザハーロフに固有の演劇的遊戯性が融合した傑作が生まれる。ショーレム・アレイヘムの『牛乳屋テヴィエ』をモチーフにグリゴリイ・ゴーリンが書き下ろした『追善の祈り』である。

名優エヴゲニイ・レオーノフがよれよれのジーンズの上下で舞台に登場する。レオーノフは紙片を取り出し、「命日に私の墓の前で追善の祈りをあげてほしい……」というショーレム・アレイヘムの遺言を読み上げるると、フロントステージに出てきて観客に語りかける。「アナトフカ村ではずっと昔からロシア人とウクライナ人とユダヤ人が生きてきた。一緒に生きて、一緒に働いてきた。死ぬときだけそれぞれが自分の墓に行った……。それが習わしだ！　挨拶するとき、ロシア人は帽子を脱いだ。ユダヤ人は一度も帽子を脱いだことがなかった！……習わしだ！」と言うと、レオーノフはポケットから黒い帽子を取り出して被る。こうして彼はユダヤ人テヴィエに変身する。

反ユダヤ主義とポグロムの機運が高まっていた二〇世紀初頭、ウクライナ地方の貧しい村アナトフカにユダヤ人の牛乳屋テヴィエは暮らしていた。彼には政治のことは分からない。彼が知っているのは、大地と家畜のことであり、彼の願いは五人の娘たちに幸せな結婚をさせることだけだ。しかし、テヴィエの意に反して、娘たちは自分で自分の未来を決めていく。長女は貧しい仕立て屋に嫁ぎ、次女は革命家の学生に嫁ぎ、三女はロシア正教徒と駆け落ちをしてしまう。そんなテヴィエ一家をポグロムが襲う。皇帝の命令によって、すべてのユダヤ人は住み慣れた村を離れなければならず、テヴィエたちは再び〈約束の地〉を求めてアナトフカを出ていく。ニコライ・カラムジーンの『ロシア国家史』によると、ヨーロッパ初のポグロムがキエフ・ルーシで起こったのは一一一三年だという。遠い昔から続いてきたポグロムは帝政時代のみならず、ソビエト時代にも行なわれてきた。ザハーロフはこの負の歴史をロシアの舞台で初めて明るみに出したのである。『追善の祈り』はレオーノフを初めとする出演者の名演と相まって、ザハーロフの最高傑作としてロシア演劇史に残ることになった。

ソ連邦崩壊後もザハーロフは演劇界のイデオローグとして発言を続けながら、精力的に創作活動に取り組み、『道化師バラキレフ』(グリゴリイ・ゴーリン作、二〇〇一年初演)、『結婚』(ゴーゴリ作、二〇〇七年初演)、『オプリーチニクの日』(ウラジーミル・ソローキン作、二〇一六年初演)など話題作を次々に発表した。ザハーロフの最後の演出作品『罠』(ソローキンの小説を基にザハーロフが脚本を執筆。二〇一九年初演)は、一九三〇年代と現代をパラレルな世界として捉え、いつの時代も変わらない権力の本質と、その権力に抵抗する人々を描いた芝居だった。初演が実現したのはザハーロフの死後のことだった。フィナーレにおいて、権力に抗して非業の死を遂げた人々のリストが読み上げられ、舞台奥にザハーロフの巨大なポートレートが遺影のように浮かび上がる。ザハーロフの白鳥の歌は、権力に抵抗した人々を追悼する〈追善の祈り〉でもあったのだ。

カマ・ギンカス(一九四一〜)

カマ・ギンカスは、フォメンコと同様、〈風来坊〉であり、多くの劇場を渡り歩いた。ギンカスはヴィリニュス音楽院俳優科で学んだ後、レニングラードに出て、一九六二年、レニングラード国立演劇・音楽・映画大学のゲオルギイ・トフストノーゴフのクラスに入学する。ここでゲンリエッタ・ヤノーフスカヤと出会い、二人は結婚し、共にクラスノヤルスク青少年劇場で働き始める。一九七一年、ギンカス演出の『ハムレット』が同劇場のレニングラード公演において大成功を収める。演劇評論家スメリャンスキイによると、「〔『ハムレット』の〕センセーショナルな成功が彼らにレニングラードの劇場の扉を閉ざした。彼らの師匠トフストノーゴフも含め、誰もライバルを望んでいなかったのである」[5]。一九七〇年代はレニングラードだけでなく、リガやウラジオストクの劇場などでも働いた。一九八〇年代に入ると、二人はモスクワに活路を求め、モスソヴェート劇場、モスクワ芸術座、マヤコフスキイ劇場などで働き、一九八七年、ついにヤノーフスカヤがモスクワ青少年劇場の芸術監督に就任し、ギンカスも同劇場を定住の〈家〉とする。

一九八八年、ギンカスはモスクワ青少年劇場における最初の演出作品としてドストエフスキイの『地下室の手記』を発表し、センセーショナルな成功を収めた。その後、ギンカスはドストエフスキイの『罪と罰』を基に二本の芝居を創り出す。『〝罪〟を演じる』（一九九一年初演）と『〝罪〟よりK．I．』（一九九四年初演）である。これらは独立新聞の「一九九一年八月から一九九六年六月までの時期においてロシアの社会状況や演劇状況に最も影響を与えた芝居は何か」というアンケート調査において、『〝罪〟を演じる』が第五位、『〝罪〟よりK．I．』が第一〇位と、二本ともベストテンに入っている。ギンカスはフォメンコと並び称されるロシア演劇界の巨匠となった。

ギンカスは小舞台の小さな空間を好む。俳優と観客との距離は驚くほど近い。しかも、両者を隔てる〈第四の壁〉は意識的に取り払われ、観客は芝居への〈参加〉を求められる。『〝罪〟を演じる』はリハーサル室で、『〝罪〟よりK．I．』はリハーサル室とその前の小さなスペースで演じられた（「ギンカス演出『〝罪〟よりK．I．』――ニヒリズムの視点」参照）。一九九九年から二〇〇四年にかけて上演されたチェーホフ三部作『人生は美しい』――『黒衣の僧』（一九九九年初演）、『犬を連れた奥さん』（二〇〇一年初演）、『ロスチャイルドのバイオリン』（二〇〇四年初演）――においても、『黒衣の僧』と『犬を連れた奥さん』はバルコニー席の小空間で演じられた。バルコニー席最前列の前の手摺を背にして小舞台が設えられ、客席が三方を囲む。バルコニー席の舞台は平土間の上方に浮いた形になる。客席からは、当然、舞台の背後に本舞台や両脇のボックス席、平土間が見える。『黒衣の僧』では、僧がときには本舞台に、ときにはボックス席に現われ、平土間に飛び降りる。スポットライトの中に浮かび上がる僧は空中を漂う蜃気楼のイメージを与える。『犬を連れた奥さん』では、〈背景〉となる本舞台上にスクリーンが掛けられ、二艘の船が映し出されている。バルコニー席の舞台の手摺の向こうから、アンナやグーロフ、保養客たちが顔や手足を出す。平土間は海であり、彼らは泳いでいるというわけである。

舞台空間の機知に富んだ処理法も興味をそそるが、ギンカスのチェーホフ三部作を特徴づけているのは何よりもテクストの処理法である。チェーホフの散文のテクストはダイアローグに脚色されず、ほとんどカットなしに読み継がれていく（正確には、語り継がれていく。フォメンコの『戦争と平和』と違って、俳優たちは本を舞台に持ち出さない）。俳優は、自分が演じる人物について書かれた地の部分を語るときには、自分のことを三人称で語ることになる。そもそも、舞台上で演じている俳優は二重の生を生きている――俳優存在の両義性を、スタニスラフスキイはトマゾ・サルヴィーニの言葉を援用して次のように説明している。「俳優は生きている。彼は舞台で泣き、笑う。しかし、泣いたり笑ったりしながら、彼は自分の笑いや涙を観察する。この二重の生活、この生活と演技とのあいだのバランスのなかに芸術はあるのだ」［6］。ふつうの芝居では、俳優の二重の生のうち〈自分の行為＝演技を観察する自分〉という側面は表には現われない。ギンカスの芝居では、隠れている〈生〉が観客の目の前に晒される。観客は俳優という存在の本質を目の当たりにしているのである。いずれにせよ、俳優が一人称で語る台詞は異化され、アイロニカルに響く。観客は感情移入を妨げられ、芝居や登場人物に対し客観的な考察を促される。観客は与えられた〈意味〉ではなく、自ら〈意味〉を探し出さなければならない。これもまたギンカスが求める芝居への〈参加〉なのだろう。

レフ・ドージン（一九四四〜）

レフ・ドージンは、一九八三年、レニングラードのマールイ・ドラマ劇場の芸術監督に就任し、ペレストロイカ期に入った一九八五年、独自の音楽感覚と空間処理による叙事的な芝居、フョードル・アブラーモフ作『兄弟姉妹』によって世界的名声を博する。しかし、それまでのドージンは、やはり〈風来坊〉だった。ドージンは、一九六六年、レニングラード演劇・音楽・映画大学を卒業し、レニングラード青少年劇場に演出家として入団した。演劇評論家スメリャンスキイによると、六〇年代末に演劇界に入ってきた〈停滞の世代〉は、「役人ばかりでなく、自らの師匠にも拒絶されていた。本来有るべき世代交代は起こらなかった。当時の演劇システムにおいては、自分の劇場という〈家〉をもった者だけが意味をもっていた。その〈家〉は役人によって配分されており、従ってマージナルな者たち、あるいはカウンター・カルチャーに関わる者たちには自分の劇場を創ることは、事実上、不可能だった（とりわけ、モスクワやレニングラードにおいては）。ソビエト演劇のリーダーたちもまた自分の所有地にライバルを住まわせることはしなかった」［7］。ドージンは、一九七三年、オストロフスキイ作『内輪のことだ、あとで勘定を！』で高い評価を得ながら、レニングラード青少年劇場を退団し、その後はマールイ・ドラマ劇場、ドラマ・コメディー劇場、ボリショイ・ドラマ劇場、モスクワ芸術座などを渡り歩く放浪生活を始めなければならなかった。一九八三年、ドージンは閑古鳥の鳴くレニングラード・マールイ・ドラマ劇場を任せられ、初めて自分の〈家〉をもつことになったのである。二〇〇〇年、ドージンはヨーロッパ演劇賞（Prix Europe pour le théâtre）を授与される。歴代の受賞者は、ピーター・ブルック、ハイナー・ミュラー、ジョルジョ・ストレーレル、ロバート・ウィルソン、ピナ・バウシュといった錚々たる面々である。

ドージンはディテールに関心をもち、詳細きわまりない芝居を創る。彼の思考法は長編小説的であり、散文に芝居の題材を求めることが多い。ドストエフスキイ作『悪霊』（一九九一年初演）は一〇時間に及ぶ芝居であり、彼の名を世界に知らしめた『兄弟姉妹』は八時間、二日間にわたる芝居である。「同志諸君、市民諸君、兄弟姉妹のみなさん。……全人民の力の結集で敵を粉砕しよう。勝利に向かって前進しようではないか！」国民の結束を訴えるスターリンの声が聞こえてくる。スターリンは戦争の危機に際し、聖書にあるように「兄弟姉妹」と呼びかけ、国民の宗教的感情に訴えた。『兄弟姉妹』の舞台となった大祖国戦争（第二次世界大戦）後のソビエトの農村は荒廃し、飢えが蔓延していたにもかかわらず、社会主義体制における農村の繁栄を謳歌する文学や、スクリーン上に穀物が溢れ、収穫を喜ぶ美しい村娘の微笑みと歓喜の合唱が流れる映画がスターリン賞を授与され、称賛されていた。ドージンは、舞台中央に丸太の大きな〈スクリーン〉を吊り下げ、戦争の記録映画を映し出しながらスターリンの演説を流し、たわわに実った穀物を収穫する農民たちの喜びを謳った映画『クバンのコサック』（イワン・プィリエフ監督、一九四九年）を映し出すことで、当時の時代状況、偽りの現実を背景に示し、それとの対比において農村の厳しい真の現実、農民の精神的・物質的生活を細かくリアルに再現していった。

二〇〇七年、ドージンはやはり大祖国戦争を題材にしたヴァシーリイ・グロスマンの三部作『人生と運命』を舞台化した。もっとも、この芝居の上演時間は三時間半で、普通の芝居とあまり変わりはない。グロスマンの長編小説『人生と運命』は、スターリングラード攻防戦を背景に、独ソ戦によって〈人生〉を翻弄される人々の〈運命〉が織りなす壮大な〈叙事詩〉である。しかし、ドージンが舞台上に描き出したのは、ロシア民族の叙事的物語ではなく、人間ドラマだった。ドージンは、グロスマンの長編小説の中頃、著名な核物理学者ヴィクトル・シトルムの一家が疎開先からモスクワの自宅に戻ってくるところから芝居を始める。ユダヤ人であるシトルムはソビエト国家による反ユダヤ主義の弾圧を受け、真実と科学、何よりも自分自身に誠実であり続けて死を選ぶか、それともありもしない罪と過ちを認めて生きるか、というディレンマに陥っている。そんな彼にスターリン本人から電話が掛かってくる。当時、ソビエト連邦には原子爆弾が必要であり、そのためにシトルムの存在が欠かせなかったのだ。スターリンの電話に、シトルムは人生や名声を取り戻せるという期待に狂喜する。しかし、全体主義というシステムは、個性を喪失することなく、また自分自身を裏切ることなく生きることを許さない。ドージンの芝居では、この全体主義の恐怖——ナチズムのホロコーストとスターリニズムの反ユダヤ主義——が鮮明に描かれる。舞台の対角線にバレーボールのネットが張られており、その硬質のネットは鉄格子のようにも見える。実際、登場人物たちはそこでバレーボールに興じるが、それはラーゲリの鉄格子にもなる。ヴィクトル・シトルムの母アンナはユダヤ人ゲットーで殺され、妻リュドミラの最初の夫はシベリアのラーゲリに収容されている。収容所の囚人たちの運命は、スターリンのラーゲリであれナチスのゲットーであれ変わらない。彼らは朝の点呼のためネット＝鉄格子の前に整列し、名前ではなく番号で呼ばれる。ユダヤ人の吹奏楽団は丸裸にさせられ、アウシュヴィッツのガス室に行進していく。スターリンの電話がシトルムをこうした〈地獄〉から〈天国〉に引き上げたのである。「なぜ捕らえられた人たちに味方しないの」という娘の問いに、彼は動揺するが、結局、処刑された学者、作家、芸術家たちを非難する書類に署名する。シトルムは自分の卑劣さという毒を飲み干して生きていく選択をする。フィナーレにおいて、シトルムの母アンナがゲットーから彼に送った最後の手紙が聞こえてくる。「ヴィーチェンカ……これがママのお前への手紙の最後の一行です。生きて、生きて、いつまでも生きていてください……ママ」。アンナはユダヤ人として迫害を受けながらも、つねに人間としての誇りをもって生きてきた。死を前にして母は息子に、いかなる環境にあっても、つねに生き続けよ、と訴える。しかし、精神を毒に侵されながら〈人間として〉生きていけるのだろうか。外的な力で人間を身体的に抹殺することはできるが、精神的に抹殺することはできない。それができるのは自分自身だけなのだ。ドージンが舞台で訴えたかったのはこのことだったのだろう。

ヴァレリイ・フォーキン（一九四六〜）

ヴァレリイ・フォーキンは、一九七〇年にシチューキン演劇大学を卒業した後、ソヴレメンニク劇場で演出家としてのキャリアをスタートさせた。彼の芝居は観客や批評家の注目を集め、一九八五年に三九歳の〈若さ〉でエルモーロワ劇場を率いるようになる。エルモーロワ劇場での第一作目『言ってくれ……』（アレクサンドル・ブラフスキイ作）は、スターリンの死を挟んだ一九五〇年代前半の農村を舞台に、抑圧された農民の真実の声を聴いて回る地区委員会書記の姿を通して真実を語ることを訴えた作品で、ゴルバチョフ政権のペレストロイカ政策にいち早く呼応し、演劇界のペレストロイカを告げたエポックメ

イキングな芝居だった。

フォーキンは、一九八八年からメイエルホリド創造遺産委員会の議長としてメイエルホリドの遺産の発掘、収集、出版に努め、一九九一年から二〇一一年までメイエルホリド・センター芸術監督兼総支配人として若い革新的な演劇人の活動を支援してきた（二〇一一年からメイエルホリド・センター総裁）。フォーキンは、もちろん、彼自身が革新的な演出家である。『某市のホテルの一室』（ゴーゴリ作『死せる魂』より、メイエルホリド・センター、一九九四年）、『再びヴァン・ゴッホ……』（タバコフ劇場との共同制作、一九九八年）、『タチヤナ・レーピナ』（チェーホフ作、アヴィニヨン演劇祭、モスクワ青少年劇場との共同制作、一九九八年）などの芝居において、メイエルホリドに倣い、言葉を重視する文学中心のロシア演劇の伝統を覆し、身体動作、光、音、ミミック……など表現力に富んだ演劇手法を駆使して舞台空間を見事に構成した。

二〇〇二年、フォーキンはモスクワのメイエルホリド・センターとペテルブルグのアレクサンドリンスキイ劇場の共同制作でゴーゴリ作『査察官』を舞台にかけた。この芝居は、ロシア最古の公立劇場であるアレクサンドリンスキイ劇場と新しい劇場のスタイルを目指すメイエルホリド・センターが共同で主催する芸術研究プロジェクト「伝統の新たな命」の開幕を告げる作品である。その後、世界の著名な演出家たちがメイエルホリドの演出した戯曲をアレクサンドリンスキイ劇場の舞台において新たに演出することになる。ちなみに、メイエルホリドは一九〇八年から一九一七年までアレクサンドリンスキイ劇場において演出家兼俳優として働いていた。メイエルホリドが『査察官』を上演したのは、一九二六年、モスクワのメイエルホリド劇場だったが、ゴーゴリの『査察官』が初演されたのは、一八三六年、アレクサンドリンスキイ劇場においてであった。

アレクサンドリンスキイ劇場の入口には、「今宵、フセヴォロド・メイエルホリドとミハイル・コーレネフが一九二六年に書いた台本が演じられる」という掲示が掲げられた（実際にはメイエルホリドの台本通りに演じられたわけではない）。メイエルホリドはゴーゴリの戯曲『査察官』を一五のエピソードに分け、『死せる魂』や『ネフスキイ大通り』、『結婚』など、ゴーゴリの他の作品のテクストをモンタージュし、ロシアの辺鄙な田舎町の生活というより、ニコライI世時代の首都ペテルブルグの生活にまでスケールを拡大して描き出した。メイエルホリドによれば、『査察官』を書いていたとき、「彼〔ゴーゴリ〕は田舎の生活を首都の生活のプリズムを通して見ていたのだ。言うまでもなく、それぞれの人物形象には当時のペテルブルグの役人の姿が投影されている。まさにここにこそ『査察官』に対する新たな解釈をそそる誘惑と楽しみがある。〔……〕『査察官』に取り組んでいたとき、ゴーゴリはペテルブルグの生活を書き込みたくて仕方がなかったのだ」[8]。ゴーゴリ自身の『作家の告白』によれば、「『査察官』のなかで私は、当時、私が目にしていたあらゆる悪しきもの、何にもまして人間の正義が求められる場合や機会にはびこっている一切の不正をひとまとめにし、一気にそれらを笑い飛ばしてやろうとした」のである。メイエルホリドは『査察官』を単なる風俗喜劇や道化芝居としてではなく、ゴーゴリが作品に込めた社会性を強く押しだし、ニコライI世の時代に翻弄された人々の悲喜劇として上演した。

フォーキンはこのメイエルホリド演出の舞台とアレクサンドリンスキイ劇場における初演の舞台の両方を自らの芝居に引用した。フレスタコーフが客席から現われる。彼は舞台に上がると、幕の前に置かれた椅子に腰かけてプログラムに目を落とす。このプロローグが終わり、暗転して幕が開くと、舞台には一八三六年の初演のためにゴーゴリが考え出した舞台装置のエスキスを描いた巨大なカンバスが吊り下げられている。第一幕はこのエスキスを背景に演じられる。ただし、市長たちがフレスタコーフを迎えに来るホテルの場面では、一九二六年のメイエルホリド演出『査察官』の構成主義的な舞台装置がそのまま再現されていた。第二幕では、舞台前面には円柱が立ち並び、その後ろには幾つかのアーチ型の開口部をもつ金色に輝く壁があり、何本もの蝋燭が点っている。市長の屋敷の広間としては、第一幕の装置と比べて豪華すぎる。フレスタコーフが偽査察官であることが明らかになると、円柱と黄金の壁は簀子に引き上げられ、円柱の台座だけが残される。台座の上に立ちすくむ市長一家。この舞台装置は市長夫妻が夢想するペテルブルグの屋敷の幻影だったのだろう。フィナーレにおいて、本物の査察官の到着が告げられ、有名な〈だんまりの場〉の後、再び第一幕の背景のエスキスが簀子から降りてきて、市長の幕開けの台詞――「諸君、ここへおいでを願ったのは、きわめて不愉快なことをお知らせするためです。査察官が来るのです」――が語られ、フォーキン演出『査察官』は終幕になる。この終幕は何を表わしているのか。『査察官』の世界はいつの世にもどこでも繰り返される、ということか。あるいは、古典として『査察官』はこれからも新たに上演され続けるだろう、ということか。あるいは、幕が開いた後に舞台上で展開された出来事は、フレスタコーフによって演出された幻影だった、ということか。フレスタコーフが客席から現われて舞台を見つめるプロローグは、それを表わしているのか。あるいは……。様々な解釈を誘う舞台である。演劇評論家たちの解釈も各自それぞれ異なっていたが、いずれにせよフォーキンの『査察官』は自由で機知に富んだ舞台構成と、フレスタコーフを演じた変幻自在のヴィルトゥオーソ、アレクセイ・デヴォトチェンコを初めとする俳優の見事な演技によって高い評価を得た。演劇評論家マリーナ・ダヴィドワはこう評している。「アレクサンドリンスキイ劇場は、多くの人々の証言によると、現在のレパートリーのなかに最高の芝居を手に入れた。『フォーキンはアカデミー劇場の功労芸術家たちを群衆場面に出演させている。レフ・ドージンがロシアで最も厳しく訓練された劇団の俳優たちを群衆場面で使うように』と、幕間で観客たちが驚きの声を上げていた。観客は、初演の前にフォーキンが宣言していたもの――伝統の新しい命――を見出したのである」[9]。翌二〇〇三年、フォーキンはアレクサンドリンスキイ劇場の芸術監督に就任した。

II　中間世代

一九五〇年代〜一九六〇年代生まれで、二〇世紀末にはプロとしての経歴をスタートさせていた世代——仮に〈中間世代〉と名付けておく——にも、もちろん、優れた演出家はいる。なかでも際立った活躍をしているのは、ドミトリイ・クルィーモフ（一九五四年生まれ）、セルゲイ・ジェノヴァチ（一九五七年生まれ）、ユーリイ・ブトゥーソフ（一九六一年生まれ）、アンドレイ・モグーチイ（一九六一年生まれ）、ウラジーミル・マシコーフ（一九六四年生まれ）だろう。彼らは今では〈巨匠〉に数えられるようになっている。

ドミトリイ・クルィーモフ（一九五四〜）

ドミトリイ・クルィーモフは、一九五四年、ソビエト時代のロシア演劇をリードした演出家アナトリイ・エーフロスと高名な演劇評論家ナタリヤ・クルィーモワの間に生まれた演劇界のサラブレッドである。モスクワ芸術座学校スタジオで舞台美術を学び、一九七六年に同校を卒業すると、父エーフロスが所属するマーラヤ・ブロンナヤ劇場で舞台美術家として働き始める。クルィーモフはマーラヤ・ブロンナヤ劇場でのエーフロスの名作の多くに舞台美術家として関わっている。一九八四年にエーフロスが、ソビエト政権の文化政策を批判して解任されたリュビーモフの後任としてタガンカ劇場の主席演出家になると、一九八五年からタガンカ劇場に移り、父の作品の舞台美術に携わる。一九八七年にエーフロスが死去すると、一九九〇年代は演劇界を離れ、絵画やグラフィック・アート、インスタレーションなどの制作に打ち込んだ。二〇〇二年からロシア国立演劇大学の舞台美術クラスで教鞭を執るようになり、教育の一環として学生たちと芝居の制作に取り組み、美術家たちの〈劇団〉をつくった。クルィーモフによると、「〈舞台空間のコンポジション〉という科目を教えていた生徒たちと『リア王』に取り組み、一緒に芝居を創った。そうしているうちに演劇がやりたくなったので、劇団を創ることにした。それに、演劇とは何かを彼らに見せたかったのだ。ただ模型を作ることを教えるだけでなく」[1]。クルィーモフと学生の劇団はドラマ芸術学校のアナトリイ・ワシーリエフの目に留まり、彼の劇場に〈実験室〉をつくるよう提案され、二〇〇四年に「ドミトリイ・クルィーモフ実験室」を組織した。ドミトリイ・クルィーモフ実験室は〈美術家たちの劇団〉である。美術家たちが舞台空間を構成しながら、自らが演じていく。二〇〇六年に初演した『デーモン。上からの眺め』(レールモントフの叙事詩をモチーフにした作品)をみてみよう。

『デーモン。上からの眺め』は、ドラマ芸術学校劇場の「グローブ」と名付けられた多層のバルコニーをもつ井戸のような空間で演じられる。三層のバルコニーに客席が設けられ、観客は舞台を〈上から眺める〉。八角形の井戸の底のような舞台の床は白い紙で覆われている。天井から何か黒い物体が落ちてくる。翼と爪のある足をもつ龍のような奇形な鳥だ。どうやら堕天使〈デーモン〉のようだ。白いつなぎの作業服を着た人物たち＝舞台美術家たちが出てきて、デーモンをロープで鐘を吊るように天井に引っ張り上げる。これから観客はデーモンの視線で地上の人間の生の営みを眺めることになる。森、山々、畑とそこで働く農夫、小舟が浮かぶ川、嵐で難破しそうな船……と、

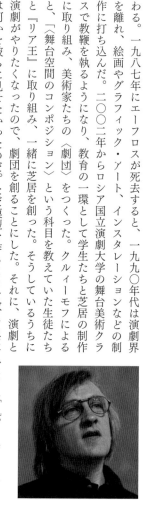

舞台上では次々に空間＝絵が替わっていく。デーモンは空間だけでなく、時間も横断する。白い作業服の人物が舞台全体を覆う白い紙の上に男と女の姿を描いていく。二人の頭上に木が描かれ、リンゴが置かれる。アダムとイヴの誕生だ。原罪を犯した最初の人間は編み鞭（これは蛇を表わす）で打ち据えられ、舞台上には紙の残骸だけが残る。人類に対する視線は同苦に満ちている。その視線は人類の文化にも向けられる。舞台の上にヤースナヤ・ポリャーナが描かれ、裸足のレフ・トルストイ（長い顎鬚を付けた若者が扮する）が黒い絵の具の入ったバケツに素足を浸け、黒い足跡を残して、やはり描かれたアスターポヴォ駅に向かう（トルストイは家出をしてアスターポヴォの駅長官舎で息を引き取る）。巨大な紙のゴーゴリが金盥のなかで『死せる魂』第二部の原稿を、自らが燃える危険を冒しながら燃やす。空を飛ぶシャガールの恋人たちがハーケンクロイツの付いた飛行機＝蜂の群れに取って代わられる……。他にも、レコード盤と黄色いゴム手袋、粘着テープなどでゴッホの『ひまわり』が作られたり、ピロスマニ風の婚礼の宴会が描かれたり……と、様々なイメージが展開されるが、ここに論理的な一貫性はない。レールモントフの叙事詩『デーモン』のプロット――堕天使デーモンが宇宙をさ迷ううちに、カフカースの谷間で美しい乙女タマーラを見て心を奪われる。デーモンは希望も愛もなく永遠にさ迷う孤独をタマーラと結ばれることによって癒そうとするが、毒をもつ彼の口づけによってタマーラを殺してしまう――をここに探しても無駄である。観客は罪深い人間の地上の生の営みを堕天使デーモンの視線で見ていくだけだ。

『デーモン。上からの眺め』は、クリスタル・トゥーランドット（最優秀作品賞、二〇〇七年）や黄金の仮面（最優秀実験作品賞、二〇〇八年）など、多くの賞に輝いた。

セルゲイ・ジェノヴァチ（一九五七〜）

セルゲイ・ジェノヴァチは、一九五七年、ドイツのポツダムで軍人の家に生まれた。一九七九年にクラスノダール文化大学演出学部を卒業し、クラスノダールでアマチュア劇団を率いてドストエフスキイやブルガーコフを舞台にかけた。一九八三年に国立演劇大学演出学部のフォメンコ・クラスに入学し、一九八八年にフォメンコが国立演劇大学に実習のための〈工房〉を組織すると、ジェノヴァチは〈工房〉で教鞭を執り始める。国立演劇大学での教育活動と並行して、ジェノヴァチは一九八八年から演劇スタジオ「チェロヴェーク」でプロの演出家としての活動を始める。一九九一年からマーラヤ・ブロンナヤ劇場に所属し、一九九六年からは主席演出家として劇場を率いた。シェイクスピア作『リア王』（一九九二年初演）、チェーホフ作『森の主』（一九九三年初演）、ドストエフスキイ作『白痴』（三部作、一九九五年初演）、アレクサンドル・ヴォロディン作『五夜』（一九九七年初演）など、優れた舞台を数多く制作するが、劇場支配人との対立から、一九九八年、マーラヤ・ブロンナヤ劇場を退団する。二〇〇一年から国立演劇大学の教授として教鞭を執り、フォメンコ工房やマールイ劇場、モスクワ芸術座などで演出をしながら、自分の劇場を組織することを目指した。

二〇〇五年春、ジェノヴァチは国立演劇大学において自らの工房の卒業作品を集めたフェスティバル「劇場を待つ六本の芝居」を開催した。フェスティバル終了後、ジェノヴァチと彼の工房の学生たちは、劇団を組織して工房の卒業作品をモスクワの劇場で上演し続ける、と宣言した。二〇〇五年夏、ジェノヴァチ工房はジェノヴァチを芸術監督とする「演劇芸術スタジオ」としてスタートする。

ジェノヴァチはあるインタビューにおいて、なぜ「演劇芸術スタジオ」と名付けたのか、と問われて次のように答えている。「スタジオ性というのは俳優たちの活動の状況をいう。私たちは一緒に芸術の法則を理解し、学び、試みようとしている。私には、今日の芸術の問題はまさにスタジオ性の欠如にある気がする。〔……〕私の考えでは、劇場には若い俳優たちが創造的成長を遂げる可能性がない、というところに問題があるのだ」。また、スタジオの将来については、次のように語っている。「エヴゲニイ・ワフタンゴフの〈学校―スタジオ―劇場〉という考えに近い。遅かれ早かれスタジオは、フォメンコ工房が劇場になったように、劇場になるだろう」[2]。スタジオにおいて共通の芸術理念を育み、思想的・美学的統一をもった劇場という一つの〈家〉を創る――ジェノヴァチはスタジオをそうした劇場へと成長していく場と捉えている。二〇一六年、演劇芸術スタジオは連邦劇場のステータスを得る。

二〇一八年、ジェノヴァチはオレグ・タバコフの後を継いでチェーホフ記念モスクワ芸術座の芸術監督に任命される。彼は芸術監督就任に際して次のように語っている。「私たちの世代はスタニスラフスキイとネミロヴィチ＝ダンチェンコの理念を叩き込まれている。〔……〕今は多様で複雑で矛盾した時代だ。だからこそこの芸術座の理念を、それぞれ違った人たちが集まって、喜びを求めて仕事をするときには、まさにこの理念を守ることが非常に重要だ。〔……〕私たちは全員が一緒になって芸術座の理念を理解し、仕事から満足と喜びを得なければならない」[3]。しかし、モスクワ芸術座は理念を同じくする人たちの〈家〉ではなくなっていた。芸術監督が自らの演劇理念に基づいて思想的・美学的に統一のあるレパートリーを構成しようとすれば、巨大化して多様な理念を持った人々の集まりとなった劇

団では軋轢が生じる。レパートリーへの不満から退団する俳優も出てきた。

劇団の内紛が取沙汰されるようになってから間もない二〇二一年一〇月二七日、ジェノヴァチは任期半ばで突然芸術監督の職を辞し、後任に俳優のコンスタンチン・ハベンスキイが任命された。ロシア連邦文化省のこの決定はレパートリー劇場の在り方について活発な議論を呼び起こした。ロシア連邦演劇人同盟議長アレクサンドル・カリャーギンは、「モスクワ芸術座は演出家の劇場として誕生し、芸術座から演出家という概念は生まれた。劇場を率いた経験がなければ、単に優れた俳優というだけではモスクワ芸術座を率いることはできない。モスクワ芸術座は単なる劇場のひとつではなく、国内の重要な劇場のひとつなのだ」[4]と、この決定に疑問を呈した。ワフタンゴフ劇場の主席演出家ユーリイ・ブトゥーソフもまたこの決定を「誤った決定」であると批判した。「僕はこの決定を誤った、戦略的に正しくないものと考えている。劇場を率いるのは、芸術の理念、芸術への総体的理解、戦略をもった演出家であるべきだ。芝居を創ることができなければならないのは言うまでもない。成功した俳優を劇場のリーダーに任命するというこの傾向は、僕には間違っているように思える。もちろん、例外はあるだろうが、これを裏付ける何らの原則もない。スタニスラフスキイとネミロヴィチ゠ダンチェンコから始まる原則は、芸術座が守ってきた偉大な理念と結びついている。今起こっていることは、僕たちが達成した文化的成果を完全に破壊することだ」[5]。ここでブトゥーソフが「スタニスラフスキイの原則」と言っているのは、自らの芸術理念に基づいて芝居上演の全過程を統括する演出家が劇場のリーダーになるべきだ、ということである。

ジェノヴァチの前任者タバコフは俳優の芸術監督だった。タバコフのレパートリー政策には一貫した美学的理念は見られない。しかし、タバコフは優れた〈マネージャー〉だった。マーケティングに長け、観客の嗜好を捉え、〈客を呼べる〉芝居を次々に生み出していった。ロシアを代表する劇場という看板もだいぶ色褪せていたモスクワ芸術座が昔の輝きを取り戻してきていた。ハベンスキイの芸術監督としての最初の仕事は、ジェノヴァチによってレパートリーから外されたコンスタンチン・ボゴモーロフ演出『理想の夫』をレパートリーに復活させることだった。『理想の夫』(二〇一三年初演)はチケットの入手が困難なほどヒットした作品であり、二〇二〇/二〇二一年シーズンでも芸術座で最も集客力のある芝居のひとつだった。ハベンスキイの芸術監督任命は、劇場オーナー(ロシア連邦文化省)も、劇団も、タバコフの路線に戻る選択をしたことを示している。ジェノヴァチは明確な演劇理念をもった演出家だ。その理念に基づくレパートリー政策を実行できないのなら、芸術座にいる意味がなかったのだろう。

ユーリイ・ブトゥーソフ(一九六一〜)

ユーリイ・ブトゥーソフは、一九六一年、レニングラード州南西部の都市ガッチナに生まれた。造船大学を卒業し、しばらく色々な職を転々としてから、サンクト・ペテルブルグ国立演劇アカデミー演出学部に入学する。一九九六年に卒業制作のベケット作『ゴドーを待ちながら』で注目され、同年からペテルブルグのレンソヴェート劇場で演出家として働き始める。『ゴドーを待ちながら』は一九九七年からレンソヴェート劇場のレパートリー作品として上演されるようになり、一九九九年には黄金の仮面演劇祭のドラマ部門と演出家部門にノミネートされ、ブトゥーソフの名をモスクワでも一躍有名にした。二〇〇〇年代に入ると、ブトゥーソフは、サチリコン劇場やチェーホフ記念モスクワ芸術座など、モスクワの劇場にしばしば招かれ、『マクベット』(イヨネスコ作、サチリコン劇場、二〇〇二年)、『リチャードⅢ世』(シェイクスピア作、

サチリコン劇場、二〇〇四年)、『ハムレット』(シェイクスピア作、チェーホフ記念モスクワ芸術座、二〇〇五年)、『リア王』(シェイクスピア作、サチリコン劇場、二〇〇六年)、『イワーノフ』(チェーホフ作、チェーホフ記念モスクワ芸術座、二〇〇九年)など話題作を数多く演出している。二〇一一年、ブトゥーソフはレンソヴェート劇場の主席演出家になり、二〇一七年には芸術監督に就任するが、翌二〇一八年に劇場のマネージメント部門と対立し、劇場を去る。同年、ブトゥーソフはワフタンゴフ劇場に主席演出家として招かれる。

ブトゥーソフは「ノンライン演劇」という表現をしばしば使う。ブトゥーソフ自身が考案した用語で、芝居のプロットが論理的に首尾一貫したラインを通って展開せずに、論理に縛られないモンタージュによって構築される演劇をいう。戯曲の筋はそれ自体としては芝居を動かす動因とはならず、同じ場面が繰り返されたり、何度か続けて演じられることもある。ブトゥーソフはあるインタビューで次のように語っている。「ノンライン演劇とは、自由の領域だ。テクスト処理の自由。音楽処理の自由。〔……〕『ゴドーを待ちながら』は天才的な戯曲であり、二〇世紀の頂点だ。あれをライン戯曲と呼ぶことは不可能だ。だから、あの戯曲はソビエト時代に上演されなかった。何しろ何の説明もない――この人たちは何者なのか、彼らは何を待っているのか。社会主義リアリズムが原因と結果の説明に基づくものであるからには、説明のつかないものはすべて必要ない、というわけだ。だが、現実というのは、もちろん、説明のつかないものだ。演劇は現実を映し出す」[6]。

ノンラインの「天才的な」戯曲『ゴドーを待ちながら』に対してもブトゥーソフのアプローチは〈自由〉だ。ブトゥーソフの芝居では、ウラジーミルとエストラゴンはじっと動かずにゴドーをただ待つ人ではなく、ゴドーを求めて世界中を歩き回る放浪者である。彼らはベケットの戯曲の背景である田舎道の「一本の木」を担いであらゆる場所に運んでいく。その木は天上への梯子にもなれば、磔柱にもなる。神によって放置された空虚な世界=舞台上には何もない。頭上を飛ぶハエや食べ物どころか、ゴドーの使いの「男の子」さえ、彼ら自身がつくり出さなければならない。神に見捨てられた人間は自らが世界をつくり出すほかないのだ。ハエを捕まえ羽をむしり取るコントや食事の場面はパントマイムと擬音を使って表現し、「男の子」との対話の場面では懐中電灯を客席に向け、光の中に浮かび上がった観客とやり取りをする。彼らのゴドーを求める旅は道化のナンバー（演し物）の万華鏡だ。次々に繰り広げられる滑稽な道化の寸劇に客席は絶えず笑いに包まれる。ゴドーを〈待つ〉のではなく〈探す〉ブトゥーソフの芝居は、ベケットの戯曲と逆行しているようにみえるが、逆説的な形でブトゥーソフはベケットと同じ結果に至る。ウラジーミルとエストラゴンの終わりのない旅は、実は円を描いていたにすぎなかったのだ。フィナーレにおいて、ベケットの戯曲では、「ウラジーミル　じゃあ、行くか。／エストラゴン　ああ、行こう」と言いながら、主人公たちはその場を「動かない」。一方、ブトゥーソフの芝居では、主人公たちは旅に出るが、二人は行き先のない人生という閉じた円を歩き続けるだけなのである。ブトゥーソフの芝居は遊戯性に溢れ、観ていて楽しい。それだけに「深みがない」という批判もあるようだが、『ゴドーを待ちながら』では笑いを呼ぶ見事な道化芝居から形而上学的意味を巧みに引き出している。

アンドレイ・モグーチイ（一九六一〜）

アンドレイ・モグーチイは、一九六一年、レニングラードに生まれた。彼が学んだのはレニングラード航空計器製造大学で、この大学を選んだのはバレーボールをやるためだったらしい。大学代表チームでプレーをしていた。モグーチイの少年時代には演劇関連の情報は見当たらない。劇場にもほとんど行っていなかったようだ。モグーチイが演劇に興味を持つようになったのは大学に入ってからだった。彼が大学時代を過ごした一九七〇年代末から八〇年代初頭のレニングラード演劇界は、ボリショイ・ドラマ劇場のゲオルギイ・トフストノーゴフ、レンソヴェート劇場のイーゴリ・ウラジーミロフ、レニングラード青少年劇場のジノヴィイ・コロゴーツキイなどの優れた演出家が活躍する時代だった。舞台に立った経験をもつ友人の影響もあり、モグーチイは毎日のように劇場に通うようになり（一日に二、三本の芝居を観たこともあったという）、挙句は友人たちと共に大学の学生クラブで芝居を上演するまでのめり込むようになった。一九八四年に大学を卒業すると、モグーチイはレニングラード文化大学で演劇の専門教育を受け、一九八九年、卒業と同時に独立系の演劇グループ「フォルマリズム劇場」を組織した。ペレストロイカからソ連邦崩壊に至るこの時代、ペテルブルグのサブカルチャーの世界では新しい芸術運動がアンダーグラウンドから出てきて、多くのフェスティバルや大掛かりなイベントが催されていた。モグーチイもフォルマリズム劇場をひき連れて参加している。モグーチイの名を有名にしたのは、一九九二年に野外で上演した『コンスタンチン・トレープレフの戯曲〝人も、ライオンも、鷲も、雷鳥も〟』だった。これはチェーホフのテクストの断片とチェーホフ的イメージ――斧を手に桜の木を切るロパーヒン、ガーエフが讃辞を捧げる「尊敬すべき戸棚」、三人姉妹の屋敷の大広間にセットされた朝食のテーブル、そして、もちろん、トレープレフの戯曲と、それを演じるニーナなど――からなる〈野外パフォーマンス〉である。提示された素材の組み合わせに物語を想定することは難しく、演出家の採った手法はモンタージュというよりコラージュと言えるだろう。モグーチイはチェーホフの戯曲の世界から一つの主題を引き出したり、一つの物語を創り出したりしたのではない。彼は演劇空間を舞台の外に押し広げ、湖のある自然のなかにチェーホフの戯曲の世界を溶け込ませたのである。

ヴィジュアルなイメージを操り、大きな空間を巧みに構成するモグーチイは、野外劇だけでなく、

大規模なフェスティバルや壮大な祝祭を組織できる稀有な才能をもった演出家である。豪華な記念公演、フェスティバルの開会式や閉会式、授賞式のセレモニーなどの演出依頼を受け、この分野で多くの仕事をしている。一時期、アンドレイ・モグーチイは、「ロシアの概念に従えば、演出家ではなく、大衆的な行事の組織者、ただしクオリティーの非常に高い組織者である」(マリーナ・ダヴィドワ)という評価を得ていた。しかし、モグーチイの演出家としての本質は、繊細な印象主義的芝居『馬鹿たちの学校』(サーシャ・ソコロフの同名の小説による。一九九八年初演)のような舞台作品にこそ現われていた。モグーチイ自身、エレクトロシアター・スタニスラフスキイの芸術監督ボリス・ユハナーノフとの対談のなかで次のように語っている。「これまで自分の意志で創った芝居は、実際に一本しかない。それは『馬鹿たちの学校』だ。他のものについていえば、もし注文されなかったら、僕は腰を上げていなかっただろう」[7]。ここにはいささか誇張も感じられるが、モグーチイが『馬鹿たちの学校』を演出対象として〈自ら〉選んだことは確かだろう。

サーシャ・ソコロフの『馬鹿たちの学校』は、分裂した二つの人格をもつ一人の語り手によって語られる。語り手は知恵遅れの子供たちのための特殊学校(=馬鹿たちの学校)に通っていた。語り手はその語りによって何らかの物語を伝えようとはしていない。プロットは論理的な展開をたどらず、語り手は意識の流れのままに些細な事象に拘り、そこからの連想によってあちらこちらに逸脱する。しかも、一人のなかの二つの人格が異なる視点から語り、現実と空想の境も判然としない。こうした小説を再話することは不可能だ。これは書くという行為そのものを描いた作品なのだ。モグーチイ自身「サーシャ・ソコロフの『馬鹿たちの学校』を上演するのは不可能であり、ましてや劇場で観ることはできない」と考えていた。「作者の支配下にある意識の流れの独自のコードは、小説の風変わりな言葉の流れにある。つまり、文学という芸術に特有のものであり、行動による演劇、伝統的にプロットの展開に依存する演劇の本質には合わない」[8]。それでは、なぜこの作品に「自分の意志」で取り組むことになったのか。おそらく、モグーチイ自身がそもそも「伝統的にプロットの展開に依存する演劇」とは異なる演劇を求めてたからだろう。彼は先に挙げたユハナーノフとの対談のなかで次のように語っている。「息子が国立映画大学を卒業したとき、僕が気に入っていたアンドレイ・タルコフスキイの講義録を贈ることにした。これを僕が開いたのは三〇年前だ。よし、ちょっとページをめくってみるか、と思い、開いてみると、一面僕が引いた線だらけだ。読み始めて、これまでの年月ずっと自分がタルコフスキイの理念で生きてきたことが、分かった」[9]。タルコフスキイの理念とはどのようなものか。タルコフスキイは自らの創作理念を次のように書いている。「映画で私をなによりも魅了するのは、詩的関連、詩の論理である。〔……〕この詩の論理は、論理的に首尾一貫した線的なプロットの展開によってイメージを関連づける伝統的なドラマトゥルギーよりも、私に近い。〔……〕関係付けの論理は、人生の複雑さを単純化することに依拠している。しかし、映画的素材を結合する別の方法もある。そこで重要なのは、人間の思考の論理を解明することである。その場合、まさにこの思考の論理によって、出来事の順序と全体を構成するそのモンタージュが決定されるのである」[10]。『馬鹿たちの学校』はタルコフスキイの映画を思い起こさせる。モグーチイにとって、ソコロフの小説は自分がタルコフスキイから学んだ理念を実現する格好の素材だったのだろう。『馬鹿たちの学校』は、国外ではエディンバラ演劇祭とベオグラード国際演劇祭でグランプリを受賞し（ともに二〇〇一年）、国内では、「黄金の照明」賞（二〇〇〇年）と黄金の仮面演劇祭の批評家賞（二〇〇一年）を受賞した。

二〇〇四年、ペテルブルグのアレクサンドリンスキイ劇場の芸術監督ヴァレリイ・フォーキンに請われ、モグーチイはロシア初の常設の公共劇場として一七五六年に創設された伝統ある劇場の専任の演出家として働くようになる。これは、言うなれば、一匹狼の演出家だったモグーチイが自由と独立を失ったということだが、モグーチイ自身次のように語ったという。「それは、そもそも、どんな自由だったか。僕たちは貧しさに左右されていた」[11]。この言葉にはソ連邦崩壊前後のネオ・アヴァンギャルドたちの状況がよく表れている。二〇一三年、モグーチイは、トフストノーゴフがロシアを代表する世界的劇場に育て上げたペテルブルグのトフストノーゴフ記念ボリショイ・ドラマ劇場の芸術監督に任命される。アンダーグラウンドから出てきたアヴァンギャルドがアカデミー劇場のトップに就任したのである。

ウラジーミル・マシコーフ（一九六四〜）

ウラジーミル・マシコーフは、一九六四年、父は俳優、母は演出家という演劇一家に生まれた。ノヴォシビルスク国立大学自然科学学部の生物学科に入学するが、一年後にノヴォシビルスク国立演劇大学に入学し直している。その後、モスクワに出て、モスクワ芸術座学校スタジオに入学し、オレグ・タバコフに学ぶ。タバコフが一九八七年にタバコフ演劇スタジオを創設すると、学校スタジオで学びながら、タバコフの演劇スタジオで俳優として演じ始める（一九九〇年、モスクワ芸術座学校スタジオを優秀な成績で卒業する）。

一九九二年から演出家としても活動を開始し、タバコフ劇場（タバコフ演劇スタジオは一九九二年からこの名称を名乗る）において、第一次世界大戦から革命、内戦へと続く時代の荒波に翻弄されるブムバラーシの受難をミュージカル仕立てで描いた『ブムバラーシ受難劇』（ユーリイ・キム作、一九九三年初演）、サーカスのクラウンやピエロのダイナミックでアクロバティックなナンバーによって構成した見世物『死のナンバー』（オレグ・アントーノフ作、一九九四年初演）な

どを演出し、高い評価を得る。一九九六年にはサチリコン劇場に招かれ、ベルトルト・ブレヒト作『三文オペラ』を演出し、二〇〇一年にはチェーホフ記念モスクワ芸術座でレイ・クーニー作『一三号室』を演出した。これらの作品は多くの観客を動員し、大ヒット作になった（これらの芝居についてては本書の劇評――第二部第一章――「マシコーフ演出『三文オペラ』――コマーシャリズムの浸透」／第二部第二章――「マシコーフ演出『一三号室』――モスクワ芸術座に〈かもめ〉はまだ羽ばたいているか」を参照）。

二〇一八年、タバコフが亡くなると、マシコーフは師匠の後を継いでタバコフ劇場の芸術監督に就任する。タバコフ劇場は〈俳優の劇場〉である。タバコフは劇場の信条を次のように語っていた。「自分の〈顔〉を規定せず、作品に応じてそのつど独自の演劇様式を与え、作者の世界を開示する」。マシコーフはこの劇場の伝統を引き継いだ。芸術監督就任一年後のあるインタビューで〈演劇観〉を尋ねられ、マシコーフは次のように答えている。「演劇において最も重要なのは俳優だ。俳優は舞台の支配者だ。俳優はそれを証明しなければならず、絶えず自分自身と観客のために何か新しいものを発見する独創的な存在でなければならない。〔……〕僕たちの劇場はつねに俳優の劇場だった。演出家は俳優のなかに溶け込んで消えなければならない」[12]。

芸術監督就任後の二シーズンでマシコーフが演出した作品は、テリー・ジョンソン作『ホテルの夜』（原題〝Insignificance〟二〇一九年初演）とアガサ・クリスティー作『そして誰もいなくなった』（二〇二〇年初演）の二本だけである。タバコフに倣って、マシコーフもマネージャー・タイプの芸術監督のようだ。アガサ・クリスティー生誕一三〇年の記念日に合わせて初演された『そして誰もいなくなった』は、演劇評論家オリガ・ガリツカヤによれば、芸術監督マシコーフの劇場運営の綱領の表明であるという。「演出のウラジーミル・マシコーフは、演劇の正真正銘のブロックバスター――視覚的で、全く豪華で、とても美しい、俳優たちの見事な演技と調和した芝居を創った。これは明らかに芸術監督の綱領の表明であり、文句の言いようのない成功を狙い、観客の期待に完全に答えようとするものである。質の高い公演、興味を惹く題材、鮮明に描き出される感情、際立った演技が与える満足が観客には保証される。ここは何度もやって来たくなる劇場だ。失望を味わうことはない、と分るからだ」[13]。タバコフはかつてこう言っていた。「どんな趣味にも応えられるというわけではない。〔……〕しかし、劇場は観客を招き入れなければならないという考えに私は固執する。もし観客が一度来たら、必ずもう一度来てもらわなければならないのだ」(前出)。マシコーフの芝居は思想的・芸術的深みはないが、人を惹きつける。マシコーフはあらゆる点でタバコフの理念の継承者なのである。

III 新しい世代——二一世紀のロシア演劇を牽引する演出家たち

演出家の高齢化を託ってきたロシア演劇界だが、二〇〇〇年代になると、ようやくソ連邦崩壊後に演劇活動を始めた一九七〇年代〜一九八〇年代生まれの若い演出家たちが次々に第一線に躍り出てきた(キリール・セレブレンニコフは一九六九年生まれだが、「新しい世代」として紹介することにする)。

キリール・セレブレンニコフ、ミンダウガス・カルバウスキス、コンスタンチン・ボゴモーロフは本書の中心人物であり、彼らの仕事については本文で詳細に論じているので、それを参照していただきたい。ここでは経歴を簡単に紹介しておく。

キリール・セレブレンニコフ（一九六九〜）

キリール・セレブレンニコフは、一九六九年、ロストフ・ナ・ドヌーのユダヤ人医師の家に生まれた。ロストフ国立大学物理学部在学中から芝居の演出、ドキュメンタリー映画やテレビ番組の制作に取り組んでおり、一九九二年、大学を卒業すると、ロストフ・ナ・ドヌーの劇場や映画スタジオで演出家、監督として活動する。セレブレンニコフは、ロシアの演劇界では珍しく、演劇大学での専門教育を受けていない演出家である。

二〇〇一年、セレブレンニコフはモスクワの劇作・演出センターにおいてヴァシーリイ・シガリョーフの戯曲『プラスチリン（粘土）』を演出し、首都の演劇界でも注目を集めるようになる。当時、劇作の世界で現実をアクチュアルな視点から捉える〈新ドラマ〉という潮流が生まれつつあり、セレブレンニコフは〈新ドラマ〉の演出で評価を得ていった。二〇〇二年、チェーホフ記念モスクワ芸術座に招かれ、日常に潜む〈テロリズム〉を描いたプレスニャコフ兄弟の戯曲『テロリズム』を演出し、〈新ドラマ〉の秀作として高い評価を得る。

二〇〇四年、再びモスクワ芸術座に招かれ、マクシム・ゴーリキイ作『小市民』（二〇〇四年初演）、アレクサンドル・オストロフスキイ作『森林』（二〇〇四年初演）、ミハイル・サルトゥイコフ＝シチェドリン作『ゴロヴリョーフ家の人々』（二〇〇五年初演）と、立て続けにロシアの古典を演出する。セレブレンニコフは「演劇は現代性をいかに表現すべきか考えないわけにはいかない」と言っているが、古典の演出にも、もちろん、〈現代性〉を求める。たとえば、小市民階級の家父長制の権化のような父と彼に反抗する子供たちとの間の世代対立を描いたゴーリキイの『小市民』においては、戯曲のテーマである〈世代対立〉に現代の演劇界における〈世代対立〉を重ね合わせて描いた。親の世代は〈心理主義演劇〉が持分で、円熟した名優たちがスタニスラフスキイ・システムに則った演技によって内面世界を説得力をもって描きだし、子の世代はアヴァンギャルド演劇が持分になり、律動的な動きによって造形的に創造される。舞台奥には劇作・演出センターから参加したウラジーミル・パンコフとその「パン・カルテット」が陣取り、過剰なまでの音楽によって子の世代の動きを伴奏した。また、農奴解放後の没落しつつある地主貴族の無為な生活と旅役者の自由な生活を対比して描いたオストロフスキイの『森林』においては、出来事の時代を二〇世紀の七〇年代（あるいは二〇〇〇年代）に移している（『森林』については、第二部・第二章——「セレブレンニコフ——現代性をいかに表現するか」参照）。

二〇〇八年、セレブレンニコフは、モスクワ芸術座学校スタジオに「実験俳優・演出クラス」を設け、教鞭を執る。このクラスを基に「第七スタジオ」が組織された。

二〇一一年一〇月、セレブレンニコフが芸術監督を務めるプロジェクト「プラットフォーム」が開幕する（～二〇一四年）。これは現代芸術の四つのジャンル——演劇、舞踏、音楽、メディア・アートを統合する実験プロジェクトで、演劇部門はセレブレンニコフが組織した第七スタジオが統括した。

二〇一二年六月、セレブレンニコフはゴーゴリ劇場の芸術監督に任命される。彼は劇場を改造し、芝居の上演だけでなく、様々なプロジェクトを実現し、映画の上演やコンサート、講演、討論会などを催すことができる演劇センターに改組し、ゴーゴリ・センターと改称した（第一部・第二章——「演劇センター——新しい劇場モデル」参照）。

プロジェクト「プラットフォーム」が開幕する一〇か月ほど前、セレブレンニコフはチェーホフ記念モスクワ芸術座の小舞台で『ゼロの

周辺』を初演していた。ナタン・ドゥボヴィツキイの名前で発表されたその作品の作者は、「クレムリンのイデオローグ、陰の実力者」と呼ばれていた政治家ヴラジスラフ・スールコフだった。セレブレンニコフは政治的打算を疑われた。彼のプロジェクト「プラットフォーム」には国家予算からかなりの額の融資が降りたのである。ところが、融資を受けてから六年後の二〇一七年、第七スタジオが横領の嫌疑を受け、主宰者のセレブレンニコフを初めとする首脳陣が逮捕され、起訴される。いわゆる「第七スタジオ事件」である。裁判は三年にわたり、二〇二〇年六月にようやく結審し、セレブレンニコフは執行猶予付き三年の有罪判決を受け、罰金八〇万ルーブルを課せられた。ただし、ゴーゴリ・センター芸術監督の職は解かれなかった。

ところが、二〇二一年二月、セレブレンニコフのゴーゴリ・センター芸術監督の契約が更新されず、その職を解任されてしまった。ゴーゴリ・センターは着実に成果を上げ、国内で最も観客の入る最も高い収益を上げる劇場の一つになっていた。セレブレンニコフは今やロシア演劇を代表する演出家であり、国外でもその知名度は高い。セレブレンニコフの解任は「第七スタジオ事件」に対する当局の制裁だとする見方が強い（第二部・第三章──「二〇二一年二月追記──セレブレンニコフのゴーゴリ・センター芸術監督解任騒動」参照）。

二〇二〇／二〇二一年シーズン、セレブレンニコフは、『名前のない人』（ウラジーミル・オドエフスキイ作、ゴーゴリ・センター）に共同制作者として参加している以外、ロシアでは新作を発表していない。二〇二一年九月にジョヴァンニ・ボッカチオ作『デカメロン』がセレブレンニコフの初演作品としてゴーゴリ・センターで上演されたが、この作品は二〇一九／二〇二〇年シーズンにベルリンのドイツ座とゴーゴリ・センターの共同プロジェクトとして制作されたものである（二〇二〇年三月にベルリンで初演された）。

現在（二〇二一年）、セレブレンニコフは主に国外で活動しており、ウィーン国立歌劇場でワグナーのオペラ『パルジファル』を演出し、その後、バイエルン国立歌劇場でショスタコーヴィチのオペラ『鼻』を演出している。

ミンダウガス・カルバウスキス（一九七二〜）

ミンダウガス・カルバウスキスは、一九七二年、リトアニアに生まれた。一九九四年、リトアニア音楽アカデミー演劇学部を卒業するが、「三年間、事実上仕事がなく、すっかり絶望して、今後の人生について何か決めなければならなくなった」[1]。リトアニアでの演劇生活に限界をみたカルバウスキスは、一九九七年、「西欧世界をじっくり見て、自分を見つめ直し、これからどうすべきか、考える」ためロンドンに行く（第二部・第三章──「カルバウスキス演出『追放』」参照）。ロンドンから戻ると、モスクワに出て、一九九七年からロシア国立演劇大学演出学部のフォメンコ工房で学んだ。二〇〇一年、タバコフ劇場に入団すると、ソーントン・ワイルダー作『長いクリスマス・ディナー』（タバコフ劇場、二〇〇一年初演）、ニコライ・ゴーゴリ作『昔気質の地主』（チェーホフ記念モスクワ芸術座、二〇〇一年初演）、トーマス・ベルンハルト作『役者』（タバコフ劇場、二〇〇二年初演）の三本の芝居を立て続けに発表し、その繊細で知的な演出によって高い評価を得た。

プロとしてのデビュー作『長いクリスマス・ディナー』と『昔気質の地主』は共に〈死〉をテーマにした作品である。その後もカルバウスキスは秀作を次々に発表し、高い評価を得ていったが、それらもやはり〈死〉をテーマにした作品だった──ヒトラーの命を受けて核兵

器開発グループを率いるヴェルナー・ハイゼンベルクと近代量子理論の基礎を築いたニールス・ボーアとのコペンハーゲンにおける謎の会見を、死の世界から彼らを呼び戻して検証する『コペンハーゲン』(マイケル・フレイン作、チェーホフ記念モスクワ芸術座、二〇〇三年初演)、貧しい農夫アンス・バンドレンが妻アディの遺言に従って彼女の遺体を墓地まで運んで行く『死の床に横たわりて』(ウィリアム・フォークナー作、タバコフ劇場、二〇〇四年初演)、絞首刑に処せられる七人の死刑囚の心理を描いた『七人の絞首刑囚の物語』(レオニード・アンドレーエフ作、タバコフ劇場、二〇〇五年初演)。『七人の絞首刑囚の物語』は、黄金の仮面賞、国内の演劇賞を総なめにした(第ト賞、ロシア連邦演劇人同盟「シーズンのハイライト」賞など、クリスタル・トゥーランドッ二部・第二章──「カルバウスキス──プロフェショナルの演劇/『七人の絞首刑囚の物語』参照」)。〈死〉のテーマについて、カルバウスキス自身は、「僕の芝居はすべて生を描いているのであって、僕には死についての芝居はない」と答えている。死を通して生を描いている、ということだろう。

二〇〇七年、アンドレイ・プラトーノフの未完の長編小説『幸せなモスクワ』を自ら脚色した『幸せなモスクワの物語』を上演した後、カルバウスキスはタバコフ劇場を退団し、ほぼ三年のあいだ沈黙する。この〈沈黙〉についてカルバウスキスは次のように語っている。「長い期間働かないというのは、定期的に湧いてくる僕のある種の宿望だ。若い頃すでに僕は無職だったことがある。俳優学部卒業後、僕は仕事の誘いを受けなかった。三年の休止を僕は経験済みだ。でも、以前は強いられたものだったが、今度は意識的だった」[2]。

三年の沈黙の後、カルバウスキスはロシア青年劇場に入団し、リトアニアの作家イツホカス・メラスの長編小説による『引き分けは一瞬』(二〇一〇年初演)を脚色・演出して再スタートを切る。リトアニアのゲットーを舞台にジェノサイドを描いた作品である。やはり、テーマは〈死〉だった。一七歳のイサアク・リプマンはゲットーの司令官であるドイツ人将校アドルフ・ショーゲルと

〈命〉を賭けてチェスをする。イサアクが勝てば、イサアクは殺されるが、ゲットーに住む子供たちは助かる。負ければ、イサアクは生き残るが、子供たちは連れ去られる。引き分けになると、イサアクは生き残れるが、子供たちもゲットーに残される。イサアクの最後の一手で、引き分けか勝利が決まる。イサアクは自らの死によって子供たちを救う選択をする。『引き分けは一瞬』は数々の賞に輝き、カルバウスキスの名を不動のものにした。

二〇一一年、カルバウスキスはマヤコフスキイ劇場の芸術監督に任命される（マヤコフスキイ劇場での仕事については、第二部・第三章――「カルバウスキス演出『才能と崇拝者』／『追放』」参照）。

二〇二二年二月二四日、ロシアによるウクライナ侵攻が始まると、翌二五日、カルバウスキスはマヤコフスキイ劇場芸術監督を「辞める！」と宣言し、モスクワ文化局に辞表を出した。現在（二〇二二年四月）、カルバウスキスの現況についての情報はない。

コンスタンチン・ボゴモーロフ（一九七五〜）

コンスタンチン・ボゴモーロフは、一九七五年、モスクワで生まれた。両親共に映画評論家である。一九九七年、モスクワ大学文学部を卒業し、その後一年間、大学院でロシアのフリーメーソンの研究をしている。一九九八年、国立演劇大学に入学し、卒業後、二〇〇七年にマーラヤ・ブロンナヤ劇場で演出したシェイクスピアの『空騒ぎ』が黄金の仮面賞にノミネートされ、オレグ・タバコフの目に留まり、タバコフ劇場に招かれた。ボゴモーロフは、タバコフ劇場でフランツ・カフカの『審判』（二〇〇七年初演。かもめ賞受賞）やアレクサンドル・ヴァンピーロフの『長男』（二〇〇八年初演。黄金の仮面賞にノミネート）を演出して評判をとり、二〇〇九年からタバコフ劇場の専任演出家になる。二〇一三年には、やはりタバコフが芸術監督を務めるチェーホフ記念モスクワ芸術座の芸術監督補佐に就任し、オスカー・ワイルドの『理想の夫』（二〇一三年初演。黄金の仮面賞にノミネート）を演出して、その現代社会に対する強烈な諷刺が演劇界のみならず、社会においても賛否両論を引き起こした。

ボゴモーロフは、二〇一三年、さらに『カラマーゾフ家の人々』（ドストエフスキイ『カラマーゾフの兄弟』より）をチェーホフ記念モスクワ芸術座で制作するが、これが再びスキャンダラスな騒ぎを引き起こすことになる。『カラマーゾフ家の人々』に対して劇場首脳部から訂正要求がなされるが、ボゴモーロフはそれを拒否し、二〇一三年一一月、フェイスブックでモスクワ芸術座退団を宣言したのである。芝居は訂正を加えずに上演されたが、ボゴモーロフは結局劇団を去った。

この退団騒ぎの直後、レンコム劇場の芸術監督マルク・ザハーロフの誘いを受け、二〇一四年、ボゴモーロフは専任演出家としてレンコム劇場に入団する。レンコム劇場では、『ボリス・ゴドゥノフ』（プーシキン作、二〇一四年初演）と『公爵』（ドストエフスキイ作『白痴』より、二〇一六年初演）を演出しているが、このドストエフスキイ劇が再びスキャンダルを引き起こす。『公爵』が初演から一年も経たないうちにレパートリーから外されることが決まったのである。ザハーロフはその理由を「客の入りの悪さ」であるとしている。ボゴモーロフは自らフェイスブックでその事実を公表し、「この作品がいつか再び他の舞台で蘇ることを確信している。起こったことをあれこれ論じるのはよそう。すべては時間が判断してくれるだろう」[3]と書いた。いささか怨みのこもった文章だ。結局、ボゴモーロフは二年でレンコム劇場を去る。

演劇の挑発者の異名を取り、スキャンダラスな話題を提供するボゴモーロフだが、二〇一九年六

月二五日、マーラヤ・ブロンナヤ劇場の芸術監督に任命され、自分の〈家〉をもつことになった。

　ボゴモーロフにとってドストエフスキイは特別な作家のようだ。二〇一九年にペテルブルグの役者の隠れ家劇場で『罪と罰』を演出したかと思うと、マーラヤ・ブロンナヤ劇場の芸術監督就任後の初めての作品として再びドストエフスキイを採り上げ、『ドストエフスキイの悪霊』（二〇二〇年初演）を舞台にかけた。ボゴモーロフはドストエフスキイについて次のように語っている。「ドストエフスキイは僕にとって、おそらく、現時点において演劇的見地からみて最も興味ある作家だ。演劇において彼に戻るのは無条件に面白い。人は誰でも人生において最も重要な瞬間に彼に戻るものだ。ドストエフスキイは、創作のため、俳優たちのため、自己発現のため、信じられないほどの可能性を与えてくれる。〔……〕僕はこうしたテクストに浸ることに喜びを覚えている」［4］。

　ボゴモーロフのドストエフスキイ劇は、ドストエフスキイの小説をそのまま脚色したものではない。たとえば『ドストエフスキイの悪霊』は、劇場のホームページによると、「これは長編小説『悪霊』の脚色ではなく、むしろ演出家によるドストエフスキイの散文の読みの試みであり、作者との論争的対話の結果である。一つの芝居に多様な演劇のジャンルを統合しながら、演出家は複合的な物語を構築し、そのなかでドストエフスキイの長編小説のテーマが追加された演出家の題材によって膨らんでいく。ドストエフスキイのテクストは、ボゴモーロフにとって、演出家自身によるドラマトゥルギーを創造するための基盤になっている」［5］。こうした古典の改作には、当然、批判も出てくるだろう。スキャンダルの種は初めから潜んでいるのである。

　ボゴモーロフは二〇二一／二〇二二年シーズンにドストエフスキイの『白痴』の上演を計画しているという。『白痴』（『公爵』）はかつてレンコム劇場でレパートリーから外された作品である。新しい『白痴』がどのような芝居になるのか、まだ情報はないが、自分が率いる劇場での上演である。レパートリーから外されることにはならないだろう。

エゴール・ペレグードフ（一九八三〜）

エゴール・ペレグードフは、一九八三年、モスクワに生まれた。モスクワ国立言語学大学で学び、ドイツ語と英語の同時通訳として働く。その後、国立演劇大学演出学部に入学し、ジェノヴァチ工房で学ぶ。卒業後、二〇一一年からジェノヴァチ工房で教鞭を執りながら、ソヴレメンニク劇場の専任演出家として『女たちの時間』（エレーナ・チジョア作、二〇一一年初演）や『熱き心』（オストロフスキイ作、二〇一三年初演）を演出し注目された。とりわけ『熱き心』がサチリコン劇場の芸術監督コンスタンチン・ライキンの目に留まり、サチリコン劇場に招かれて、ライキンの主演で『レストランの人』（イワン・シメリョーフ作、二〇一五年初演）と『ドン・ジュアン』（モリエール作、二〇一八年初演）を演出して高い評価を得た。二〇一八年、ペレグードフは三五歳の若さでロシア青年劇場主席演出家に任命される。

ペレグードフは、恩師ジェノヴァチから学んだ一番重要な教えは何かと尋ねられ、「作者の世界を理解し、何よりも俳優を通して自分の構想を表現することだ」と答えている。「俳優とは創造者だ。〔……〕僕は目標を定めるが、そこへの道を選択するのは俳優なのだ」[6]。俳優といかに芝居を創り出すか。ペレグードフは自分の演出法を次のように語っている。「俳優と対するときには、自分が考え出したことをすべて忘れなければならない。なぜなら、そうしないと俳優を自分の構想にはめ込んでしまうことになるからだ。僕の課題は、俳優に自分自身でその構想を豊かにし、自分の役で何かを創造し、何かを考え出すようにさせることだ。〔……〕頭のいい演出家がやって来て、俳優に自分のヴィジョンを語り、俳優がその知性や博識に感銘を受けるということもあるかもしれないが、俳優にとってそれは他者のものだ。僕にとって重要なのは、俳優が自分のものを発見することだ」[7]。

　ロシア青年劇場の主席演出家としてのペレグードフの最初の演出作品は、シェイクスピアの『ロミオとジュリエット』（二〇二〇年初演）だった。舞台上にあるのは典型的なモスクワの地下通路である。飲み物の売店や花屋、本のキオスクなどが並び、二カ所に地上に通じる階段がある。舞台装置についてペレグードフは次のように語っている。「僕たちは何か同じようなことが起こりうる環境を探していた。シェイクスピアが描いている世界が非常に危険である以上、僕たちが最も危険と感じる場所にすることにした。そのひとつが地下通路だった。夜一人で歩いていると、こういう場所では思わず足を速めてしまうものだ」[8]。激しい喧嘩に始まり、いくつもの死があるシェイクスピアの「非常に危険」な物語は、すべてこの地下通路の細長い空間と階段で展開される。ペレグードフは『ロミオとジュリエット』を現代のモスクワに住む若者たちの物語として描き出した。

　ペレグードフの芝居では、シェイクスピアのプロットからの多くの逸脱がみられる。公演のプログラムには、一九六〇年にアナトリイ・エーフロスがロシア青年劇場の前身である中央児童劇場で行なった『ロミオとジュリエット』の公開リハーサルについての詳細な紹介が載っている。リハーサルには著名な俳優や演劇評論家、演劇大学の教師たちがやって来て、彼らの前でスタジオ生たちが『ロミオとジュリエット』から採った場面のエチュードを試みた。どうやら、これがペレグードフの構想の基になっているようだ。原作からの逸脱が多いのもそのためだろう。場面の処理をエチュードを通して俳優たちと一緒に探求することで、「演出家の構想を俳優の主体的創造を通して表現する」という自らの演出法を、ペレグードフはここで試みているのである。

チモフェイ・クリャービン（一九八四〜）

チモフェイ・クリャービンは、一九八四年、ロシア連邦中西部のウドムルト共和国の首都イジェフスクに生まれた。俳優でありプロデューサーだった父親の影響で子供の頃から多くの芝居に触れ、演出家を志すようになった。父親の回想によると、「チモフェイは演出関連の文献を山のように集め、スタニスラフスキイ、トフストノーゴフ、メイエルホリド、タイーロフを研究していた」という[9]。

二〇〇二年、国立演劇大学に入学し、演出家オレグ・クドリャショフの許で学ぶ。二〇〇七年、国立演劇大学を卒業すると、父が支配人を務めるノヴォシビルスクの赤い松明劇場の専任演出家としてプロとしての活動をスタートさせる。二〇一四年末にはノヴォシビルスク・オペラ・バレエ劇場で初演したワグナーのオペラ『タンホイザー』が国中を巻き込む大スキャンダルを引き起こした（第二部・第三章――『『タンホイザー』スキャンダル」参照）。

その騒ぎが冷めやらぬ二〇一五年九月、クリャービンは赤い松明劇場の主席演出家に就任すると、チェーホフの『三人姉妹』を『聾唖者の言語』で上演して注目を集めた。クリャービンが聾唖者の言語を用いたのは、「新しい演劇言語を開拓する」ためだったという（第二部・第三章――「クリャービン演出『三人姉妹』――演劇言語の実験」参照）。クリャービンは演劇に美学の見地からアプローチし、つねに新しい演劇言語を求める。彼はインタビューで次のように語っている。「演劇は美学の見地から見る方がはるかに面白い。演劇は急激に変化している。問題は、現代演劇とは何か、それは僕個人にとってどういうものか、ということだ。〔……〕現代世界ではすべてが混ざり合っていて、境界はない。演劇においてもそうだ。月並みでなくなること、スタンダードの限界を超えることは難しい。演劇はつねに新しい形式、新しい言語を追求してきたのだ」[10]。

クリャービンは活動の場を広げ、国外の劇場やモスクワのボリショイ劇場、諸民族劇場などに招かれ、オペラやドラマの斬新な演出で注目を集めている。二〇二〇年の黄金の仮面演劇祭では、ホームグランドの赤い松明劇場のドラマ『太陽の子』（ゴーリキイ作、二〇一八年初演）とボリショイ劇場のオペラ『ルサールカ』（ドヴォルザーク作曲、二〇一九年初演）の二作品がノミネートされている。

ゴーリキイの戯曲『太陽の子』は、一九世紀末～二〇世紀初頭の激動の時代を舞台に、社会の現実から遊離したインテリゲンツィアの生活を描いた作品である。化学者のプロターソフは研究にのめり込み、家庭生活を顧みず、現実を理解しようとしない。しかし、現実は刻々と変わり、ロシア社会には一九〇五年に向けて革命の機運が高まっていく。クリャービンは時代を二〇世紀～二一世紀の変わり目に移し、さらに舞台をアメリカのスタンフォード大学に移して、主人公プロターソフを未来の〈イーロン・マスク〉として描く。実際、一九九〇年代にはロシアの多くの学者、プログラマーたちがシリコンバレーへ〈流出〉していたのである。クリャービンは原作にこうした変更を加えた理由を次のように語っている。「ゴーリキイを読むと、プロターソフがナイーブな独学者で、幼稚すぎるように感じられる。これは戯曲の問題点だ。プロターソフが世間のことに対しては何事であれ上の空であることに動機づけを与えられるような何かを付け加えなければならなかった。そこで、彼は何かアプリやプログラムを開発しようとしているのだ、ということにした。当時はちょうどフェイスブックやユーチューブが登場し、コミュニケーションに変革が起こった時代だったのだ」[11]。

クリャービンによれば、「芝居は時代にアダプトし、コンテクスト、つまり芝居が生まれる時代と場所の論理を伝えなければならない。僕が言うのは、社会的関係ではない。演出家が創った芝居は自分自身や世界に対するリアクションであり、リフレクションでなければならない、ということだ」[12]。クリャービンは一貫して古典を現代化して解釈する芝居を創り続けている。たとえば、ワグナーのオペラ『タンホイザー』では主人公タンホイザーは映画監督であり、チェーホフの『三人姉妹』ではテレビからマイリー・サイラスの歌が流れ、登場人物たちはスマートフォンを持っている。『太陽の子』もまたそうした作品のひとつなのだ。

『太陽の子』では、一九〇五年の革命の時代の社会的要素と民衆とインテリゲンツィアとの乖離というテーマを取り除き、時代を二〇世紀から二一世紀の変わり目に移し、主人公プロターソフを情報のクラウドストレージのアルゴリズムを研究・開発するプログラマーにした。研究に没頭する彼の眼にはコンピューターのモニターしか入らず、彼の耳には妻や周囲の人々の声は入ってこない……。二〇世紀のテクノロジーの発達は人々を隔てる距離をゼロにしたが、皮肉にも、それが人々を分断し孤立に追いやることになった。二一世紀には分断状況はグローバル化してきている。クリャービンは、『三人姉妹』において「聾唖者の言語」を使うことで現代における〈人間の〉コミュニケーションの危機を浮かび上がらせ、『太陽の子』においてはコミュニケーション危機をその出発点において問い直しているのである。

注

(1)　ロシア演劇協会は、一八八三年にペテルブルグに組織された「窮乏している俳優の援助のための協会」という慈善団体を改組して、一八九六年に創られた団体である。「ロシアの演劇事業を全面的にバックアップする」ことを主要課題とし、検閲機関に対し劇場の利益を守り、レパートリー部門の委託部を組織し、戯曲を劇場へ送ったり、検閲委員会に回したりする仕事を請け負った。
　ロシア演劇協会は、一九三二年、「全ロシア演劇協会」と改称される。

　全ロシア演劇協会は、エフレーモフが指摘するように、国家の文化管理機関の付属団体にとどまり、演劇の諸問題の解決に十分関与できなかった。そもそも、共産党が一党で独裁していたソ連では国家機関と公認の社会団体（たとえば労働組合や作家同盟など、国家機関が直轄するのが適当でない分野の活動をする団体）以外の組織は原則として存在しなかった。そして、社会団体も党の管理下にあった点では国家機関と変わらない。党はあらゆる組織を国家機関と社会団体の二つに単純化して、社会全体を管理していたのである。
(2)　独立採算制（хозрасчёт）はソ連の企業経済の原則で、国家は企業に国家計画の遂行の義務を課すと同時に、一定

ばかりでなく投資向け資金も自己資金と銀行信用により調達すべきものとされた。ペレストロイカ期、ゴルバチョフ政権の下で一九八七年六月に「国家企業法」が最高会議によって採択され、経常費用の経営上の自主性を与え、収入による支出の補填、収益の獲得、支出の節約および収益の増大を認めた。

（3）　ガイダール改革は、エゴール・ガイダール（一九五六―二〇〇九）が、ソ連邦崩壊直後の一九九二年一月に断行した価格自由化政策。

ガイダールは、一九九一年九月、ソ連国民経済アカデミー経済政策研究所所長として経済改革案を作成し、ロシア共和国大統領ボリス・エリツィンの評価を得て、同年十一月にロシア共和国経済担当副首相に抜擢された。ガイダールの経済改革は「ショック療法」と呼ばれ、一挙に市場経済への移行を図るものだが、急激なハイパーインフレーションをもたらす結果となり、国民生活に大打撃を与えた。一九九二年十二月、エリツィンはヴィクトル・チェルノムイルジン（ガスプロム社長）を首相に任命し、穏健な経済改革路線に転換する。

（4）　社会評議会は各界の代表者をメンバーとする組織で、国家機関に所属し一定の権限が与えられている。市民の社会参加を保証するメカニズムの一つ。

（5）　ボリス・グロイスは、論文「スターリンという様式」のなかで、なぜスタニスラフスキイ・システムがスターリン文化、つまり全体主義に取り入れられたかについて次のように論じている。グロイスによれば、スターリン文化は意識を自動化することを目指し、下部構造や下意識的なものを制御することによって意識をしかるべき方向に向けて体系的に形作ることを課題としていたので、下意識的なものを組織するモデルとしてパブロフの条件反射や、「俳優に、自分のアイデンティティを見失うまでに役柄に感情移入することを要求するスタニスラフスキイ・システム」（グロイス「スターリンという様式」）に関心を寄せた、という。グロイスの解釈は〈システム〉に対する典型的な誤解と無理解を示しているが、こうした解釈が〈システム〉には付き纏っていた。

（6）　スタニスラフスキイ・システムには、「俳優が自分のアイデンティティを見失うまで役に感情移入することを要求する」という解釈が付き纏っている。これは〈システム〉に対する典型的な誤解と無理解である。スタニスラフスキイは、〈システム〉が目標とする俳優としてソマゾ・サルヴィーニの名前を挙げ、サルヴィーニの次の言葉を引用している。「俳優は生きている。彼は舞台で泣き、笑う、しかし、泣いたり笑ったりしながら、彼は自分の笑いや涙を観察する。この二重生活、この現実と演技のあいだのバランスのなかに芸術はあるのだ」。スタニスラフスキイは俳優に自己のアイデンティティを消去することを要求していないどころか、自己を見失っては俳優の芸術は成り立たないとしている。スタニスラフスキイによれば、「俳優はどんな時でも自分自身の感情を演じるのであって、それ以外ではない」のであり、たとえばハムレットを演じる俳優は「実際には存在していないハムレットという人物として話しているのではなく、戯曲が与える状況に置かれた俳優として話しているのだ」。俳優に〈主体〉と呼びうる持続的同一性（アイデンティティ）が保たれていなければ、〈システム〉は成り立たない。

（7） スタニスラフスキイは『俳優の仕事』のなかで、演劇芸術を「体験の芸術（役を生きる芸術）」と「表象の芸術（形で示す芸術）」に分け、自分たちが目指すべきは「体験の芸術」であるとしている。スタニスラフスキイによれば、「体験（役を生きる）」とは「舞台の上で、役に重なり合うように、正しく、論理的に、一貫性をもって行動することを意味する」。そうすることによって俳優は役の人物と同じように感じはじめ、「舞台芸術の本来の目的、つまり役における〈人間の精神生活〉を作り出し、芸術的な形式のもとにそれを舞台上で伝えることができるようになる」。この「体験」という言葉がロシア演劇の伝統を表わす重要な概念になった。

（8） ロシア演劇は俳優教育が充実している。モスクワだけでも四校の国立演劇大学があり、ペテルブルグはもとより極東のウラジオストクに至るまで各地に国立演劇大学が存在する。ロシアでは演劇大学を卒業しなければ、プロの俳優とは認められない。

（9） 一九七四年にレンコム劇場で上演された『ティーリ』（グリゴリイ・ゴーリン作、ゲンナディイ・グラトコフ作曲、マルク・ザハーロフ演出）を最初のロシア（ソビエト）ミュージカルとする論文もある。まだ、定説はないようだ。

（10） 他の作品の劇場と演出家は次の通り――『限りなく透明に近いブルー』（サチリコン劇場、コンスタンチン・ライキン演出）、『サロメ』（ロマン・ヴィクチュク劇場、ヴィクチュク演出）、『人生は成功』（プラクチカ劇場、ミハイル・ウガーロフ演出）、『タンホイザー』（ノヴォシビルスク・オペラ・バレエ劇場、チモフェイ・クリャービン演出）、『理想の夫』（チェーホフ記念モスクワ芸術座、ボゴモーロフ演出）。

（11） ボゴモーロフが芸術監督として第一作目の作品として企画したのはレオニード・ゾーリン作『ポクロフ門』であり、二〇二〇年三月の上演予定だったが、完成が遅れ、『ドストエフスキイの悪霊』が、二〇二〇年一〇月、先に上演されることになった。ちなみに、『ポクロフ門』は『リョーヴァ伯父さん』の題名で同じ二〇二一年五月に初演された。

（12）　革命当初、共産主義はキリスト教とのアナロジーで理解されていた。初の革命劇『ミステリア・ブッフ』は「約束の地」を目指すプロレタリアートの歩みを聖書のパロディーによって描いた作品である。しかし、一九三〇年代になると、ソビエト世界を聖書を基に描くことは、肯定的であれ否定的であれ、危険になってきた。たとえば、メイエルホリドはニコライ・オストロフスキイの『鋼鉄はいかに鍛えられたか』を聖書の寓話として上演しようとしたが、当局によって撥ねつけられ、ミハイル・ブルガーコフの『逃亡』や『巨匠とマルガリータ』など聖書を基にした作品は出版を禁止されている。

引用出典一覧

ソ連邦崩壊前夜——序にかえて

1. Выступление председателя правления СТД РСФСР М. Ульянова на II (XVI) съезде Союза; Театр, 1992, № 1.
2. С. Пархоменко «По сюжетному принципу»; Театр, 1987, № 3.
3. Выступление председателя правления СТД РСФСР М. Ульянова на II (XVI) съезде Союза; Театр, 1992, № 1.
4. Там же.
5. Там же.
6. Там же.
7. Там же.
8. Там же.
9. Там же.

第Ⅰ部　ロシア演劇のシステム

第Ⅰ章　国家と演劇——金と自由

1. «Мы меняем на ходу систему управления»; Литературная газета, 04.09.2013.
2. М. Швыдкой: «Надо заканчивать с катастрофизмом»; Театрал, 06.01.2018.
3. Основы государственной культурной политики; Культура, 08.01.2015.
4. «Кто не кормит свою культуру, будет кормить чужую армию»; Известия, 17.06.2015.
5. Культурная политика – какова цель? ; Известия, 18.06.2015.
6. «Кто не кормит свою культуру, будет кормить чужую армию»; Известия, 17.06.2015.
7. Репертуар театров проверят на соответствие стратегии нацбезопасности; РИА НОВОСТИ, 02.08.2021.
8. О Стратегии национальной безопасности Российской Федерации; Кремль, 2 июля 2021 года, № 400.
9. Любимова: С Минкультуры не согласовывали проверку репертуара театров; Российская газета, 03.08.2021.

第Ⅱ章　組織・運営システム

1. К.С. Станиславский «Моя жизнь в искусстве»; Соб. соч. в 9-ти т. Т.1, М., «Искусство», 1988. стр.254.
2. А. Смелянский «Предлагаемые обстоятельства»; М., Артист.Режиссер.Театр, 1999. стр.197-199.
3. «Чтобы актер понял, что надо дрессироваться»; Новая газета, 01.07.2011.
4. Там же.
5. В СТД обсудили проблемы репертуарного театра; Театрал, 22.05.2012.
6. Творческих работников обяжут проходить конкурс; Российская газета, 20.09.2013.
7. Доказательное выступление; Коммерсантъ, 06.05.2013.
8. «Крепостной МХАТ»: 80 человек уволились при Боякове; Газета.ru, 24.10.2019.
9. Менеджер Богомолов – главный по штормам; Московский комсомолец, 22.07.2020.

10. Там же.

11. «Отреагировал благожелательно»: о чём Путин говорил с Дорониной; Газета.ru, 22.11.2019.

12. МХАТ им. Горького провел сбор труппы после ухода Боякова; Российская газета 02.11.2021.

13. Там же.

14. Выступление председателя правления СТД РСФСР М. Ульянова на II (XVI) съезде Союза; Театр, 1992, № 1.

15. Творческий центр им. Вс. Мейерхольда; 1992.

16. В. Фокин: «XXI век – путь к Мейерхольду»; Культура, 01-07 фев. 2001.

17. Открытое письмо коллектива против нового руководства; Московский комсомолец, 13.08.2012.

18. Кирилл Серебренников возглавит Театр имени Гоголя; Известия, 07.08.2012.

19. Интервью у Кирилла Серебренникова; Комсомольская правда, 27.08.2012.

20. Театр.doc; https://www.theatrdoc.ru

21. О пользе арифметики в театральном деле; Российская газета, 30.06.2020.

第三章　ロシア演劇の美学――三大潮流

1. Энциклопедия Кругосвет; http://www.krugosvet.ru

2. В.Э.Мейерхольд «О театре»; В.Э.Мейерхольд. Статьи, письма, речи, беседы. Ч1, Изд. «Искусство», М., 1968, стр.137-142.

3. Валерий Фокин: «XXI век – путь к Мейерхольду»; Культура, 01-07 фев. 2001.

4. Вахтангов Е. Две беседы с учениками; Евгений Вахтангов, М., Всероссийское театральное общества, 1984. с.429.

5. К.С. Станиславский «Моя жизнь в искусстве» ; Соб. соч.в 9-и т. Т1, М.,1989, стр.479.

第二部　ソ連邦崩壊後のロシア演劇

第一章　一九九〇年代のロシア演劇

1. А.И.Герцен «По поводу одной драмы»; Соб. соч. в 30-и т., Т2, М., 1954, стр.51.
2. К.С. Станиславский «Робота актера под собой» Ч.1. ; Соб. соч.в 9-и т. Т2, М., 1989, стр.420.
3. Влиятельный театр; Независимая газета, 01.10.1996.
4. Вослед сезону; Экран и сцена, 1994, № 29.
5. Интервью с Юрием Петровичем Любимовым; Континент, 1985, № 44, стр.421.
6. Театр, 1989, № 4.
7. Образ сезона в зеркале театральной критики; Театр, 1993, № 10, стр.22.
8. Птицы небесные; Московские новости, 30.05.1993.
9. Опыт написания положительной рецензии; Театр, 14.10.1993.
10. А. Смелянский «Предлагаемые обстоятельства»; М., Артист.Режиссер.Театр, 1999, стр.235.
11. Там же. стр.237.
12. Независимая газета, 24.09.1996.
13. Владимир Машков: «С Брехтом мы только посоветовались»; Огонёк, 06.10.1996.
14. Там же.
15. 〈インタビュー〉ロマーン・コーザク「言葉のサーカス芸人たち」、聞き手＝井桁貞義（研究同人誌「あず」、一九九〇年四号）、一〇七頁。

第二章　二〇〇〇年代のロシア演劇

1. Перед «Славянским базаром»; Московские новости, 1997, № 22, 1-8 июня.
2. Там же.

3. «Славянский базар» 1897-1997; Экран и сцена, 1997, № 26, 3-10 июля.
4. Второе дыхание чеховского МХАТа; Культура, 2002, № 9.
5. Олег Табаков: мы сработали за шестерых; Коммерсантъ, 12.07.2002.
6. Конец света в отдельно взятом театре; Российская газета, 07.02.2021.
7. «Хотим стать домом для молодых режиссёров»; Театрал, 23 октября 2019.
8. Станиславский нервно курит в стороне; Российская газета, 21.03.2021.
9. Там же.
10. Там же.
11. На поводу у партера; Коммерсантъ, 12.07.2002.
12. Миндаугас Карбаускис: «Теннисная партия – самый лучший спектакль», Культура, 30 января 2003 года.
13. Миндаугас Карбаускис: «Внутри меня по-прежнему сидит артист», Известия, 28.02.2003.
14. «Каждый раз начинаю все с нуля», Газета, 23.11.2005.
15. М. Давыдова «Конец театральной эпохи»; Ассоциация «Золотая Маска», М., 2005, стр.239.
16. Там же, стр.239.
17. Там же, стр.239-240.
18. Кирилл Серебренников: надо достать Доронину из колумбария; Коммерсант, 5 апреля 2002 года.
19. К. Рудницкий «Режиссер Мейерхольд»; Изд. «Наука», М., 1969, стр.301.
20. Новый зритель, М., 1924.（エドワード・ブローン『メイエルホリド――演劇の革命』、浦雅治・伊藤愉訳、水声社、二〇〇八年、二六六頁）
21. Кирилл Серебренников: надо достать Доронину из колумбария; Коммерсант, 5 апреля 2002 года.
22. Владимир Машков: «С Брехтом мы только посоветовались»; Огонёк, 06.10.1996.
23. Марк Розовский: «Русский мюзикл следует традициям Брехта»; Театрал, 15 декабря 2016.
24. Театр мюзикла будет окупать сам себя; Театрал, 19 сентября 2011.

第三章　二〇一〇年代のロシア演劇

1. Константин Райкин: «Не верю я людям, у которых, видите ли, религиозные чувства оскорблены»; Театрал, 24.10.2016.
2. Там же.
3. Залдостанов сравнил Райкина с «дьяволом, распространяющим нечистоты»; Московский комсомолец, 25.10.2016.
4. Кадыров одернул Кремль за требование извинений Залдостанова перед Райкиным; Московский комсомолец, 28.10.2016.
5. Познер сравнил радетелей нравов с варварами ИГ в послании Райкину; Московский комсомолец, 29.10.2016.
6. Михалков раскритиковал пренебрежение Райкина к чувствам верующих; Московский комсомолец, 05.11.2016.
7. Кремль ответил на слова Константина Райкина; Театрал, 25.10.2016.
8. «Реакции властей, скорее всего, не последует»; Московские новости, 27.06.2012.
9. «Пришли и устроили шабаш»; Московские новости, 06.09.2012.
10. Православие, нагнетание, «Тангейзер»; Новая газета, 09.03.2015.
11. Марк Захаров: История с обвинениями против оперы «Тангейзер» кажется не только абсурдной, но и вопиюще опасной; Комсомольская правда, 09.03.2015.
12. Там же.
13. Министерство культуры Российской Федерации «Официальный сайт», 18.03.2015.
14. Там же.
15. В РПЦ не поддержали запрет рок-оперы «Иисусу Христос – суперзвезда»; Театрал, 01.11.2016.
16. В Омске из-за жалобы запретили рок-оперу; Театрал, 18.10.2016.
17. Кирилл Серебренников: надо достать Доронину из колумбария; Коммерсант, 5 апреля 2002 года.
18. Чёртовы деньги, или за что пострадал Кирилл Серебренников; Новые Известия, 22.01.2018.
19. Обыск репертуара; Новая газета, 19.06.2015.
20. В культуре. У театров спросили про разрешительные документы; Независимая газета, 21.06.2015.
21. Театралы – об уходе Серебренникова: «Так прикончили один из лучших театров страны!»; Новые известия, 3 февраля 2021.

22. Вениамин Смехов: «Чиновники встали в очередь на проклятие»; Театрал, 5 февраля 2021.
23. Театральные критики написали письмо в поддержку Серебренникова; РИА НОВОСТИ, 08.02.2021.
24. В Союзе худруков театров Москвы опровергли сообщения об отставке Серебренникова; Известия, 8 февраля 2021.
25. Алексей Агранович назначен новым худруком Гоголь-центра; Театрал, 9 февраля 2021.
26. Кирилл Серебренников: «В унынии нет ни жизни, ни свободы»; Театрал, 9 февраля 2021.
27. «Я здесь удержан!»; Новая газета, 10 февраля 2021.
28. Режиссер К. Богомолов: «Мужчины стали женщинами»; Аргументы и Факты, № 42, 19.10.2011.
29. Шекспир времен Великой Отечественной; Коммерсантъ, 23.09.2011.
30. Константин Богомолов. Похищение Европы 2.0; Новая газета, 10 февраля 2021.
31. Владислав Сурков: «Богомолов теперь против Навального. И это очень хорошо»; Комсомольская правда, 15 февраля 2021.
32. Михаил Филиппов: «С приходом Карбаускиса в наш театр вернулась культура»; Культура, 14.09.2017.
33. Миндаугас Карбаускис: «Теннисная партия – самый лучший спектакль», Культура, 30 января 2003 года.
34. Маяковка отправляется в изгнание; Московский комсомолец, 02.10.2016.
35. «Как прорывал свой ход в чужом горючем скарбе»; Театрал, 6 февраля 2017.
36. Без языка; Театрал, 27 июня 2017.
37. Шестью сестрами больше; Театр, 17 июня 2018.
38. Сергей Женовач: «Это самая жесткая и трагичная история Чехова»; Театрал, 23 мая 2018.
39. «Трёх сестёр» на языке глухонемых показали в Воронеже; Российская газета, 12.06.2016.
40. «Стоячая вода покрывается тиной»: Максим Диденко о классическом театре; Газета.ru, 26.07.2019.
41. Никита Кобелев: «За зрителем всегда остается право встать и уйти»; Культура, 06.06.2019.

第四章　コロナ流行時のロシア演劇——二〇二〇／二〇二一年シーズン

1. «Тем, кому меры по борьбе с вирусом кажутся жестким, придется смириться»; Известия, 13 апреля 2020.
2. Там же.
3. «Если увижу, что микробы распользуются, проект закончится»; Известия, 1 июня 2020.
4. Там же.
5. Режиссер Евгений Каменькович: «Мне кажется, драматические театры будут вынуждены заниматься интернет-проектами»; Культура, 14.07.2020.
6. А был ли мальчик?; Экран и сцена, № 13, 2020 года.
7. Константин Богомолов отказался транслировать спектакли своего театра; Московский комсомолец, 25 марта 2020.
8. Мы находимся в зоне серьезнейшего цивилизационного перехода»; Известия, 16 апреля 2020.
9. Там же.
10. Константин Райкин: «Нельзя гербарием заменить живой лес»; Театрал, 6 июня 2020.
11. Режиссеры о выходе из карантина: как корона-кризис поменяет театр?; Театрал, 12 июня 2020.
12. Там же.
13. Мы находимся в зоне серьезнейшего цивилизационного перехода»; Известия, 16 апреля 2020.
14. Столичные театры смогут вернуться к репетициям; Театрал, 8 июня 2020.
15. Минкульт издал приказ о QR-кодах в кино и театрах; Театрал, 23 июня 2021.
16. «Мастерская Фоменко» не будет требовать от зрителей QR-коды; РИА НОВОСТИ, 27.07.2021.
17. Медведев заявил, что в России слишком много театров; Театрал, 12 февраля 2019.
18. Объединять театры бессмысленно?; Театрал, 28 марта 2019.
19. Псковский театр драмы стал филиалом Александринки; Театрал, 11 января 2021.
20. Павел Руднев: «Прецедент присоединения Псковского театра к Александринскому является катастрофическим»; Театрал, 12 января 2021.

21. Владимир Кехман предложил оптимизировать театр; Московский комсомолец, 24.05.2020.
22. Там же.
23. Премьеру «Дядя Ваня» с Безруковым одновременно покажут офлайн и онлайн; Российская газета, 11.12.2020.
24. Там же.
25. В день рождения Пушкина в Псковском драмтеатре состоялась премьера спектакля «Пир»: http://drampush.ru
26. Театр на Бронной откроет сезон спектаклем Молочникова «Платонов. Болит»; Российская газета, 29.06.2021.
27. Премьера спектакля Богомолова «Бесы Достоевского» в Барвихе вновь перенесен; Тасс, 10 ноября 2020.
28. Зимние заметки о летних впечатлениях; http://theatreofnations.ru
29. В Театре Наций появится спектакль о путешествии Федора Достоевского по Европе; Эксперт, 18 марта 2021.
30. Григорий Заславский: «Театр не стал искать себе пристанище в онлайне»; Театрал, 17 июля 2021.
31. Итоги театрального сезона: от Нонны Гришаевой до Ольги Бузовой; Московский комсомолец, 29.07.2021.
32.『リア王』、小田島雄志訳、シェイクスピア全集、白水Uブックス、一九八三年。
33. МХТ им. Чехова представил «Месяц в деревне» Ивана Тургенева; Московский комсомолец, 27.12 2020.
34. Сырой Тургенев; Театрал, 29 декабря 2020.
35. «И неотвратим конец пути»; Театрал, 4 марта 2021.
36. Евгений Миронов: опасная тенденция – говорить, что у нас особый путь, Тасс, 10 марта 2021.
37. Время молодых; РИА НОВОСТИ, 03.09.2021.

第五章　ウクライナ侵攻時のロシア演劇――経過報告

1. «Я поддерживаю решение нашего президента»; Театрал, 26 февраля 2022.
2. Дочь Александра Галича: «Я не позволю снять спектакль «Матросская тишина» в Театре Олега Табакова; Комсомольская правда, 2 марта 2022.
3. Лев Додин: «Сказать могу только одно: остановитесь!»; Театр, 1 марта 2022.

4. Ведущие театральные деятели призывают к миру; Театр, 26 февраля 2022.
5. Единственный выход. Никита Михалков – о признании ЛДНР; Аргументы и факты, 25.02.2022.
6. Михалков с иронией отнесся к своему заочному аресту на Украине; Новые известия, 05.03.2022.
7. «Против России развернута информационная война»; Театрал, 28 февраля 2022.
8. «Был ли у нас выбор?»; Театрал, 6 марта 2022.
9. Володин призвал уволиться деятелей культуры, не поддерживающих Россию; РИА НОВОСТИ, 03.03.2022.
10. Песков призвал не «антагонизировать» деятелей культуры, которые не поддерживают спецоперацию; Коммерсант.ru, 04.03.2022.
11. Путин подписал закон об уголовном наказании за фейк о ВС РФ; Российская газета, 04.03.2022.
12. Мы приостанавливаем работу; Новая газета, 28 марта 2022.
13. Дмитрий Волкострелов уволен департаментом культуры; Театр, 1 марта 2022.
14. Центр имени Мейерхольда и «Школу драматического искусства» объединят; Театр, 02 марта 2022.
15. Депкульт Москвы решил присоединить «АпАрте» к Театру на Таганке; Театр, 11 марта 2022.
16. Там же.
17. El Pais: Метрополитен-опера сожалеет, что Нетребко отказалась выступать в Нью-Йорке; Новые известия, 03.04.2022.
18. Малый театр Вильнюса расторг договор с Римасом Туминасом; Театрал, 5 марта 2022.
19. «Чехова никто не запрещает» – русская культура за рубежом; Театр, 11 марта 2022.
20. Там же.
21. Петицию против культурной изоляции России запустили в Италии; Театрал, 15 марта 2022.
22. Хроника: театр во время боевых действий. Неделя 4; Театр, 17 марта 2022.
23. Там же.
24. Главы театров раскритиковали план Минкульта по «укреплению традиционных ценностей»; Новые известия, 03.02.2022.
25. Александр Калягин: Кому это нужно; stdrf.ru, 31.01.2022.

26. Кремль ответил на слова Константина Райкина; Театрал, 25.10.2016.
27. О Стратегии национальной безопасности Российской Федерации; Кремль, 2 июля 2021 года № 400.
28. А. Смелянский «Предлагаемые обстоятельства»; М., Артист.Режиссер.Театр, 1999, стр.9.

付録　現代ロシア演劇を牽引する演出家たち

I　古い世代——二〇世紀のロシア演劇を牽引した演出家たち

1. А. Смелянский «Предлагаемые обстоятельства»; М., Артист.Режиссер.Театр, 1999, стр.286.
2. Театр, № 4, 1988.
3. А. Смелянский «Предлагаемые обстоятельства»; М., Артист.Режиссер.Театр, 1999, стр.74.
4. «Тиль» – первый советский мюзикл? ; https://musicals.by
5. А. Смелянский «Предлагаемые обстоятельства»; М., Артист.Режиссер.Театр, 1999, стр.236.
6. К. С. Станиславский «Работа актера над собой»; Соб.соч. в 9-ти т. Т.2, М., Искусство, 1989. стр.407.
7. А. Смелянский «Предлагаемые обстоятельства»; М., Артист.Режиссер.Театр, 1999, стр.252.
8. В.Э. Мейерхольд. Статьи, письма, речи, беседы. Ч.2. изд. «Искусство».М., 1968, стр.145-146.
9. М. Давыдова «Конец театральной эпохи»; Ассоциация «Золотая Маска», М., 2005, стр.161.

II　中間世代

1. Дмитрий Крымов: «Взять журнал «Садоводство» и увидеть в нем рай»; Культура, 2007, № 10, 15-21 марта.
2. Артисты не принадлежат только одному режиссеру: Газета, 10 сентября 2009 г.
3. Сергей Женовач: «Не спал всю ночь, думал: с чего начать?», Театрал, 23 апреля 2018.
4. «Ничего себе». Калягин прокомментировал назначение Хабенского и Кехмана; Театрал, 27 октября 2021.
5. Режиссер Бутусов назвал ошибкой назначене Хабенского худруком МХТ; Московский комсомолец, 27.10.2021.

6. Режиссер Юрий Бутусов: «Для меня есть один путь – драться»; Театрал, 06.11.2015.
7. «Все эти годы я жил идеями Тарковского»: Театрал, 05.03.2016.
8. Золотая Маска – фестиваль и премия; http://www.goldenmask.ru
9. «Все эти годы я жил идеями Тарковского»: Театрал, 05.03.2016.
10. タルコフスキイ『映像のポエジア——刻印された時間』、鴻英良訳、キネマ旬報社、一九八八年。
11. Дина Годер «Андрей Могучий: школа для режиссеров»; Театр, № 4, 2011 года.
12. 425 дней по Станиславскому; Российская газета, 27.06.2019.
13. «И никого не стало» как блокбастер; Независимая газета, 13.09.2020.

III　新しい世代——二一世紀のロシア演劇を牽引する演出家たち

1. Миндаугас Карбаускис: «Премии сродни восхождению на гору»; https://fomenki.ru
2. Миндаугас Карбаускис: «В гостях хорошо, а дома – лучше»; https://ramt.ru
3. «Ленком» снял с репертуара спектакль «Князь» Богомолова; интерфакс, 29 ноября 2016.
4. Премьера спектакля Богомолова «Бесы Достоевского» в Барвихе вновь перенесен; Тасс, 10 ноября 2020.
5. Бесы Достоевского; https://mbronnaya.ru
6. Егор Перегудов: «Я не буду оскорблять зрителя. Мне это неинтересно»; Культура, 07.09.2018.
7. Егор Перегудов: «Важно вовремя разлюбить свою работу»; Рамтограф, 30.06.2019.
8. Егор Перегудов: «Типаж важен в кино. В театре необходима энергия»; Театрал, 17 апреля 2021.
9. Помнишь ли ты, Тимофей? ; Петербургский театральный журнал, № 4, 2013.
10. Там же.
11. Тимофей Кулябин: «В будущее возьмут не всех»; 4 сентября 2020.
12. Помнишь ли ты, Тимофей? ; Петербургский театральный журнал, № 4, 2013.

図版出典一覧

『罪なき罪人』――bigen.ru / bilettorg.ru
『〝罪〟よりK・I・』――moscowtyz.ru / moscowtyz.ru
『三文オペラ』――satirikon.ru / satirikon.ru
『一三号室』――bilettorg.ru / mxat.ru
『長いクリスマス・ディナー』――М. Давыдова «Конец театральной эпохи»
『昔気質の地主』――mxat.ru
『七人の絞首刑囚の物語』――bilettorg.ru
『プラスチリン』――М. Давыдова «Конец театральной эпохи»
『テロリズム』――М. Давыдова «Конец театральной эпохи»
『森林』――ticketland.ru

『理想の夫』――ticketland.ru
『タンホイザー』――thenis.ru
『ゼロの周辺』――tabakov.ru
『リア』――okolo.me
『才能と崇拝者』――onlineteatr.com
『追放』――a-a-ah.ru
『三人姉妹』――ジェノヴァチ演出 mk.ru
ボゴモーロフ演出 rg.ru
クリャービン演出 teatral-online.ru
『モスクワ合唱団』――mayakovskii.com
『罠』――novayagazeta.ru

『ワーニャ伯父さん』――ria.ru
『冬に記す夏の印象』――moscow-teatr.com
『モーツァルト『ドン・ジョヴァンニ』・ゲネプロ』――
moscow-theatrehd.com
『感情の陰謀』――Ваш Досуг
『息子』――mk.ru
『リア王』――zen.yandex.ru
『村の一月』――oteatre.info
『女房学校』――teatrtogo.ru

*

ピョートル・フォメンコ――7days.ru
マルク・ザハーロフ――esp.md
カマ・ギンカス――rewizor.ru
レフ・ドージン――gazeta.ru
ヴァレリイ・フォーキン――rg.ru
ドミトリイ・クルィーモフ――Новости
セルゲイ・ジェノヴァチ――teatral-onlome.ru
ユーリイ・ブトゥーソフ――gazeta.ru
アンドレイ・モグーチイ――bfm.ru
ウラジーミル・マシコーフ――VK
キリール・セレブレンニコフ――rambler.ru
ミンダウガス・カルバウスキス――mayakovskii.ru
コンスタンチン・ボゴモーロフ――ptj.spb.ru
エゴール・ペレグードフ――vm.ru
チモフェイ・クリャービン――muzobozrenit.ru

索引

カ

サ

タ

ナ

マ

ヤ

ラ

ワ

あとがき

本書はソ連邦崩壊後のロシア演劇を論じたものである。

ロシアは人類史上初めて社会主義国家になり、その社会主義の文化システムのなかでロシア演劇は七〇年余に及ぶ活動を続け、独自の伝統を築いてきた。一九九一年、ソビエト連邦は崩壊し、ロシア演劇は社会主義の文化システムから外れた。しかし、資本主義の文化システムに完全に移行した、というわけでもなかった。ソ連邦崩壊後のロシア演劇は片足を社会主義の文化システムに、もう一方の足を資本主義の文化システムに置くという状態にある。このハイブリッドなシステムは政治・社会状況に応じて、どちらかに傾いていく。二〇一〇年代からは社会主義の文化システムの方向に傾いているようにみえる……。本書の第一部は、この現代ロシア演劇の〈独自のシステム〉について考察したものである。

ロシア青年劇場の主席演出家エゴール・ペレグードフが言うように、「演劇は人間が生きた人間と出会う数少ない芸術のジャンルであり、ここに演劇の本質と原理がある」。演劇は〈いま、ここで〉観客を前に上演されて初めて完結するライブ性を本質とするジャンルであり、舞台と客席との関係のなかに生まれる芸術だ。人間の思考は自分が生きる現在の生活世界に規制される。ソ連邦崩壊というロシアが経験した国家体制の大変動は、当然、創り手にも受け手にも影響を与え、芝居のなかに様々な形で反映されずにはおかない。本書の第二部は、ソ連邦崩壊後のロシア演劇の動向を時代状況や政治・社会状況というコンテクストのなかで論じたものである。

ソ連邦崩壊後、三〇年が経過した二〇二〇／二〇二一年シーズンはロシア演劇にとって転換点になった。その契機となったのは、言うまでもなく、コロナウイルスのパンデミックである。ソ連邦崩壊からパンデミックに至る三〇年はロシア演劇史にとって一つの〈区切られた〉時代になった。本書ではその〈三〇年〉を、第一章―一九九〇年代、第二章―二〇〇〇年代、第三章―二〇一〇年代、と一〇年毎に区切って論じている。パンデミックの二〇二〇／二〇二一年シーズンについては、第四章「コロナ流行時のロシア演劇」において、その新しい〈現実〉にロシア演劇がどのように対応したかを記録した。

パンデミックがまだ終息していない二〇二二年二月二四日、ロシアによるウクライナ侵攻が始まった。ロシアの演劇人にとって、これは祖国の戦争である。彼らの活動に影響を与えずにはおかない。第五章「ウクライナ侵攻時のロシア演劇」では、戦争という〈現実〉にロシア演劇がどう向かい合ったかを記録すると共に、本書で論じてきたソ連邦崩壊からウクライナ侵攻に至るロシア演劇の歴史に「一つの総括」を試みてみた。その歴史のなかに現在を理解する鍵があると考えたからだ。

〈パンデミック〉＋〈ウクライナ侵攻〉という二重の悲劇によって、世界は歴史の重大な転換点に立たされている。この二つの悲劇が収束した後、ロシア演劇はどのような姿を現わすのか。演劇の本質に基づく軌道に戻って歩み続けるのか、新しい〈現実〉に対する新しい認識に基づく演劇が誕生するのか――いずれにしても、現時点でできるのは「経過報告」だけだが、その新しい時代の演劇を考察する出発点として、歴史の転換点におけるロシア演劇の姿を記録に留めておくのも意味のあることではないだろうか。

最後にロシア演劇を代表する演劇人の、いわば〈Who's who〉を加えておいた。現代ロシア演劇を牽引している／牽引するだろう演出家たちを採り上げ、彼らの経歴だけでなく、実際の芝居や演劇観にも触れておいた。ロシア演劇を理解する一助になればと願っている。

ロシアでは演劇が人々の文化生活のなかに根を下ろしている。新聞・雑誌には毎日のように演劇関連の記事や論文、劇評が載り、テレビでは芝居の情報が流され、ネットで多くの芝居を観ることができる。話題の芝居には数十本の劇評が書かれる。そのロシア演劇に、現在では、日本にいても触れることができるようになった。インターネットで芝居を観ることができ、関連の文献をほとんどすべて読むことができる。本書で採り上げている芝居には、筆者が実際の劇場の舞台で観た作品以外に、モニター上の舞台で観た作品も多く入っている。サチリコン劇場芸術監督コンスタンチン・ライキンが「芝居のスクリーン版は植物標本だ。植物標本は生きた森に代わることはできない」と言っているように、それは生の芝居とは別物かもしれない。しかし、その芝居に関する資料――制作についての情報、演出家や出演者のインタビュー、劇評など、見られる限りすべての資料に目を通しているので、記述の客観性はかえって高まっているのではないかと思っている。

とはいえ、一人の人間が観られる芝居の数や読める資料の量は高が知れている。重要な現象や資料を見落としているかもしれない。まして、対象としているのは自分と同時代の事象である。歴史の検証を経た信頼できる文献があるわけではないので、思い込みや誤解を犯しているかもしれない。本書は、ソ連邦崩壊後の新たな政治・社会体制におけるロシア演劇の動向を探る最初の試みである。本書を叩き台にして現代ロシア演劇に関して多くの議論が生まれることを期待したい。

最後に、日本ではマイナーなロシアという国の、やはりマイナーな演劇というテーマの本を、奇特にも出版してくれた水声社に感謝したい。実は、本書を書き上げる切っ掛けを与えてくれたのも水声社だった。ソビエト時代のロシア演劇を論じた拙著『街頭のスペクタクル――現代ロシア゠ソビエト演劇史』の続編として「ソ連邦崩壊から現在までのロシア演劇」について本を書くつもりで準備していたところ、早稲田大学大学院で同期だった仲間で論文集を出そうという話が持ち上がり、その企画に参加して「ロシア演劇の現在――転換期の二〇一〇年代」という論文を書いた。論文集は『スラヴャンスキイ・バザアル――ロシアの文学・演劇・歴史』の題名で二〇二一年一月に水声社から出版された。このとき〈二〇一〇年代のロシア演劇〉についてまとめたことで勢いがつき、本書を書き上げることができた（本書第二部第三章「二〇一〇年代のロシア演劇」は、論文集の拙論に枚数の制約で書き込めなかった情報と新しい情報を書き加えたものである）。論文集『スラヴャンスキイ・バザアル』の編集にあたってくれたのが板垣賢太さんで、そのご縁で本書でも編集をお願いした。最後の最後になるが、板垣さんに感謝したい。

二〇二二年四月

岩田貴

著者について――

岩田貴（いわたたかし）　一九四八年、東京都に生まれる。ロシア演劇研究家、翻訳家。主な著書に、『街頭のスペクタクル――現代ロシア＝ソビエト演劇史』（未来社、一九九四年）、『スラヴャンスキイ・バザアル――ロシアの文学・演劇・歴史』（水声社、二〇二一年）などが、主な訳書に、『ロシア・アヴァンギャルドⅠ・Ⅱ』（共編訳、国書刊行会、一九八八年、一九八九年）、『メイエルホリド・ベストセレクション』（共訳、作品社、二〇〇一年）、スタニスラフスキー『俳優の仕事』全三部（共訳、未来社、二〇〇八―二〇〇九年）などがある。

装幀——宗利淳一

現代ロシア演劇——ソ連邦崩壊からパンデミックとウクライナ侵攻まで

二〇二二年六月二〇日第一版第一刷印刷　二〇二二年六月三〇日第一版第一刷発行

著者——岩田貴

発行者——鈴木宏

発行所——株式会社水声社

東京都文京区小石川二—七—五　郵便番号一一二—〇〇〇二

電話〇三—三八一八—六〇四〇　ＦＡＸ〇三—三八一八—二四三七

［編集部］横浜市港北区新吉田東一—七七—一七　郵便番号二二三—〇〇五八

電話〇四五—七一七—五三五六　ＦＡＸ〇四五—七一七—五三五七

郵便振替〇〇一八〇—四—六五四一〇〇

URL : http://www.suiseisha.net

印刷・製本——精興社

ISBN978-4-8010-0643-0

乱丁・落丁本はお取り替えいたします。

水声文庫

映画美学入門　浅沼圭司　四〇〇〇円
制作について　浅沼圭司　四五〇〇円
宮澤賢治の「序」を読む　浅沼圭司　二八〇〇円
昭和あるいは戯れるイメージ　浅沼圭司　二八〇〇円
物語るイメージ　浅沼圭司　三五〇〇円
物語と日常　浅沼圭司　二五〇〇円
平成ボーダー文化論　阿部嘉昭　四五〇〇円
幽霊の真理　荒川修作・小林康夫　三〇〇〇円
『悪の華』を読む　安藤元雄　二八〇〇円
フランク・オハラ　飯野友幸　二五〇〇円
映像アートの原点　一九六〇年代　飯村隆彦
　二五〇〇円
バルザック詳説　柏木隆雄　四〇〇〇円
ヒップホップ・クロニクル　金澤智　二五〇〇円
アメリカ映画とカラーライン　金澤智　二八〇〇円

三木竹二　木村妙子　四〇〇〇円
ロラン・バルト　桑田光平　二五〇〇円
危機の時代のポリフォニー　桑野隆　三〇〇〇円
小説の楽しみ　小島信夫　一五〇〇円
書簡文学論　小島信夫　一八〇〇円
演劇の一場面　小島信夫　二〇〇〇円
クリスチャンにささやく　小林康夫　二五〇〇円
《人間》への過激な問いかけ　小林康夫　三〇〇〇円
死の秘密、《希望》の火　小林康夫　三八〇〇円
零度のシュルレアリスム　齊藤哲也　二五〇〇円
実在への殺到　清水高志　二五〇〇円
マラルメの〈書物〉　清水徹　二〇〇〇円
美術・神話・総合芸術　白川昌生　二八〇〇円
美術館・動物園・精神科施設　白川昌生　二八〇〇円
西洋美術史を解体する　白川昌生　一八〇〇円

贈与としての美術　白川昌生　二五〇〇円
美術、市場、地域通貨をめぐって　白川昌生　二八〇〇円
戦後文学の旗手 中村真一郎　鈴木貞美　二五〇〇円
シュルレアリスム美術を語るために　鈴木雅雄・林道郎
　二八〇〇円
サイボーグ・エシックス　高橋透　二〇〇〇円
(不)可視の監獄　多木陽介　四〇〇〇円
マンハッタン極私的案内　武隈喜一　三二〇〇円
黒いロシア白いロシア　武隈喜一　三五〇〇円
魔術的リアリズム　寺尾隆吉　二五〇〇円
桜三月散歩道　長谷邦夫　三五〇〇円
マンガ編集者狂笑録　長谷邦夫　二八〇〇円
マンガ家夢十夜　長谷邦夫　二五〇〇円
未完の小島信夫　中村邦生・千石英世　二五〇〇円
ブラック・ノート抄　中村邦生　二五〇〇円
幽明譚　中村邦生　二八〇〇円
転落譚　中村邦生　二八〇〇円
オルフェウス的主題　野村喜和夫　二八〇〇円
パラタクシス詩学　野村喜和夫＋杉中昌樹　三〇〇〇円
越境する小説文体　橋本陽介　三五〇〇円
ナラトロジー入門　橋本陽介　二八〇〇円
カズオ・イシグロ　平井杏子　二五〇〇円

カズオ・イシグロの世界　平井杏子＋小池昌代＋阿部
　公彦＋中川僚子＋遠藤不比人他　二〇〇〇円
カズオ・イシグロ『わたしを離さないで』を読む　田尻
　芳樹＋三村尚央＝編　三〇〇〇円
カズオ・イシグロと日本　田尻芳樹＋秦邦生＝編
　三〇〇〇円
「日本」の起源　福田拓也　二五〇〇円
〈もの派〉の起源　本阿弥清　三二〇〇円
絵画との契約　山田正亮再考　松浦寿夫＋林道郎他
　二五〇〇円
現代女性作家の方法　松本和也　二八〇〇円
現代女性作家論　松本和也　二八〇〇円
川上弘美を読む　松本和也　二八〇〇円
太宰治『人間失格』を読み直す　松本和也　二五〇〇円
ジョイスとめぐるオペラ劇場　宮田恭子　四〇〇〇円
福永武彦の詩学　山田兼士　二五〇〇円
魂のたそがれ　湯沢英彦　三二〇〇円
金井美恵子の想像的世界　芳川泰久　二八〇〇円
歓待　芳川泰久　二二〇〇円
宮川淳とともに　吉田喜重＋小林康夫＋西澤栄美子
　一五〇〇円

［価格税別］